이 생명 다 바쳐 복음운동을!

"나의 달려갈 길과 주 예수께 받은 사명

곧 하나님의 은혜의 복음 증거하는 일을 마치려 함에는

나의 생명을 조금도 귀한 것으로 여기지 아니하노라"

(사도행전 20장 24절)

이 생명 다 바쳐 복음운동을!

한의수 지음

목차
Contents

추천의 글 1

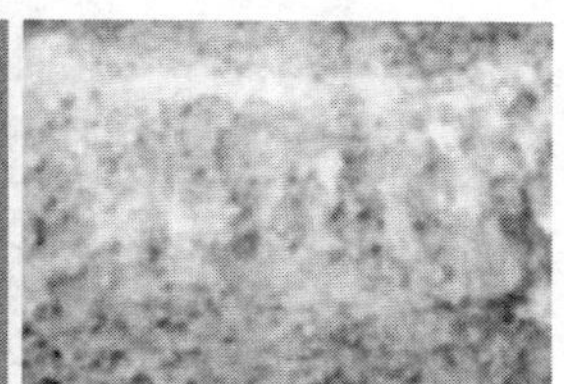

28년간의 학생복음 역사를 감당하시고 학생복음역사에서 은퇴하신 한의수 목자님을 통해서 하나님이 영광을 받으시는 줄로 믿습니다. 옛 말에 10년이면 강산도 변한다고 하였습니다. 강산이 변해도 3번이 변한 세월입니다. 그러나 요즈음 얼마나 빨리 강산이 변하는지 모릅니다.

저는 한의수 목자님을 대학시절 신앙지도하였습니다. 그는 믿음과 충성심이 있는 일꾼으로 자랐습니다. 그리고 오늘날까지 그의 일꾼으로서의 삶을 지켜보아 왔습니다.

많은 사람들이 좋은 때는 찾아오나 어려울 때는 떠납니다. 그러

나 그는 ESF 역사의 어려운 시기에 하나님의 부르심을 받고 일꾼
이 되어서 ESF의 대표를 맡고 힘든 역사를 감당하던 저에게 큰 힘
이 되고 역사를 일으킨 일꾼입니다.

특히 그는 80년 5·18 광주 민주 항쟁 역사로 어려움에 처한
광주에 개척자로 부름을 받고 충성을 다하여 지성인 복음사역을 감
당한 일꾼입니다.

그러한 그가 28년간의 목자의 삶과 학생복음운동의 노우하우를
기록한 이 책은 삶으로 기록한 책으로 독자들에게 큰 감명과 많은
도움을 주게 될 줄로 확신합니다.

장창식 목사 (미국 뉴저지 밀알장로교회)

한의수 목사의 책 〈이 생명 다 바쳐 복음운동을〉은 감동적이면서 재미있고 유익한 글입니다. 글이 감동적이란 말은 글 속에 표현된 신앙 인격과 사역이 감동적이란 것과 다른 말이 아닙니다. 우리 주위에서 수사학적으로 멋진 글을 접하기는 그리 어렵지 않습니다. 우리 사는 시대가 참을 수 없으리만큼 경박한 세상이 된 것은 행동이 따르지 않는 말의 성찬 때문이 아닐까요. 나는 그의 글을 읽으면서, 소명받은 한 대학생 복음운동가가 청년 대학생들의 가슴 속에 그리스도의 생명 살리는 복음을 심으려는 지난 28년 사역의 궤적을 함께 밟아가며 가슴 뭉클한 감동을 맛보았습니다. 그가 그리스도를 본받기 위해 그의 젊음을 학생들을 위해 산 제물로 아낌없이 바치는 과정에서 얼마나 많은 눈물과 고통이 있었는가, 그리고 그것들이 어떻게 아름다운 예술로 승화했는가를 확인하는 기쁨을 누렸습니다.

한의수 형제는 내가 생각하기만 해도 마음이 따뜻해지고, 고맙게 여기는 동역자입니다. 그는 ESF라는 학생신앙공동체가 난산 가운데 태어나기 했지만, 초기 동역자 4명이 모두 지치고 낙심하며 학생 학사들이 흩어지기 시작하면서 사역이 힘든 시기에, 가장 먼저 간사로 자원했습니다. 그의 헌신은 꺼져가는 것 같던 복음운동에 심지를 돋우며 기름을 붓는데 결정적 역할을 했습니다. 그가 안정된 직장을 그만두고, 자신에게 새 생명 준 복음의 빚을 당시 절망하던 대학생들의 영혼을 살리기 위해 인생을 투자했던 사건은 ESF 모든 지체들에게 큰 위로가 되었습니다. 뿐만 아니라, 친구들에게 강력한 도전이 되어, 여러 학사들이 복음 사역에 전임간사로 헌신하여 복음역사를 획기적으로 성장하게 만든 촉매 역할을 했습니다.

특히 그가 광주 ESF 사역을 개척하러 나섰던 80년 5월은 우리 현대사에 가장 중요한 획을 그은 시기였습니다. 오늘날 우리가 전 세계에 자랑할 수 있는 민주화를 성취할 수 있었던 동력은 당시 전남대학생들을 비롯한 광주시민이 흘린 피 덕분인 것을 잘 인식하지 못하는 사람들이 적지 않습니다. 이런 역사적 질흑기에 그는 정신적 충격에 집단적으로 우울증과 마음의 질병을 앓던 대학생 형제자매들과 함께 울면서 그들에게 하나님의 절대 진리인 복음을 심으며 진리의 최후 승리를 고백하는 복음 공동체를 가꾸어 나갔습니다.

그가 어떻게 당시 고난의 불풀무를 헤쳐나가며 그리스도의 제자를 양성하였는가를 진솔하게 말하는 사역 이야기는 나태해진 우리들을 깨우고, 동시에 소중한 역사적 자료가 될 것입니다.

이 책은 이 땅의 꿈을 잃은 기독대학생들에게는 삶으로 표현되는 복음의 강력을, 가정과 직장 일에 시달려 복음의 열정을 상실한 학사들에게는 식지 않는 복음의 열정과 역사의식을 회복시켜주고, 학생선교단체 간사들과 목회자, 선교사들에게는 개척정신과 신앙공동체를 세워나가는 기술도 배울 수 있게 합니다.

주로 기독대학인회(ESF) 회원들을 주 독자층으로 생각하면서 기록한 책이지만, 나는 주저함 없이 이땅의 대학생선교단체에 속한 모든 분들에게 추천합니다.

이승장 목사(학원복음화협의회 대표/ 예수마을교회 목사)

책머리에

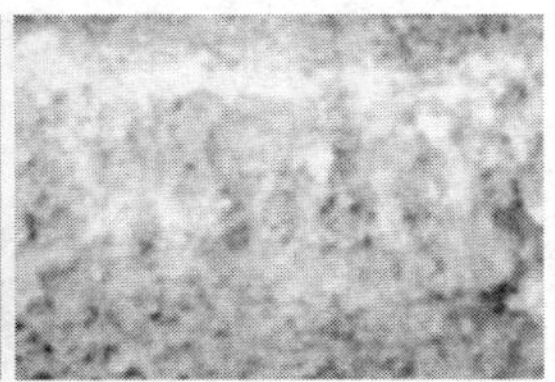

내 인생의 지난 세월을 한마디로 말한다면 "이 생명 다 바쳐 복음 운동을!"이라고 말하고 싶습니다. 하나님의 은혜였습니다. 하나님 께서 나에게 예수님의 생명을 주셨습니다. 그 예수님의 생명을 가 지고 청년들과 함께 살면서 갈릴리 호숫가 청년들처럼 천국의 기쁨 을 맛보았습니다. 젊은 대학생들과 성경을 공부하며 예수님의 생명 을 나누는 일은 너무나 신나고 재미있었습니다. 그 재미에 팔려 도 끼 자루 썩는 줄도 모르고 긴 세월을 보냈습니다. 환갑을 바라보는 나이인 줄도 모르고 청년들 틈에 끼어 율동을 하며 등산을 하는 나 는 시계 보는 일을 까맣게 잊고 있었습니다. 어느 날 깜짝 놀랐습니다. "어느새 시간이 이렇게 많이 지났나?"

간사직을 마무리하려 할 때 마음에 형언키 어려운 감정이 뒤엉켜 왔습니다. 그 동안 사역이 자랑스럽기도 하고 초라한 것 같기도 하고, 감사와 고통이 함께 뒤섞여 묘한 기분이었습니다. 그 고통은 사랑하는 이들을 떠난다는 것이었습니다. 물론 아예 떠나는 것이 아니지만 사랑하는 이들과 함께하는 사역을 끝낸다는 것이 몹시 아쉬운 점이었습니다. 간사퇴임예배가 다가오자 사랑하는 이들에게 줄 선물 생각을 하였습니다. 나의 감사의 마음을 담은 사랑의 선물을 하고 싶었습니다. 타월을 선물할까? 볼펜을 선물할까? 책을 선물할까? 그런 정도로는 성에 차지 않았습니다. 좀 더 값진 선물은 없을까? 생각하며 기도하였습니다. 좋은 아이디어가 떠올랐습니다. 내가 줄 선물은 하나님의 은혜였습니다. 그동안 28년의 간사 사역을 통해 주신 하나님의 은혜가 큰데 이를 정리하여 책으로 만들어 선물하면 이보다 더 좋을 수 없겠다 하여 책을 쓰기로 하였습니다. 두 달 전에 착수하였는데 중간에 여러 일이 생겨 계획보다 늦게 책이 나오게 되었습니다.

하나님께서 나를 통해 보여주신 은혜는 너무나 컸습니다. 그 큰 은혜를 정리해 보려고 하였지만 표현이 잘 되지 않았습니다. 나를 감추고 하나님의 은혜만을 나타내려고 애썼지만 맘대로 되지 않았습니다. 나의 간사 생활을 통해 주신 하나님의 은혜는 학생복음운동의 비밀이었습니다. 그래서 나의 회고록이나 간증록의 성격도 있지만 나의 간사 생활의 경험을 통해 깨달은 학생복음운동의 노하우가 후배 간사들, 학사들, 학생들, 다른 선교단체에 뜻을 같이 하는 사람들, 믿음으로 살고자 하는 사람들에게 전달되기를 바라며 글을 썼습니다. 강의식의 딱딱한 글보다 오랜만에 반갑게 만난 사람들이 아름다운 추억을 되살리며 나눈 정담형식으로 쓰고자 하였습니다. 생동감 있고 현장감 있는 글 속에서 스승의 잘 박힌 못 같은 새겨 들을 만한 교훈이 담겨지기를 바랐습니다. 심히 고생하며 개척하는 동역자들에게 힘이 되고 소망이 되기를 바라며 기도하는 심정으로 썼습니다. 우리 복음운동이 소망스러운 운동으로 성장 발전하기를 기도하는 마음으로 기록하였습니다.

이 책은 사랑하는 학생, 학사들이 쓴 것이나 마찬가지입니다. 그들이 없었다면 이 책은 나올 수 없었습니다. 그들 이야기가 이 책의 주제입니다. 실명을 가급적 안 쓰려고 하다가 불가피한 경우만 역사적 사실성을 위하여 쓸 수밖에 없었는데 사전 양해 없이 실명을 써서 누가 되지 않을지 걱정이 되었습니다. 모두 가족처럼 사랑하는 이들이기에 양해하시리라 믿습니다. 더 아쉬운 것은 많은 은혜를 나누었던 그 소중한 사람들 이야기를 다 쓰지 못한 것입니다. 이름이 나오지 아니한다하여 서운해 하지 마시기를 바랍니다. 이름이 기록되지 아니한 수많은 님들을 생각하며 하나님께 기도합니다. 큰 은혜와 복을 주시기를 기도합니다. 이 책이 쓰여 지도록 함께 동역하였던 모든 분들께 감사하며 이 책을 드립니다.

　지난 28년 동안 고와 낙을 같이하며 개척역사를 함께 이룬 아내 허영애의 수고와 사랑에 감사하지 않을 수 없습니다. 목자의 목자라는 말처럼 아내의 동역은 개척자에게 큰 힘이었습니다. 특히 개척 초기에 함께하였던 동역자들과의 추억은 지금도 생생하게 떠오릅니다. 광주 지구 이사 정일선, 황규진, 임영국, 황선엽, 김성렬, 송호준, 이용호, 최정희, 김정숙 등 학사님들의 충성과 사랑을 잊을 수 없습니다. 김규현, 유정훈, 김쌍중, 박귀진 간사들은 자식이 아비에게 하듯 하는 사랑을 다하였습니다. 많은 학사님들과 함께한 사랑을 추억하며 감사드립니다. 출판에 힘써주신 임성근 대표, 최승범 총무와 ESP 귀한 동역자들에게 감사드립니다. 몸은 떠나도 마음은 항상 여러분과 함께할 것입니다. 복음운동을 그만 둔 것이 아니라 새로운 필드에서 하는 것입니다. 간사직은 그만두더라도 복음운동의 사명은 하나님 품에 갈 때까지 그만 둘 수 없습니다.

사랑하는 님들의 얼굴을 그리며

한의수 목사

 이 생명 다 바쳐 복음운동을!

01

젊은 대학생이 하나님을
만남

한 젊은 대학생이 하나님을 만나다. 한 대학생이 하나님을 만난 일이 뭐 그리 대단한 사건인가 반문할 사람도 있으리라 본다. 그러나 그것은 분명 하나의 역사적 사건이라 말할 수 있다. 평범한 주부 한나가 자식 없는 설움을 가슴에 안고 통곡하며 기도하여 하나님의 응답을 받은 일이 하나의 사건이었다. 찬란한 다윗 왕국의 서곡이었던 것이다. 한나가 낳은 아들 사무엘이 장성하여 왕 같은 제사장이 되어 사울 왕과 다윗 왕을 세우며 왕국의 기초를 놓은 것이다. 평범한 주부 한나가 살아계신 하나님의 은혜를 체험하고 기뻐 찬양하였던 그 감사의 노래가 장차 펼쳐질 왕국의 역사 원칙이 될 줄 누가 알았겠는가?

여호와는 가난하게도 하시고 부하게도 하시며 낮추기도 하시고 높이
기도 하시는도다 가난한 자를 진토에서 일으키시며 빈핍한 자를 거름
더미에서 드사 귀족들과 함께 앉게 하시며 영광의 위를 차지하게 하시
는도다 땅의 기둥들은 여호와의 것이라 여호와께서 세계를 그 위에 세
우셨도다(삼상 2:7,8).

친구의 전도

가슴에 부푼 꿈을 안고 대학에 들어온 이 대학생은 다른 사람들
처럼 곧 대학에 실망을 느끼며 꿈이 부숴져 갈 즈음에 친구의 전도
를 받는다. "어이 친구, 내가 알고 있는 좋은 모임이 있는데 한번
가보지 않을라나?" 1970년 어느 봄날 친구를 따라 간 곳은 작은
성경 공부 모임이었다. 그 곳은 너무 초라한 사무실(15평)이었다.
의자는 포장마차에서나 볼 수 있는 긴 나무판자로 만든 의자와 기
이할 만큼 작은 책상이 있는 초라한 사무실이었다. 세상에 이런 곳
이 무슨 좋은 곳이란 말인가? 실망이 대단하였다. 그러나 워낙 그
곳 사람들의 친절 때문에 그는 그냥 뛰쳐나오지는 않고 참고 있었
다. 모임이 끝날 때 쯤 친절한 한 여학생이 다가왔다. 그에게 관심
을 갖고 이것저것 물어본 후에 다음 주에 꼭 오라고 부탁하며 약속
하자는 것이었다. 숙녀의 약속을 어찌 어긴 단 말인가? 유교 체면
주의에 사로잡혀 있던 이 도덕군자는 다음 주에도 나가고 만다.

그리고 성경을 읽고 소감을 발표하는 시간이 있었는데 나중에 알
고 보니 큐티 소감 발표 시간이었는데 아무 것도 모르면서 열심히
발표하였고 사람들은 참 잘 썼다고 칭찬하였다. 그 칭찬이 좋아서

재미를 붙여 모임에 계속 참석하고 있었다. 그 모임은 오늘날 ESF(기독대학인회) 전주 지구였다.

대학생들은 왕성한 활동력과 호기심을 갖고 있다. 그리고 자기에 민감하다. 자기에게 관심을 갖는 사람에게 호감을 갖는다. 특히 아름답고 교양 있는 이성의 접근에는 가슴을 두근거리며 호기심을 갖는다. 아름답고 인격을 갖춘 신앙인들의 모임은 영의 세계에 닫힌 사람에게 신앙을 갖게 하는 동기를 부여한다. 살아있는 신자의 삶은 불신자들에게 성경이다. 불신자들은 성경을 볼 눈이 없으나 신자의 삶 속에 보이는 신앙의 열매들을 볼 눈을 갖고 있다. 수십 년 불신앙에 갇혀 있던 사람들이 하나님을 만날 수 있는 길은 진실한 신앙인과의 인격적인 접촉이다. 아름다운 신앙인의 모임은 참 신앙인을 생산해 내는 모태이다. 수십 년 동안 영의 세계에 꽉 닫혀 있는 사람이 어떻게 영이 열리고 마음이 열리고 영이신 하나님을 만난단 말인가? 그것은 기적이다. 영적으로 죽은 자가 살아남은 암이 낫고 소경이 눈을 뜨는 이상의 기적이다. 영적 개안은 성령께서 영의 눈을 열어 주셔야 가능하다. 성령님은 성경 계시와 성도들의 인격 속에 나타난 사랑을 쓰셔서 불신자의 마음을 여시는 것이다.

거듭남의 은혜

이 젊은 대학생은 축복을 받았다. 순수하고 아름답고 강력한 말씀이 있는 모임을 만난 것이다. 비록 사무실은 작고 초라하였으나 그 모임은 모세를 이끌었던 떨기나무 불꽃처럼 성령의 불길이 타오르고 있었다. 여름수양회가 숭실대학교에서 "젖과 꿀이 흐르는 가

나안 땅"이란 주제로 열렸다. 출애굽기 말씀 주제 강의와 요한복음 저녁 강의 등 주옥같은 말씀들이 선포되었지만 그 말씀들을 들을 귀가 없었고 소화시킬 믿음이 없었다. 그러나 그 분위기에 압도당하여 장차 중생을 체험할 영적 토양을 만들게 되었다. 성경에 대한 거부감이 없어졌고 신앙을 사모하게 되었다. 그러나 사색의 계절 가을을 지나도록 그는 아직 '거듭남'을 체험하지 못하였다. 기독교에 대한 호감, 친절하게 대해 주는 사람들과의 사귐에 기뻐하고 있는 정도였다. 예수님을 세계 4대 성인 중의 한 사람 정도로 알고 있었다. 그러나 어느 누구 못지않게 모임에 열심히 참석하였다. 열심히 참석하는 자에게 하나님께서는 기회를 주신다. 겨울 방학 때 장창식 목사님으로부터 창세기 일대일 성경공부 제의를 받게 된 것이다. 대개는 선배들이 일대일 성경 공부를 시키는 것이 관례인데 파격적으로 최고 지도자인 리더와 일대일 공부를 하게 된 것이다. 성경공부는 숙제 4시간, 공부 2시간, 소감쓰기 5시간, 하루 11시간 이상 씩 일주일 계속 되었다. 잠자는 시간과 식사 시간 외에는 성경에 온전히 매달렸다. 그러나 조금도 지루하거나 힘들지 않았다. 너무나 즐거웠고 행복했다. '거듭남'은 창세기 1장 1절을 공부할 때 일어났다.

태초에 하나님이 천지를 창조하시니라(창 1:1).

[인류의 근본 문제는 '태초' 문제와 직결됩니다. 태초에 무엇이 존재하였는가? 이 질문에 대한 답은 그 인생의 길을 결정합니다.

보통 진화론을 신봉하는 자들은 태초에 물 혹은 불, 흙, 공기 등이 있었다고 합니다. 그런데 그러한 주장은 다음과 같은 질문에 대답을 못합니다. 물, 불, 흙, 공기 등이 태초에 있었다면 그것은 어디서 나왔는가? 또 그런 것에서 생명체가 나올 수 있는가? 더구나 그런 것에서 지식과 감정과 의지를 가진 인간이 나올 수 있는가? 진화론은 진화되었을 거라는 가정을 세워놓고 몇 가지 우주의 현상을 가지고 우주의 전부인 양 설명하고 있는데 이런 사상을 가지고는 인간의 본질을 규명할 수도 없을 뿐 아니라 인간의 참 의미를 찾을 수도 없는 것입니다. 그런 사상에 의하면 인간은 우연히 왔다가 우연히 소멸되어버릴 뿐인 아무 의미 없는 존재일 뿐인 것입니다.

성경은 그렇지 않다고 말합니다. 태초에 하나님이 계신다고 성경은 말합니다. 하나님은 전지전능하신 분이시며 완전한 사랑, 완전한 지혜, 완전한 선이십니다. 그 분께서 우주를 창조하셨고 인간을 창조하셨고 바로 당신을 창조하셨습니다. 그래서 당신의 인생은 절대로 우연한 존재가 아니며, 의미 없는 한조각 구름이 아니라 하나님의 형상을 지닌 놀라운 존재라는 것입니다. 그러므로 "태초에 하나님이 천지를 창조하시니라"는 말씀을 영접할 때 당신의 인생은 놀랍게 달라지는 것입니다. 하나님 없는 유물론적 세계관을 가질 때 아무 의미를 찾을 수 없던 인생이 하나님을 중심으로 하는 기독교 세계관을 가질 때 인생의 참 의미를 찾게 되며 놀라운 새 인생을 살게 되는 것입니다.]

"태초에 하나님이 천지를 창조하시니라" (창 1:1)

이 말씀을 듣는 순간 참으로 형언할 수 없는 감동이 마음 깊은 곳에서 일어났다. 잠자는 영혼이 잠에서 깨어난 것이다. 수 십 년 닫혀 있던 영혼의 창문이 열리고 영원한 하나님의 세계로부터 강한 빛이 비치는 것이었다. 진실로 "빛이 있으라"는 말씀이 떨어지자 그 캄캄한 세계에 빛이 쫙 비치듯이 하나님의 세계가 보이게 된 것이다. 놀라운 말씀이었다. 그동안 가졌던 의심도 한 순간에 풀려버렸다. "어떻게 보리떡 다섯 개와 물고기 두 마리로 5,000명을 먹일 수 있단 말인가? 더구나 부스러기가 어떻게 열 두 바구니나 남을 수 있단 말인가?" 그런데 창세기 1장 1절을 영접하는 순간 이것은 아무 문제가 안 되었다. 전능하신 하나님은 5병 2어로 5,000명만 먹일 수 있을 뿐만 아니라 5,000만 명도 먹일 수 있지 않겠는가? 부스러기도 12바구니뿐만 아니라 12만 바구니도 남게 할 수 있지 않겠는가? 예수님께서 그런 기적을 이루셨다는 것은 바로 그 분이 하나님의 아들이시요 하나님께서 보내신 메시아라는 결정적 증거가 아니고 무엇이겠는가?

그렇구나! 복음서에 기록된 그 모든 기적은 참이었고 다 그리스도의 신성과 메시아성을 밝혀주는 하나님의 계시였구나! 그리스도는 인류 구원, 나의 구원을 위해 이 세상에 오셨고 십자가에 인류 구원을 위해서, 나의 구원을 위해서 죽으셨구나!

"오, 하나님! 하나님께서 보내신 독생자 예수님을 믿습니다. 예수 그리스도께서 나의 구주이심을 믿습니다. 나를 구원하시기 위해 나대신 죽으셨음을 믿습니다. 나를 구원하신 하나님, 정말 감사합니다. 나는 아무 의미 없는 조약돌이나 뜬 구름이나 벌레가 아니오라 하나님께서 신묘막측한 지혜로 창조하신 하나님의 걸작품이요, 하나님의 형상을 지닌 우주의 대표자, 하나님의 대리인인 것을 믿습니다. 나 같은 것을 이렇게도 영광스럽게 창조하셨다니? 몸 둘 바를 모르겠습니다. 이러한 하나님의 깊은 뜻도 모르고 하나님께 감사하지도 못하고 살아왔던 이 죄인 눈물로 회개합니다. 용서하여 주옵소서! 하나님, 감사합니다. 감사합니다. 아버지 하나님, 정말 감사합니다."

거듭남의 기쁨

성경공부를 마치고 집으로 돌아오는 발걸음이 그렇게 가벼울 수 없었다. 하늘을 나는 것만 같았다. 발이 땅에 닿지 않은 것 같았다. 영의 눈을 뜨고 영원 세계를 본 감격, 하나님의 사랑과 뜻을 깨달은 감사, 하나님의 계시를 발견한 기쁨과 감격, 그리스도의 죽음이 나를 위한 속죄의 죽음이요, 그리스도의 부활이 나의 영원한 생명을 주는 부활이라는 가르침이 명확하게 가슴 속에 들어오는 이 기쁨. 이 놀라운 사실을 깨닫게 하시는 분이 성령님이시라는 감격. 거듭남의 기쁨과 감격이었다. 지금까지 맛본 그 어떤 기쁨과는 비교할 수 없는 신비스러운 기쁨이었다. 맛있는 음식을 먹었을 때의 기쁨이나 합격 소식을 들었을 때의 기쁨이나 친구들과 재미난 게임을 했을 때의 기쁨과는 전혀 다른 하늘로부터 오는 기쁨이었다. "아, 하나님께서 나를 아셨구나. 나를 선택하여 자기 자녀 삼아주셨구나. 내 이름이 생명책에 기록되었구나! 아, 나는 구원받았다!

오, 하나님! 감사합니다. 감사합니다. 이 죄인을 구원해 주시다니 정말 감사합니다. 주님 사랑합니다. 주님 말씀에 순종하며 살겠습니다. 주님을 위해 살겠습니다." 그날 저녁 하나님 말씀을 정리하며 묵상할 때 더욱 깊은 하나님의 음성을 듣게 되었다.

하나님이 세상을 이처럼 사랑하사 독생자를 주셨으니 이는 저를 믿는 자마다 멸망치 않고 영생을 얻게 하려 하심이니라(요 3:16).

거듭남은 성령의 역사이다. 성령은 하나님의 계시인 성경 말씀과 전달체인 인격체의 사랑을 통해 역사하신다. 인간의 믿음과 이성의 이해를 쓰셔서 성령께서 하나님의 계시를 밝혀주신다. 많은 대학생들이 인식의 통로를 이성만으로 알고 있다. 과학으로 설명할 수 없는 것은 모두 미신이요, 신화요, 무지라고 여겨버린다. 그러나 인식의 통로는 직관, 경험, 이성, 계시가 있다. 계시는 비과학적인 것이 아니라 초과학적인 것이다. 과학으로 설명할 수 없지만 분명한 사실을 계시로 보여준 것이다. 많은 대학생들의 오류는 과학주의, 이성 절대주의이다. 그런데 이성만을 절대적인 것으로 여기던 대학생이 이성 이상의 세계를 접한 것이다. 초자연적 세계를 만난 것이다. 그리고 하나님의 존재를 인격적으로 인식하게 되었고 성경을 통해 그분의 뜻과 사랑을 깨닫게 된 것이다. 눈에 보이는 현상계를 뛰어넘어 존재하는 초월의 세계를 체험하고 감격에 빠진 것이다. 이것은 미신과 다르다. 미신은 없는 사실을 있는 것처럼 거짓으로 꾸민 것을 신봉하는 것이다. 사실과 다르게 거짓으로 꾸며 놓은 것을 신봉하는 무지의 소치이다. 그러나 바른 신앙은 이성이나 과학으로는 완전하게 설명할 수 없지만 분명히 존재하는 초자연적 세계를 계시를 통하여 깨닫는 것이다. 참 신앙은 이성적으로 다 설명할 수는 없을지라도 객관적인 계시에 기초한 것이다. 이 세상을 이성적인 눈으로만 보던 것을 한 단계 높은 영의 눈으로 세계를 통찰한 것이다. 하나님의 계시를 통하여 영원으로 통하는 문을 열고 영원의 세계에 들어가는 것이다. 초자연적 세계를 경험하지 못한 사람은 허무맹랑한 소리같이 들리겠지만 영의 세계에 눈을 뜬 사람은 무슨 말인지 곧 알아듣는다.

거듭난 증거는 하나님을 사랑하며 예배를 드림이다. 이전에는 무미건조하게 예배에 의무적으로 참석하였으나 거듭난 후에는 사랑으로 드리게 되었다. 1971년 1월 이후 34년이 지난 오늘까지 단 한 주도 예배를 빠진 적이 없다. 해외여행 시 불가피한 경우에도 적당한 장소에서 예배를 드렸다. 거듭난 사람은 성경에 대한 자세가 달라진다. 하나님의 계시의 말씀으로 대하게 된다. 성경 말씀을 지루한 이야기로 대하는 것이 아니라 하나님과 만나도록 하는 하나님과의 대화의 통로로 대하게 된다. 거듭난 후 크게 달라진 것은 하나님의 사랑의 실천이다. 모든 사람을 하나님의 사랑으로 섬기려는 자세로 바뀌게 된다. 거듭난 후에 자기 아성을 허물고 자기 죄를 시인하며 자기를 버리고 그리스도를 붙잡는다. 그리스도 안에서 새로운 인간이 된다.

젊은 대학생이 하나님을 만난 것은 역사적인 사건이다. 그 영혼

안에 엄청난 변화가 일어나며 하나님과 교통하는 새 삶이 펼쳐진
다. 그리고 그는 캄캄한 세상을 비추는 작은 빛이 된다. 그가 비추
는 빛을 통해 하나님의 나라가 확장되어 간다. 그러므로 젊은 대학
생이 하나님을 만난 일은 역사적인 사건이라고 부를 수 있다.

신앙공동체 안에서의
대학생활

새 생명이 태어나면 가정에서 양육 받는다. 새 생명은 가정에서 음식을 공급받고 언어를 배우며 한 인간으로 성장하게 된다. 질병에 걸리면 치료받는다. 신자가 거듭나면 신앙 공동체에서 양육 받는다. 신자는 신앙공동체에서 말씀을 공급받고 천국 언어를 배우며 신앙 성장 훈련을 받는다. 건전하고 생명력 있는 신앙공동체를 만나면 훌륭한 크리스천으로 성장하게 된다.

성경공부에 미치다

1971년 1월의 매일 11시간 1주일의 1:1 성경공부는 나의 대학생활을 근본적으로 뒤바꾸어 버렸다. 아니 내 인생을 완전히 뒤바꾸어 버렸다. 대학생활의 목표, 인생의 목표가 바뀌어 버렸고,

생활양식이 달라져 버렸다. 취직과 출세, 세속적인 행복 추구의 목
표에서 그리스도를 배우는 일과 전도, 영혼구원, 세계적인 영적 인
물이 되는 것으로 바뀌었다.

무엇보다 성경공부를 많이 하였다. 큐티, 그룹 성경공부, 개인
성경공부, 1:1 성경공부, 수양회, 성경학교에서 한 과목씩 공부하
기 등 신학생보다 훨씬 많이 성경 공부하였다. 매주 주일 오후 3시
에 드리는 예배도 철저히 성경강해 중심의 설교였다. 지나치다 싶
을 정도의 말씀 중심이었다. 장창식 목사님은 오직 말씀에 전념키
위해 점심을 금식하고 머그잔으로 커피를 마시고 메시지를 전했으
며 항상 완전 원고를 만들었다. 몇 번이고 메시지를 고쳤으며 그때
마다 좀 더 좋은 메시지를 만들려고 노트를 오려붙여 새로 썼다.
때로는 세 번 네 번 덧붙여 매우 두터웠던 기억이 난다. 토씨 하나
에도 신경을 써서 원고를 작성하였다. 그래서 당시 좋은 가위는 귀
한 선물이었다. 말씀을 얼마나 엄하게 증거하시는지 숨이 막힐 때
가 많았다. 그러나 누구도 불평하지 않고 말씀을 진지하게 들었다.
성령께서 역사하신 까닭이리라.

당시 우리 모임에는 성경공부의 틀이 갖춰져 있지 않았다. 틀을
갖춰가고 있는 중이었다. 맨 처음 성경 공부는 특이하였다. 메시지
나 성경 강의안을 목사님이 불러주고 리더들은 모두 받아 적는 것
이었다. 매우 원시적인 공부였지만 머릿속에 확실히 주입시키는 공
부였다. 나는 성경공부를 유난히 많이 하였다. 학생 때 성경강의를
하는 훈련을 받았다. 합숙하여 강의안을 쓰도록 훈련 받았다. 학생
에게 이 훈련은 무리였다. 그러나 그 당시에 남들은 꿈도 꾸지 못

할 일을 하는 것이 자랑이었고 특기였다. 강의안을 죽어라고 쓰면 보통 5-6번은 퇴자를 맞는다. 죽을 고생을 해서 강의안을 만들어 대선배들도 가득하고 동기생들, 후배들이 가득한 곳에서 강의하는 것은 최후심판대 앞에 선 기분이었다.

엄격한 제자 훈련

이렇게 말씀 중심의 분위기 속에서 살다보니 경건주의 교제 분위기로 이루어져 갔다. 학생인지 전도사인지 구분이 안 될 정도였다. 도서관에서 전공서적과 함께 성경을 펴놓고 소감을 쓰고 있으면 지나가는 학생들이 이상한 눈으로 바라보고 지나갔다. 아침에는 다른 학생들보다 한 시간 먼저 등교하여 아침 캠퍼스 기도회를 가졌다. 강의실에서, 현관에서, 풀밭에서 어디서든 가졌다.

학교 강의가 끝나면 매일 회관으로 출근하여 성경공부 모임(요회)에 참석하였다. 우리 캠퍼스 모임뿐 아니라 다른 캠퍼스 모임에도 참석하고 그들이 그룹 공부하는 시간에는 심방하였다. 날마다 심방하였다. 얼마나 심방을 많이 하였든지 전주 시내 골목을 쫙 꿸 정도였다. 토요일에도 놀러 가지를 못했다. 리더 모임을 가져야 했던 것이다. 1학년 때 낚시를 샀었는데 단 두 번만 물에 담가보고 사용을 못했는데 때때로 그 낚시를 볼 때마다 피해의식이 들고 몹시 속이 상하였다. 일주일 내내 회관에 출근하였다. 주일 오전에는 교회에 출석하고 오후 3시에 예배를 드렸다. 예배 전에는 항상 청소를 하였고 더러운 걸레를 손으로 짜서 청소하던 기억이 새롭다.

전북대에는 항상 하이힐을 신고 다니며 멋을 부렸던 김철자, 쌍

두마차 강기봉과 임종학이 요직을 차지하고 있었다. 극한 가난 속에서도 초월적인 삶을 살았던 강기봉, 김평중의 삶은 우리의 자랑이었고 존경의 대상이었다. 기봉 식당이라는 국수집은 당시 10원, 15원씩이었는데 넝마주이, 구두닦이, 지게꾼 등과 함께 식사하였는데 김철자 누이는 보통 식사 기도를 10분씩이나 하였다. 우리는 기봉 식당을 자주 이용하였다. 기봉, 평중은 중세의 수도사들처럼 회관생활을 많이 하였고 주로 수제비를 많이 끓여 먹었다. 그런데 맛있다고 곁에서 우리가 많이 얻어먹었는데 식량을 사다 준 기억은 없어 지금 생각하니 마음이 참 쓰리다. 30년 후에 보니 그들은 놀랍게 축복을 받고 살고 있었다. 뉴욕에서, 전주에서 풍성한 삶을 사는 것을 보고 깨닫는 것이 많았다.

젊은 용사, 여호수아를 연상시키며 스포츠 머리로 강한 인상을 주었던 정확한 사람 임용택과 함께 의대를 개척하라는 사명을 받아 전북대 의대 1회 입학생 60명을 모두 만나며 전도하였다. 병원 실습 때 병원에 심방가면 실습생들이 우르르 모여들어 인사함으로 교수로 오인받기도 하였다. 그리하여 오성수, 허기석, 백일기, 김종수 등 많은 영혼을 얻게 되었다. 나의 첫 일대일 양 오성수는 처음에 6번 성경공부 약속을 펑크 냈다. 어렵게 공부를 시작했으나 거듭난 후에는 놀라운 저력을 보여주었다. 대학노트에 소감을 보통 4-5쪽, 길게는 15쪽 대하소설을 발표하기도 하였다. 공대, 교육대를 개척할 때 조완철, 허영애 동역자들과 밤을 새워 창세기를 공부하며 아름다운 공동체를 꿈꾸기도 하였다. 그리하여 송환식, 최은자 등 귀한 영혼을 얻기도 하였다. 조종만과 박일영은 늘 우리

요회를 부러운 시선으로 바라보았다. 우리는 서로 사랑하면서 울기도 하였고 때로는 싸우고 시기하면서 자라났다. 당시 차트를 그려 놓고 실적 위주의 사역을 많이 하여 선의의 경쟁과 시기 질투가 많았다. 간호대생들이 많았다. 강신란, 박문행, 박병숙, 이정순, 박진숙, 양정숙, 정양옥 등 캠 식에 여러 번 참석하였다. 깊은 사랑으로 여러 캠퍼스를 다니며 전도와 교제에 힘썼다. 당대 우리의 전도 전략은 수석 입학생들을 전도하는 것이었다. 그래서 윤정임, 조병춘 등이 전도되었다.

즐거운 곳에서는 날 오라 하여도

고덕산 주말 수양회는 내 생애 최초의 Weekend Retreat이었다. 기억에 많이 남는다. 베드로후서 "거룩한 나그네"란 주제였다. 흙벽돌로 지은 수양관이었는데 오늘날 축사도 그런 험한 축사는 없으리라. 바닥에는 가마니가 깔려 있었고 습기가 올라왔다. 저녁에 모포가 없어 가마니를 덮고 잠을 잤다. "아, 그 길고 긴 밤이여!"

고산 저수지로 야유회로 가서 예배드릴 때 "참 아름다워라 주님의 세계는" 찬송을 부를 때 천국의 기쁨이 충만하였다. 그때마다 맏형 임병선은 "여호와는 나의 목자시니"를 불렀다. 그리고 큰 누이 이정애는 "즐거운 곳에서는 날 오라 하여도 내 쉴 곳은 작은 내 집 뿐이리."를 불렀다. 큰 잔치 때마다 이 노래를 듣는 것이 우리의 문화였다. 김진이, 양영자, 조성순, 정영숙, 정미순, 이희룡, 김팔웅, 이상진 등 먼 곳에서도 예배 때마다 달려오는 그 정신과 삶은 우리의 소중한 영적 자산이었다.

그리스도의 사랑을 실천하는 훈련을 많이 받았다. 성탄절에 거지들, 넝마주이들 모셔다가 씻어주고 먹여주고 전도하고 즐겁게 놀아주는 천국잔치를 많이 벌였다. 당시 방글라데시에 홍수가 나서 많은 사람이 죽어 구제헌금을 하였다. 가난한 대학생들이 땅콩장사, 모찌 장사, 심지어 매혈을 하여 거액의 구제 헌금을 하였다.

대학시절은 인생에서 매우 중요하다. 인생관과 세계관이 결정되는 시간이며 꿈과 비전을 발견하는 시기이다. 그리고 가치관이 형성되며 인생 목표를 설정하여 자기 인생길을 결정하는 너무도 중요한 시기이다. 그런데 나는 너무나 좋은 신앙 공동체를 만나 생명과도 같은 성경 진리에 심취하였다.

학생 시절 공부한 성경과목만도 창세기, 출애굽기, 이사야, 마가복음, 누가복음, 요한복음, 마태복음, 사도행전, 로마서, 빌립보서 등이었고 창세기는 10번 이상 공부하고 가르쳤다. 모든 축복은 말씀에서 비롯된다. 그런데 학생 시절에 이처럼 많은 성경을 깊이 있게 공부했으니 이점에 대해서 지금도 하나님 아버지께 감사드린다. 우리는 성경을 지식적으로만 공부하지 않고 강도 높은 훈련을 병행하여 공부하였다. 지나칠 정도로 훈련을 받아 한편으로는 학과 공부를 못해 아쉬웠지만 너무 강하게 훈련을 받아 다른 것은 시시해서 할 수가 없을 정도였다. 오로지 성경공부를 통하여 그리스도를 배우며 복음 전하여 영혼 구원하는 일과 제자 양육하여 성서한국 세계선교의 일꾼 양성하는 일에만 힘썼다. 거기에만 최고의 가치를 부여하였다. 그러한 대학생활에서 생명을 같이할 동역자를 얻는 것은 큰 은혜였다. 우리는 진실로 성경 속의 제자들처럼 가족 이상의 사랑을 경험하였다. 그 시절 동역자들은 지금도 가족처럼 정겹다.

　우리 공동체의 어두운 점도 있었다. 비판 의식이 너무 강하였다. 세상, 정부, 교회 모두 비판하였고 심지어는 서로를 비판하였다. 몇 부분에서 성경을 문자적으로 해석하여 오류를 범하기도 하였다. 훈련이 너무 심하여 도에 지나치기도 하였다. 객관성을 무시하고 주관적 가치에 몰입한 결과였다. 종합적인 신학 체계 속에서 공부하기보다 점조직 형식으로 공부하는 오류이기도 하였다. 결국 대개혁이 이루어지게 되었고 모임을 사랑하는 사람들은 쓰디쓴 고통을 맛보아야 했다. 그러나 하나님께서는 귀한 깨우침을 주시고 말씀을 경외하는 신앙을 귀히 여기사 오류를 선하게 쓰도록 만들어 주시기도 하셨다.

　신자에게 신앙공동체는 신생아에게 가정처럼 절대적으로 필요하고 소중하다. 처음에는 내가 신앙공동체를 선택하지만 얼마의 시간이 지나면 신앙공동체의 사상과 가치와 목표가 나를 이끌어 간다. 그러므로 건전한 신앙공동체를 만나는 것은 너무나 중요하다. 또한 건전하고 생명력 있는 신앙공동체를 만들어 가는 것 또한 매우 중요하다.

네 생명이
무엇이뇨?

내가 학생복음운동가로 부르심을 받은 것은 1977년 가을이었다. 하나님께 부르심 받아 하나님의 일을 하는 것처럼 큰 축복이 또 어디 있겠는가? 모세, 바울이 하나님의 부르심을 받아 하나님의 위대한 일을 하는 것은 사람으로서 영광 중의 영광이라. 비록 그 분들처럼 크게 쓰임 받지는 못했어도 부르심 받아 하나님 일 한다는 것은 동일하니 영광중의 영광이라. 비천한 인생에게 임한 하나님의 은혜라.

소명의 증거 세 가지

스펄젼(Spurgeon)은 하나님께서 나를 부르신 소명을 어떻게 알 수 있는가? 세 가지로 알 수 있다고 하였다. 소명은 어미 새가 새

끼가 있는 둥지를 떠날 수 없어 다시 돌아오는 것 같은 강한 소원(Desire), 그쪽 방면에 탁월한 은사(Ability), 그쪽 방면에 나에게 주신 열매(Fruits)를 보고 소명을 알 수 있다고 하였다. 이 견해로 치자면 나는 이미 학생시절에 이미 학생복음운동가로 부르심을 받았다. 그러나 먼 후일 조용히 나의 소명을 생각해 보니 하나님께서는 내가 복음운동가로 일하기 훨씬 전에 나를 부르셨음을 알 수 있었다. 내가 하나님께 부르심 받은 것은 철학적 이유, 신앙적 이유, 가치관적인 이유 등이었다.

인생이란 무엇인가?

나는 1974년 2월 전북대학교 경영학과를 졸업 후 1974년 6월 10일 육군에 입대하여 1977년 1월 11일 전역하였다. 그리고 그해 3월 취직하였다가 9월 사표를 쓰고 10월 1일 서울에서 전주로 내려왔다. 서울에서 직장생활하면서 무슨 직장에 불만이 있거나 문제가 있어서가 아니라 철학적인 이유였다. 내 인생은 잠깐인데 내 인생을 어디다가 투자해야 하는가? 내가 지금 이처럼 살다가 죽어도 나는 아무 후회함이 없겠는가? 인생이란 무엇인가? 인생은 어떻게 살아야 하는가? 직장 생활하는 가운데 계속 이 질문이 내 가슴을 파고들었다. 나는 사춘기 시절에 숙모님의 임종을 목격하게 되었다. 그 분은 나를 몹시 사랑해 주셔서 어머니처럼 사랑하고 따르던 분이었는데 내 눈 앞에서의 임종은 나에게는 너무나 큰 충격이었다. 말소리가 작아지고 숨이 가빠지더니 마침내 숨을 거두는 것이었다. 울면서 기도하였다. "하나님, 우리 작은 어머니 좀 살려

주십시오." 신앙도 없는 내가 기도하였다.

숙모님의 임종 이후 나는 철학도가 되었다. "인생이란 무엇인가?" "사람은 누구나 다 죽는데 마치 죽음이 없는 자처럼 살고 있지 않는가? 사람이 죽으면 땅에 묻히게 되고 썩어버리게 되는데 이 엄청난 사실을 모르는가? 안다면 왜 사람들은 대책을 세우지 않고 사는가?" "인생이란 무엇이며 어떻게 살아야 하는가?" 그동안 잠잠했던 이 질문이 직장생활하고 있는 내 가슴 속에 다시 찾아왔다. 당시 직장 수입도 괜찮고 업무 능력도 인정받고 있었으나 내 사는 이유를 월급봉투와 회사업무에서 찾을 수 없었다. 이렇게 살다가 내 인생이 끝날 수는 없었다.

몇 달 동안 진지하게 생각을 해 보아도 답은 새로운 길을 찾아야 한다는 것이었다. 그래서 친구 강기봉에게 편지를 썼다. 고민을 이야기하고 교사의 길을 걸으면 어떻겠느냐고 물었다. 친구는 하나님의 길, 학생복음운동을 하면 어떻겠느냐고 답장을 보내왔다. 편지를 받는 그날 밤 잠을 이룰 수가 없었다.

그래서 주말에 전주로 내려갔다. 교회에 나가 예배를 드렸다. 그날 설교 제목이 "네 생명이 무엇이뇨?"였다. 야고보서 5장 13-20절의 어리석은 부자가 하나님의 뜻을 외면한 채 여러 계획을 세울 때 하나님께서 물으신 말씀이다. "네 생명이 무엇이뇨?" "너는 잠깐 보이다가 없어지는 안개니라." 인생은 안개와 같이 잠깐이요, 허무한 것인데 나는 내 인생을 어떻게 보내고자 하고 있는가? 세상 영광 다 누리고 나서 늘그막에 하나님께 봉사하며 하나님 일 하겠다는 것이 아닌가? 다른 성도님들은 설교 말씀을 무덤덤하게 듣고 있는 것 같았으나 나에게는 비수같이 가슴에 꽂혔다. 눈에서 눈물이 쏟아져 나왔다.

"네 생명이 무엇이뇨?" "그렇습니다. 인생이란 안개와 같이 잠깐 보이다가 없어지는 허무한 것입니다. 이 짧은 인생, 하나님 보시기에 아름다운 인생으로 살다가 하나님 나라에 가야겠지요? 이 죄인 아직도 세상에 연연하고 있는 것입니까? 주님 정말 주님을 사랑합니다. 네가 나를 이 사람들보다 더 사랑하느냐? 주여 내가 주를 사랑하는 줄 주께서 아시나이다. 가라사대 내 어린 양을 먹이라. 주님, 주님을 진정 사랑합니다. 주님, 분부하시오면 순종하겠습니다. 주님의 양들을 먹이겠습니다."

메시지를 듣고 기도할 때 눈물이 쏟아져 나왔다. 마음속에 결단이 일어났다. 돈 버는 일보다도 주님이 원하시는 일, 내 생명을 바쳐도 아깝지 않을 일을 선택해야겠다고 결심했다. 이때 나는 이미 마음에 결정을 내렸다. 사표를 쓰리라. 그리고 전주로 내려오리라. 학생들에게 복음을 전하리라. 생각하니 기쁨이 충만하였다. 그래서 장창식 목사님께 이 일을 여쭈었다. 목사님은 의외라는 반응이었다. 당시 신앙공동체 분위기는 개혁 여파로 심히 좋지 못했다. 상당수가 떠났고 떠나고자 하는 분위기였다. 모두가 떠나고 있는 판에 이 운동에 뛰어들겠다니 당연한 반응이었다. 그러나 목사님은 반가워하셨다. 그리하여 나는 곧장 회사에 사표를 쓰고 바로 전주로 내려왔다.

세 가지 실존

키에르케고르는 미적 실존, 윤리적 실존, 종교적 실존을 주장했다. 육체적 쾌락, 즐거운 삶 등에서 자기 존재 이유를 찾는 미적 실존과 착한 일, 보람된 일 속에서 자기 존재 의미를 찾는 윤리적 실존 외에 더욱 고상한 삶이 있다는 것이다. 그것은 종교적 실존이다. 자기 존재의 근원이 되시는 창조주 하나님 앞에서 단독자로 서서 자기 존재를 발견하고 그분과의 생명의 관계 속에서 사는 삶이 가장 고상하고 진정한 삶이라는 것이다. 그래서 그는 아브라함을 가장 존경하고 그 신앙 경지를 동경하였다. 실존주의 철학을 다 수용하지는 않더라도 이 말은 의미 있는 말이라 생각된다.

사도 바울은 그리스도를 만나고 감격하였다.

"…내 주 그리스도를 아는 지식이 가장 고상함을 인함이라 내가 그를 위하여 모든 것을 잃어버리고 배설물로 여김은 그리스도를 얻고 그 안에서 발견되려 함이니…"(빌3:8,9)

왜 사람들은 그리스도에게 그처럼 매혹되는가? 그리스도는 태초부터 계신 성자 하나님이시다. 그는 하나님과 본체시나 하나님과 동등됨을 취할 것으로 여기지 아니하시고 자기를 비어 종의, 자기가 창조한 피조물의 모습으로 이 세상에 오셨다. 무한자가 유한 세계에 뚜벅뚜벅 걸어오셨다. 창조주가 피조물의 모습으로 피조 세계에 들어오셨다. 영원이 시간 속으로 걸어오셨다. 참으로 놀라운 일이요, 감격스러운 일이다. 그분은 하나님을 보여주셨으며, 인간이 걸어갈 길을 보여주셨다. 그분은 하나님께 가지 못하도록 가로막고 있는 죄의 장벽을 자기 죽음으로 허물어버리셨으며 인간의 한계상황이요 절망인 죽음의 장벽을 허물고 인류를 구원하셨다. 창조주께서 이런 엄청난 일을 벌이심은 영원한 하나님의 나라를 건설하여 그리스도 안에서 빚은 새 피조물들을 영원한 자기 백성 삼고자 하심이다. 이러한 천국의 비밀을 받고도 이 진리를 전파하지 않으면 내게 화로다는 말씀은 너무도 당연한 말씀이다. 이런 놀라운 주님을 만나고 어찌 주의 말씀에 순종치 않으랴!

호적을 파 가지고 나가라

나는 학생 시절 한 학기 한번 정도 집에 내려갔다. 주목적이 용돈을 타기 위해서다. 그때마다 공부에 전념하지 않고 신앙에 미쳐가는 내 소식을 듣고 어머니는 고추 팔아 준비한 귀한 돈을 주시며 "예수 살살 믿어라. 취직해서도 신앙생활할 수 있지 않겠느냐?"고 눈물로 충고해 주셨다.

나는 어머니께서 주신 그 귀한 돈을 받고 전주에 올라오면서 눈물을 뿌려야만 했다. 일부러 산길을 택하여 시오리 길을 어머니에 대한 애틋한 사랑과 불효함과 주님에 대한 사랑으로 울어야 했다. 그러나 신앙생활을 그만둘 수는 없었다. 어머니의 간절한 사랑도 잊을 수 없었지만 하나님께서 보내신 구주 그리스도, 내 생명의 은인을 버릴 수는 없었다. 내가 직장을 사직하고 간사 생활을 시작한다는 말을 듣고 연로하신 부친께서는 호적을 파가지고 나가라고 말씀하시면서 눈물을 흘리셨다. 내 생애에 그때처럼 괴롭고 고통스러운 때가 없었다. 너무나 슬프고 괴로웠다. 그러나 나는 눈물을 흘리며 집을 나왔다. 언젠가는 아버지께서도 내 진심을 아시리라고 믿으며 집을 나왔다.

헨델 아버지도 아들을 법관 만들려고 하였다. 그러나 헨델은 아버지가 돌아가시자 음악을 전공하여 위대한 음악가가 되었다. 헨델이 음악을 하지 않고 법관이 되어 그의 일생을 마쳤다면 그의 부친이 먼 훗날 좋아하셨을까? 헨델이 음악을 한 것은 본인을 위해서나 인류를 위해서, 그 아버지와 가문을 위해서도 잘한 것이었다. 내가 만난 그리스도는 인류가 찾는 진리였고 내 인생 문제의 궁극적인 해답이셨다. 나는 진정 그리스도를 사랑하게 되었다. 그분께서 베드로에게처럼 나에게도 말씀하셨다. "네가 나를 이 사람들보다 더 사랑하느냐?" 주여 그러하외다. 내가 주를 사랑하는 줄 주께서 아시나이다. "내 어린 양을 먹이라."(요21:15) 아멘. 주님, 주님께서 맡겨주신 어린 양을 먹이겠나이다.

젊은이 복음운동의 꿈을 안고

왜 나는 그 어려운 학생복음운동가의 길을 택하였는가? 내가 선택한 길이기도 하지만 크게 보면 하나님께서 나를 인도하시는 것이었다. 소명은 크게 보면 하나님께서 부르시고 이끄시는 것이었다. 그 하나님의 부르심에 내가 순종하는 것이다.

사도 바울같이 하나님의 강권적인 부르심도 있지만 내 마음 속에 강한 소원을 주시어 부르시기도 한다. 나는 젊은이 복음운동의 필요성, 지성인 복음운동의 필요성을 절실히 깨달았다. 우리나라 인구의 4분의 1이 기독교인인데도 나라가 변하지 않은 이유는 사상성의 빈곤, 신자의 사상과 인격이 온전히 변화되지 못함, 서민 대중 중심의 기독교, 신앙과 삶의 불일치에서 옴을 깨달았다.

그런데 장차 이 나라를 짊어지고 갈 대학생들을 복음으로 교육하고 훈련함은 하나님의 나라를 이룰 뿐만 아니라 우리나라를 복음 진리로 혁신케 되는 지름길이다. 더 나아가 복음을 온 세계에 전파하는 열국의 제사장 나라가 되는 길이 바로 젊은이 복음운동이라는 확신을 갖게 되었다. 그리고 내가 구원받고 나를 변화시켜주는 것이 복음이지만 그 복음을 받도록 하는 것이 바로 신앙공동체, 선교단체이다. 그러므로 나는 나의 선교단체에 큰 빚을 지고 있는 것이다.

그런 큰 빚을 진 내가 어떻게 빚을 갚는다는 말인가? 내가 선교단체에 헌신하여 나와 같이 방황하는 인생 참 진리를 찾는 사람들에게 복음 진리를 가르쳐주어야겠다고 생각하였다. "젊은이가 살아야 민족이 산다." 이것은 나의 기도요, 신념이다. 그러므로 나는 직장을 그만두고 이전 봉급의 8분의 1 밖에 안 되는 5만원밖에 받지 않았어도 기쁨이 충만하였다. 5만원 생활비를 받아 십일조 5천원과 하숙비 4만 5천원 주고나면 생활비 단 한 푼이 없었다. 그렇게 3년을 살았는데 나는 전혀 부족함을 느끼지 않았고 천국에서 사는 것처럼 만족하고 의기양양하게 살았다.

"너희 마음에 그리스도를 주로 삼아 거룩하게 하고 너희 속에 있는 소망에 관한 이유를 묻는 자에게는 대답할 것을 항상 예비하되 온유와 두려움으로 하고"(벧전3:15)

소망에 관한 이유를 언제든 대답할 수 있도록 준비하라고 성경은 말한다. 나의 비전, 나의 소명에 대한 확실한 이유를 가지고 있을 때 흔들림 없이 일할 수 있다.

복음운동은 짧은 나그네 인생길에 가장 가치 있는 일이요, 나의 생명의 은인이시며 구주이신 그리스도의 명령이시며, 하나님의 은혜를 깨닫도록 해 주었던 선교단체에 빚을 갚는 것이요, 미래의 주역들을 키우는 가장 가치 있는 일이기에 학생복음운동에 기쁘게 헌신하였던 것이다. "너의 생명이 무엇이뇨?" "너희는 잠깐 보이다가 없어지는 안개와 같으니라." 안개와 같은 짧은 인생을 사는 동안 영원한 진리이시며 참 생명이신 그리스도를 위해 충성을 다하고 가리라. 아멘.

04

개척, 개척, 그리고 또 개척

회사원에서 영혼을 구원하는 목자로 인생을 새 출발한 삶은 너무나 신나는 삶이었다. 생활비는 8분의 1밖에 받지 못하였으나 삶의 활력과 기쁨은 전과 비교할 수 없었다. 물고기가 물을 만난 듯 비로소 내 할 일을 찾은 것처럼 기뻤다. 새 사람을 만나 전도하는 일, 복음을 전파하여 영혼을 구원하는 일, 성경을 가르치는 일, 사람을 훈련시키며 키우는 일, 새로운 꿈을 가지고 계획을 세우는 일 등 개척적인 삶은 기쁨 바로 그것이었다.

전주에서 3년의 간사 생활

전주에서의 3년간의 간사생활은 잊을 수가 없다. 전주 사람들은 조용하고 정겨운 사람들이다. 쉽게 정을 끊지 못하고 인간관계를 맺기 때문에 복음을 심고 계속 관계성을 갖기 좋은 사람들이다. 장창식 목사님은 내가 마음껏 일할 수 있도록 배려해 주셨다. 그래서 나는 학생 때 배운 것, 군대에서 훈련받으며 깨달은 것, 회사에서 배운 것 지식과 경험을 총동원하여 흐트러진 전주 신앙공동체를 일신하였다.

간사 첫 겨울방학에는 매일 8시간씩 5주간 Bible Academy를 열어 흩어져 가는 분위기를 일신하였다. 그 당시 앞에 붙여놓은 구호는 "생각하는 대학생, 꿈이 있는 대학생, 알맹이가 있는 대학생, 사명감이 있는 대학생, 열매 맺는 대학생"이었다. 엄하게 훈련시켜 졸업은 소수 정예만 졸업장을 수여하였다. 졸업하지 못한 학생은 다시 기회를 달라고 하였다. 인턴간사 시절 용감하게도 혼자서 로마서 7강을 강의하였다. 매일 3-5시간씩 7일 동안 강의하였다. 학생들도 은혜를 받았지만 내가 더 큰 은혜를 받았다. 그리고 성경 선생으로서의 권위를 인정받아 일할 수 있는 기초를 다지게 되었다. 사람을 키우는 일이 재미있었다. 한 학기를 시작할 때나 끝날 때 소수의 리더들을 데리고 여행을 하였다. 양용석, 이의식, 노상근, 임성근 등을 동반하고 위도, 부산, 울산 등을 여행하였다. 그때 고등학생 신병준을 전도하여 얻기도 하였다.

기라성 같은 복음운동가들

그 당시에는 전주, 동대문, 서대문, 한양 네 회관이 있었고 장창식, 손석태, 이승장, 안병호, 나기호, 박득훈, 김만성, 김미희, 홍귀표, 채미자, 이혜숙 간사들이 섬기고 있었고 그 후에 임종학, 김육진, 조완철, 박병기, 김호열, 이의식, 문귀녀, 정의호, 염동철 등이 간사 공동체에 합류하였다. 모두 성경 말씀에 심취하고 성경 가르치는 일에 능한 주의 종들이었고 대단한 비전과 정열을 가진 세상이 감당치 못할 인물들이었다.

당시에 간사 선발 기준은 엄하였다. 타의 모범이 되어야 했기에 신앙과 인격이 특출해야 했으며 교수 수준의 지식을 갖춰야 했고 영어 원서를 읽을 능력을 갖춰야 했다. 그래서 당시 간사들은 엘리트 의식이 강하였고 대단한 열정을 가지고 있었다. 어디다 던져 놓아도 자기 앞은 가릴 수 있는 능력 있는 일꾼들이었다.

그러나 너무 개성이 강하고 신념이 분명하여 종종 의견 대립도 있었다. 그러나 곧 말씀 앞에 자신을 돌아보고 잘못을 회개하고 주의 뜻을 좇아 하나 됨을 만들어 낼 줄도 아는 사람들이었다. 나는 선배님들에게서 성경 말씀에 대한 경외심과 사랑을 배웠다. 그들은 교회사에 나오는 위대한 성경선생들과도 같은 말씀의 능력을 가지고 있었다. 한국 교회에 강해 설교, 귀납법적 설교 등이 소개되기 훨씬 전에 그 방면에 익숙해 있었다. 말씀을 공부하고 성경 강의를 들을 때 "달고 오묘한 그 말씀"의 달고 깊은 맛을 맛보았다. 말씀을 듣고 서울에서 전주로 오는 차 안에서 몇 시간이고 찬송을 부르며 감격하였던 그 아름다운 추억은 잊을 수가 없다. 확실히 하나님의 말씀은 살아있고 운동력이 있음을 눈으로 보았고 내 삶 속에서 경험하였다.

당시 죤 스토트, 로이드 죤스 등 책을 많이 읽었고 그 영향을 많이 받았다. 선배님들의 희생정신과 삶은 "그리스도를 본받아"였다.

오직 주님을 위하여, 오직 양들을 위하여 헌신하였다. 그 정열과 헌신은 히브리서 11장의 세상이 감당치 못할 사람들과도 같은 것이었다. 그 믿음과 정열은 어떤 열악한 환경 속에서도 새 역사를 창조해 내는 파워였다. 선배들을 배우며 동역자들과 교제하며 나는 주의 종으로 성장하였다. 간사 공동체는 영성 있는 예수님의 대학이었다.

간사 모임 때마다 새문안교회 곁 생명의 말씀사에서 책을 사는 것이 큰 즐거움이었다. 헨리 모리스의 Genesis, 그리피스 토마스의 Romans, Zondervan, Eerdman, Baker사의 주석, 단행본 책을 사가지고 고속버스 속에서 내내 읽고 또 읽던 그 기쁨은 말씀을 사랑하는 사람들에게 주는 하나님의 선물이리라. 양서를 발견한 기쁨, 양서를 정독하며 그 깊이를 깨닫는 기쁨, 그 진리를 가르치는 기쁨. 하나님께서는 이 모든 기쁨을 나에게 주셨고 나는 그것을 마음껏 누렸다. 이런 분위기 속에서 봄과 가을 가진 목자 수양회와 여름과 겨울 가진 수양회를 통해 성경을 배우며 가르치는 기쁨을 누렸다. 목자 수양회 때 배구시합은 건강과 교제 엔돌핀 생산을 위해 좋은 시간이었다.

개척만이 우리가 살 길

그런데 간사생활 초기에 간사 공동체에 그림자가 있었다. 개혁 이후 몸살을 앓은 것이다. 특히 선배들의 고통이 심하였다. 절대적 사랑과 신뢰로 따르던 사람에 대한 실망, 함께 개혁하다가 돌아선 사람들에 대한 배신감, 불투명한 장래, 지난날과 자신에 대한 회의, 뭔가 하긴 해야 하는데 아무 것도 할 수 없는 현실, 리더의 위치에 있으면서 양들을 제대로 도울 수 없는 모습, 가야 되는데 어디로 가야할 지 모르는 답답함이 검은 안개처럼 우리 모임에 있었다. 한편으로는 그것을 이겨내면서도 문뜩 문뜩 그 검은 안개가 마음을 어둡게 하는 것이었다. 누군가를 원망하며 불평하기도 하였다. 각자 자기 살길을 모색하기도 하였다. 요한복음 21장에 나오는 제자들처럼 실의와 절망에 빠져 빈 그물질을 하며 허탈감의 조류에 끌려가기도 하였다. 나도 힘들었지만 존경해마지 않던 선배님들의 방황하는 모습에 놀랐다. 저 대단한 분들에게도 저런 연약한 모습이 있는 것이구나! 나는 개혁 사건이 있던 때 군복무를 하였기 때문에 충격을 약하게 받았던 모양이다.

그러나 언제까지 우리가 이렇게 끌려갈 수는 없었다. 아버지께서 호적을 파가지고 나가라는 말까지 들으며 결단하여 시작한 간사 생활인데 이렇게 생활할 수는 없었다. 혼자 기도하면서 우리 공동체의 살 길이 무엇인가 생각해 보았다. 쉽게 떠오르지 않았다. 갈 바를 알지 못한 아브라함 심정이었다. 아브라함은 답답했지만 하나님 말씀에 순종하여 최상의 길을 찾았다. "주님, 괴롭습니다. 답답합니다. 나갈 방향을 가르쳐 주옵소서!" 해답은 누구를 원망하는 것이 아니요, 누가 도와주기를 기다리는 것도 아니었다. 예수님의 십자가를 붙들고 일어서는 것이었다. 성경의 가르침대로 개척하는 것이었다. 괴로워하는 동역자들도 곧 실망감을 털고 일어서리라 믿고 오직 개척에 전념하기로 하였다. 회관에 제자양육 상황을 체크하는 차트에 "개척, 개척, 그리고 또 개척!"을 크게 써놓고 힘써 기도하며 개척하였다. "우리가 개척할 땅은 얼마나 많은가? 우리가 할 일은 얼마나 많은가? 그런데 쓰라린 과거만 붙들고 살 수는 없지 않은가? 앞으로, 앞으로 나가자! 우리의 살 길은 오로지 개척, 개척이다. 다시 개척하자! 저 위대한 개척자들의 정신을 배우자! 덴마크 황무지를 개척한 달가스의 정신과 삶을 배우자! 그리고 그를 깨우치고 비전을 준 그룬트비히 목사님을 배우자!"

개척 방향을 정하고 나가니 마음이 가벼워 지고 힘이 났다. 역시 해답은 십자가였다. 내가 져야 할 십자가를 지고 나가니 희망이 생기기 시작했다.

나룻배 작전

1978년 봄 전국 목자수양회에서 전국 개척을 결의하였다. 서대문은 부산, 동대문은 춘천, 한양은 청주, 전주는 광주를 개척하기로 하였다.

광주 개척을 위한 철야기도

광주 개척을 사명으로 받은 우리는 너무 막막하였다. 먼저 열심히 기도하였다. "주님, 광주 대학가에 있는 영혼들을 불쌍히 여겨 주옵소서! 광주 대학가에 복음을 전파하기를 소원합니다. 길을 열어 주옵소서! 개척의 길을 열어 주옵소서!" 간절히 기도하였으나 길은 쉽게 보이지 않고 답답하기만 하였다. 그리고 당장 전주에도 할 일이 많았다. 광주에 아는 사람을 찾도록 광고를 하였다. 전국여름수양회가 다가왔다. 몇 사람이라도 참석하도록 간절히 기도하였다. 기도와 광고와 노력으로 광주에서 세 사람이 여름수양회에 참석하였다. 전남대 경영학과 이기철과, 전남대 공대 오인제와, 조선대 무용과 김혜자였다. 전주 형제자매들은 큰 관심과 사랑으로 이들을 환영해 주었다. 수양회가 끝나고 2학기를 시작하기 전 관례대로 전주 학생회 소기도회가 열렸다. 소양 자연의 집에서 30여명의 소기도회 위원들이 둥그렇게 둘러앉아 돌아가면서 간절히 기도하였다. 밤 11시부터 기도를 시작하였는데 끝나고 나니 새벽 5시였다. "주님, 캠퍼스에 있는 영혼들을 구원하여 주옵소서! 개척의 길을 열어 주소서! 광주 대학가에 복음을 전파하고자 합니다. 주님, 좋은 개척의 씨알들을 만나게 하여주소서! 광주를 개척하게 하여 주옵소서!" 참으로 온 형제자매들이 한 마음으로 뜨겁게 기도하였다.

기도 후 개척자로 세움 받은 정재철과 문귀녀를 동반하고 광주 전남대로 갔다. 전남대는 군사독재 정권 물러가라는 구호와 함께 연일 데모를 하고 있었다. 잔디밭에서, 벤치에서 여러 번 전도를 시도하였는데 반응이 좋지 않았다. 말씨가 다르고 혹시 짭새(형사)가 아닌가 하는 두려움 때문에 학생들이 마음을 열지 않았다. 바로 옆에서 확성기로 데모대를 선동하고 있는 상황 속에서 전도할 수가 없었다. 심지어 어떤 학생은 "잠시 대화 좀 할까요?" 하면 "나 책 안사요."하면서 자리를 떠버렸다. 그때 얼마나 기분이 상하고 떨떠름하던지 속이 상하기도 하였다. 광주 학생들은 전주 학생들과 다르게 느껴졌다. 외부인에 대한 경계심이 강하고 처음 보는 사람에게 쉽게 마음을 열지 않고 무뚝뚝하게 대하였다. 그리고 자기 마음에 맞지 않으면 단호하게 거절하고 자리를 떠버렸다. 전주 사람들은 아무리 싫어도 남 기분 나쁠까봐 점잖게 사양하는데 이들은 거센 말투처럼 사정없이 거절하고 휙 자리를 떠버렸다.

한 길이 막히면 또 다른 길을 뚫어라

큰 희망을 가지고 전주에서 광주까지 왔건만 그 차가움과 인정과 예의 없는 태도에 그만 기가 죽어버리고 말았다. 우리는 아무 소득도 없이 몇 주를 광주까지 왕래하였다. 생활비 5만원을 받는 나로서는 그 비용이 만만치 않았다. 학생들도 자비로 다녔는데 계속 이런 식으로 나갈 수는 없었다. 고민이었다. 사방이 막힌 것 같은 답답함을 느꼈다.

"앞이 캄캄할 때 기도 잊지 마시오." 당시 즐겨 부르던 가스펠송 가사의 한 구절이다. 그렇다. 이럴 때 기도해야지. 간절히 기도하지만 뾰죽한 수는 없었다. 우리는 그처럼 합심기도를 간절히 했는데 이대로 물러설 수도 없었다.

다시 광주로 가기로 하였다. 새롭게 계획을 세웠다. 나룻배 작전이었다. 나는 1주일 내내 광주에 머물고 전주 학생들이 날마다 돌아가면서 하루씩 전도하고 가는 나룻배 작전이었다. 나는 1주일 머물 숙박비를 준비하고 광주로 갔다. 그러나 여관에 머물기보다 주님의 가르침대로 가능한 형제 집에서 머물기로 하였다. 이기철 형제는 군 전역 후 취직 공부를 해야 하는 강박 관념 때문에 나를 피하고 있었다. 그러나 그를 도서관에서 찾아 그의 자취방에 머물기를 간청하였다. 그는 허락하였다. 그러나 아침 일찍이 도서관으로 가버리고 저녁 늦게 돌아왔다. 마지막 날 밤에야 겨우 시간을 내어 창세기 1강 성경 공부를 하여 말씀의 능력으로 그를 사로잡을 수 있었다. 전주 형제자매들은 참으로 충성스러웠다. 거의 모든 리더들이 자비로 돌아가며 광주에 전도하러 왔다. 그들을 만나 간단히 전도 교육을 하고 전도한 후 만나기로 하였다. 그때 우리는 여호수아와 갈렙의 구호, "전남대는 우리의 밥이다!"를 외치고 각자 흩어져 전도하였다. 그리고 두 시간 후 약속 장소에 모여 전도해 온 사람들을 소개하고 바로 성경을 공부하였다.

개척의 씨알들을 얻다

이런 식으로 두 달 정도 전도하여 광주의 개척자들인 귀한 개척의 씨알들을 얻게 되었다. 충성스러운 일꾼 백현순을 얻은 것이다. 그는 나의 첫 로마서 성경 강의를 듣고 중생을 체험하였다. 1979년 봄 이기철은 백현순과 함께 그 어려운 동아리 등록을 이루어냈다. 이기철, 백현순은 광주 개척의 쌍두마차였다. 그리고 헌신적인 전주 리더들은 나룻배 작전을 힘차게 추진하여 전남대 개척에 불을 붙였다. 문귀녀, 김병님 등과 매주 다니며 전남대 개척 역사를 이루었다. 전남대 인문대 강의실에서 전도해 온 사람들과 함께 신입생 오리엔테이션을 가졌다. 당시 각 동아리는 신입생 오리엔테이션을 통해 신입 회원을 확보하는 것이었다. 그 봄에 광주 개척의 주인공들이 나아왔다. 백현순이 인도한 복태영, 키 큰 김준철, 무서운 정열의 소유자 홍금란과 사대 친구들인 김현주, 박희자, 분위기 메이커 윤치근, 율동으로 섬긴 박혜정, 오인제가 데리고 온 이경

춘, 이형근, 그리고 이길호, 김창을, 김동선, 배만주, 차주봉, 김천
갑, 최성섭, 위영숙, 김성옥, 전은옥, 김명희, 신형주, 이선옥, 김
무궁화, 신경재, 최정원, 이민홍, 정일선, 반홍순, 문경열, 박종숙
등이 잘 출석하였고 그밖에 수십 명이 다녀갔다. 많은 이들이 오지
만 섬겨줄 리더가 부족하여 많은 사람들을 감당할 수가 없었다. 졸
업생 성경공부 모임도 이루었다. 이문수, 김명숙 교수 부부, 대학
원생 안승호, 강순자, 그리고 이금정, 이복순, 김은미, 진미라 등이
모여 성경 공부를 하였다.

　　하나님께서는 나룻배 작전을 축복하여 주셨다. 참으로 어려운 상
황이었지만 절망하지 않고 믿음으로 나갈 때 하나님은 도와주셨다.
심히 어려울 때 절망하지 않고 계속 열정을 가지고 기도하며 창의
성을 가지고 나갈 때 하나님께서는 도와주셨다. 어렵다고 포기해
버리면 아무 것도 할 수 없다. 이 세상에 어렵지 않는 일은 없다.
그러나 믿음으로 사는 자에게는 어려울수록 더 일할 맛이 난다. 어
렵고 아무도 덤빌 수 없으니 더욱 일할 가치가 있는 것이 아닌가?

06 불가능은 없다

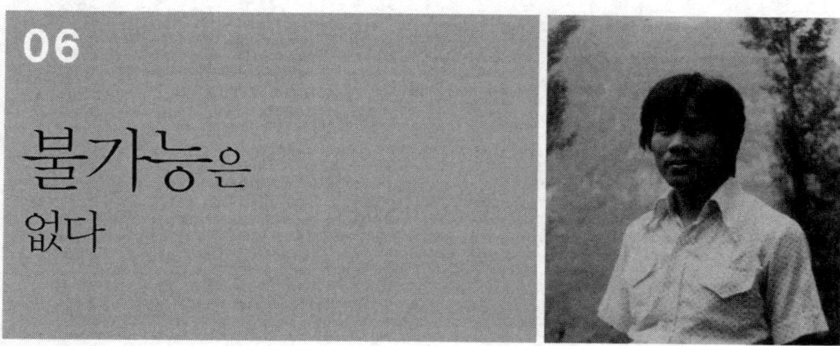

이 세상에는 어려운 일이 많다. 꼭 해야 할 일인데 할 수 없는 일이 많다. 그때 속이 탄다. 고통을 느낀다. 그런데 남들은 다 절망하고 포기하는 일을 용감하게 덤벼들어 성취시키는 사람들이 있다. 사람들은 그러한 능력을 원한다. 그러나 그런 능력은 쉽게 얻어지지 않는다. 그러면 어떻게 할 것인가?

참 믿음과 적극적 사고

개척을 하는 나에게도 너무 어려운 일이 많았다. 사람을 모이게 할 능력이 부족하다. 전도가 어렵다. 사람들을 움직일 힘이 없다. 돈이 없다. 환경과 조건이 좋지 않다. 개척의 꿈은 좋으나 개척의 현실은 너무 외롭고 고통스럽다. 한창 광주를 다니며 개척을 하고 있을 때 예비군 동원훈련이 나왔다. 이 바쁘고 중요할 때 한 주일을 어떻게 보낼까 궁리하다가 로버트 슐러가 쓴 "불가능은 없다!" 책을 독파하기로 하였다.

원래 나는 이런 책을 좋아하지 않았다. 예수님의 인격과 구속의 은혜에 최고 가치를 두고 성경공부에 전념하던 때에 성경보다는 출세지향적인 이런 책에 관심을 기울이지 않았다. 그런데 내가 왜 이 책을 집어 들었는가? 너무 답답했던 것이다. 현실은 너무 어려웠다. 능력이 필요한데 능력은 구할 수 없으니 능력 있는 길에 대해서 관심을 가져 본 것이다.

책을 읽고 역시 큰 감동은 없었다. 책의 핵심 내용은 적극적 사고였다. 적극적 사고로 나가면 성공할 수 있다는 것이다. 할 수 있다는 믿음을 가지고 나가면 성취할 수 있다는 것이다. 다분히 성공제일주의 철학이 담겨 있는 책이었다. 주 안에 있으면 실패도 은혜가 될 수 있다. 실패를 해도 예수님과 함께라면 그것은 은혜요, 영광이다. 사도 바울은 얼마나 두둘겨 맞고 감옥에 갇히고 심한 고생을 많이 했던가? 그러나 그것은 큰 은혜였다. 예수님을 배우고 예수님께 영광을 돌리는 것이 신앙의 진정한 목적일진대 성공과 능력이 목적이 되어 예수님을 이용하여 자기 목적을 성취하고자 하는 것은 잘못된 것이다. 그러므로 성공주의 신앙과 삶이 얼마나 심령을 메마르게 하고 빗나간 신앙생활을 하게 하는 것인가? 이런 식으로 책을 읽으며 비판만 하고 있었다.

그러나 예수님께서도 말씀하시지 않았는가? "할 수 있거든이 무슨 말이냐? 믿는 자에게는 능치 못할 일이 없느니라" "너희 가운데

겨자씨 한 알만한 믿음이 있으면 이 산을 명하여 여기서 저리로 옮기라 하여도 옮길 것이요 또 너희가 못할 일이 없으리라" 주님께서도 믿는 자의 능력의 삶에 대해서 말씀하시지 않았는가? 예수님을 믿는 사람은 능력 있게 살면 안 되는가? 참 믿음은 늘 고생만 하고 사는 것인가? 이래서 나는 믿음과 능력에 대하여 정리하여 보았다. 성공 제일주의 신앙은 목적성을 상실한 잘못된 신앙이다. 그리스도의 인격과 은혜를 사모하며 그리스도와의 관계를 생명처럼 여기는 신앙이 바른 신앙이다. 그러나 참 믿음, 곧 하나님과 바른 관계를 가진 믿음은 능력을 수반한다. 하나님과 바른 관계를 가지고 그리스도께 순종하며 그리스도를 배우는 사람은 하나님의 능력을 소유하게 된다. 하나님께서 주시는 능력을 나의 욕망을 성취하기 위해서 사용하면 잘못이지만 하나님 영광을 위해서 사용하면 바른 것이다. 하나님께서도 기뻐하실 것이다.

바른 믿음의 또 다른 면인 능력에 대해 열린 마음으로 바라보자. 많은 사람들은 자기 능력의 범주 안에서만 일을 한다. 그것은 바른 믿음이 아니다. 참 믿음은 하나님과 교통하는 믿음이다. 전능하신 하나님께서 일하실 것을 기대하며 하나님께서 내 안에 일하시도록 헌신한다. 하나님께서 나를 쓰셔서 큰일을 이루시도록 온전히 순종할 때 하나님께서는 능력으로 일하신다. 그 그림이 5병 2어 사건에 그려져 있다. 보리떡 다섯 개와 물고기 두 마리가 그냥 그대로 있는데 5,000명을 먹인 것이 아니다. 제자들이 찾아온 보리 떡 다섯 개와 물고기 두 마리가 주님의 손 안에서 쪼개져 다시 제자들 손에 들렸을 때 5,000 군중을 먹일 수 있었던 것이다.

주님의 전능하심에 대한 절대적인 믿음을 가지고 순종할 때 주님은 놀라운 능력을 주시어 사용하여 주신다. 나의 시간, 은사, 물질, 믿음을 주님께 드리며 사용 결정권을 주님께 양도할 때 주님께서 나를 의의 병기로 사용하여 주신다. 주님을 높이며 능력 있게 사는 삶은 좋은 것 아닌가? 진정으로 주님께 순종하며 따르는 자는 생각이 적극적이다. 부정적이고 소극적이고 비판적인 태도가 참 믿음의 태도가 아니다. 참 믿음은 긍정적이며 적극적이며 희망적이다.

알렉산더의 야생마

그렇다. 광주 개척을 어렵게 보기 시작하면 아무 것도 할 수 없다. 그러나 주님의 눈으로 보면 할 수 있다. "여호와께는 능치 못할 일이 없느니라" 저 불쌍한 영혼들에게 누가 복음을 증거할 것인가? 누가 저들을 예수님 사랑으로 위로하며 돌볼 것인가? 하나님께서 함께 하시면 불가능한 것이 무엇이란 말인가? 광주 사람은 억세다. 다루기가 힘들다. 그러나 저들은 화끈한 사람이다. 광주의 젊은이들은 꼭 알렉산더의 야생마 같이 보였다. 무한한 가능성은 있는데 너무 거칠고 훈련이 안되어서 위험하기 짝이 없는 친구들이다. 정말 알렉산더의 야생마처럼 거칠기 짝이 없으나 잘 조련만 하면 명마처럼 될 수 있는 사람들이다, 나는 못할지라도 주님은 하실 수 있으시다.

"오 주님, 저에게 복음의 능력을 더하여 주옵소서! 광주 대학생들을 변화시킬 수 있는 하나님의 능력을 주옵소서! 아직도 제게 두

려움이 많습니다. 광주 개척에 어려움이 많습니다. 그러나 주님께
서 함께 하시면 두려울 것이 무엇이겠습니까? 주님, 제게 있는 부
정적이고 어두운 생각을 몰아내 주십시오. 할 수 있다는 확신을 주
옵소서. 할 수 있거든이 무슨 말이냐 능치 못할 일이 없느니라는
주의 말씀을 붙들고 능력 있게 살게 하옵소서! 주님 광주는 반드시
개척해야만 합니다. 개척될 것을 믿습니다. 주님 온전히 순종하겠
습니다. 사용하여 주옵소서!"

불타는 광주로

1980년이 밝아왔다. 언제나 그렇듯이 새해가 되면 마음이 새롭다. 새로운 꿈을 꾸며 일년 계획을 세운다. 1980년은 광주 개척의 해로 정하였다. 꿈만 꾸어도 가슴이 설레었다. 1980년이 시작되자마자 결혼하였다.

믿음의 결혼

1월 15일에는 3년 전에 약혼 관계에 있었던 허영애와 결혼하였다. 중매를 하였던 강기봉 선교사가 일시 귀국하였다. 그런데 우리가 아직까지 결혼하지 않는 것을 보고 깜짝 놀라며 빨리 서두르도록 재촉하였다. 그 말이 옳았다. 결혼을 안하려고 한 것이 아니라 핑계 같지만 너무 바빠 결혼할 시간이 없었고 결혼 비용이 준비되지 않아서 속수무책으로 시간만 보내고 있었던 것이었다. 그런데 강기봉 선교사가 일시 귀국하여 결혼을 재촉하니 내 마음도 움직였다. 충고를 듣고 결혼하기로 작정하였다. 2주 후에 결혼하기로 하고 처가에 통보하였다. 처가에서 난리가 났다. 콩나물 기를 시간도 없이 그렇게 빨리 결혼하면 어떻게 하느냐는 것이었다. 믿음으로 서두니 안 되는 것이 없었다. 일사천리로 진행되었다. 결혼은 하나님의 축복이다. 참으로 나는 귀한 동역자를 아내를 맞이하여 기쁨이 충만하였다.

불타는 갬퍼스

그런데 캠퍼스 상황은 악화 일로였다. 1979년 10월 26일 박정희 대통령이 정보부장의 총탄에 서거한 것이다. 약 20여년 동안 무서운 철권통치를 한 지도자가 갑자기 서거함으로 전쟁이 일어날지도 모르는 불안감이 있었다. 그 외중에 12월 12일 신군부가 소리 없이 쿠데타를 일으켜 정권을 잡은 것이다. 그나마 군정 종식의 희망을 가졌던 국민들은 더욱 불안감 속에서 떨어야 했다. 국민들은 무서운 정보정치와 압제에 저항을 하지 못하고 숨을 죽이고 끌려가고 있었다. 소수의 야당 정치인과 재야인사들만이 반대 목소리를 내고 있었으나 군사 독재 세력 앞엔 너무나 미미하였다. 그러나 대학생들은 무서운 줄 모르고 항거하였다. 두둘겨 맞고 감옥에 끌려가도, 고문을 당해도, 군사 독재 정권 퇴진을 위하여 계속 항거하였다. 80년 봄은 데모의 절정기였다. 대학교 앞에는 최류탄 연기가 자욱하여 정문 앞을 지나갈 수가 없을 정도였다. 대학생 모임이 원천적으로 통제되었다. 심지어 예배 때에도 정보과 형사들이 뒤에 와서 열심히 메모를 하며 감시하고 있었다. "아, 악몽 같은 그 시절이여!"

다방에서 가진 성경공부

3월 모든 대학이 개학하면서 데모는 더욱 심해지고 있었다. 캠퍼스 영혼 구원을 열망하는 사람으로서는 심히 어려운 상황에 빠진 것이다. 그래도 "하나님 안에는 불가능이 없다!"를 외치며 부지런히 광주를 오갔다.

그런데 4월 어느 날 전남대를 가니 캠퍼스가 텅 비어 있었다. 깜짝 놀라 알아보니 전교생이 금남로로 나갔다는 것이다. 그래서 양을 찾아 금남로로 갔다. 도청 앞 분수대에서 몇 사람이 마이크를 잡고 선동적인 말투로 뭔가를 외치고 있었고 학생들과 시민들이 분수대 광장을 뺑 둘러 가득 채우고 있었다. 그 군중들을 헤치고 다니며 양들을 찾아냈다. 몇 사람을 만나 서로 연락하여 얼마 안 되어 거의 다 모이게 되었다. 즉시 도청 광장 곁 전일다방에 가서 요회(성경공부 모임)를 하였다. 적절한 말로 위로하고 기도하고 간단히 성경 공부를 하며 우리가 시대 문제에 참여하되 거기에 목을 걸면 안 되는 이유를 설명하였다. 우리는 하나님 앞에서 보다 큰 그림을 그리고 인류의 근본 문제, 민족의 근본 문제, 우리 자신의 근본 문제 해결을 위해 기도하자고 달래었다. 그러나 젊은이들은 분위기에 약하였다. 상당수 학생들이 데모 분위기에 휩쓸리기도 하고 성경공부 모임과 멀어지기도 하였다.

계엄령하의 수양회

4월 말에 신록수양회를 계획하고 열심히 준비하고 있었다. 그런데 신군부는 긴급조치를 발동하여 모든 대학생들 모임을 불허하였다. 이미 다 준비해 놓은 것을 불과 며칠을 앞두고 철회할 수 없었다. 고민이었다. 우선 모임을 가질 장소가 없었다. 정부의 무서운 엄명에 그 누구도 감히 장소를 빌려줄 엄두도 내지 못하였다. 그렇다고 아무 일도 하지 않고 엎드려 있어야만 하는가? 그럴 수는 없었다.

우리들도 긴급 대책회의를 소집했다. 각 가정에서 소규모로 분산하여 수양회를 갖기로 하였다. 암울한 시대 분위기가 우리를 억압하고 짓눌렀으나 전능하신 하나님을 믿는 우리들도 쉽게 물러나지는 않았다. 초대교회 성도들은 네로 황제의 핍박 속에서도 카타콤에 모여 신앙생활을 계속하지 않았던가? "환난과 핍박 중에도 성도는 신앙 지켰네 이 신앙 생각할 때에 기쁨이 충만하도다 성도의 신앙 따라서 죽도록 충성하겠네" 계획대로 수양회를 갖지는 못했어도 각 가정에서 교제하며 색다른 은혜를 체험하였다. 광주에서도 어려움을 뚫고 몇 명이 참석하였다. 어려움이 많았지만 매주 성경공부를 계속하였다. 전남대 사대 308호실에서 성경공부를 하며 서로를 격려하였다. 그러나 그 어려운 시대 분위기를 이겨내기엔 너무 어려움이 많았다. 사탄이 어린 싹을 밟아 버리는 것 같았다. 그러나 한 주도 쉬지 않으며 계속 모임을 가졌다.

불타는 광주로 이사

신록수양회 후에 나를 광주로 파송하기로 되어 있어서 5월 파송 예배를 드렸다. 그래서 전셋집을 내놓았다. 집이 나갔다. 아, 그런데 이 무슨 날벼락인가? 5월 18일 직후 계엄령이 선포된 것이다. 신군부는 정권 장악의 구실을 만들어야 했다. 광주를 희생 제물로 삼은 것이다. 당시 전국적으로 데모가 있었지만 광주 학생들을 과잉 진압하였고 간첩이 배후에서 조종하고 있다고 주장하며 계엄령을 선포하여 군인이 나서는 당위성을 선전하였다. 광주를 계엄군이 에워싸고 광주로 들어가는 길을 봉쇄하여 들어가지도 못하고 나오지도 못하게 하였다. 심지어 전화마저도 불통이었다. 모든 정보는 통제되었고 군의 통제를 받는 뉴스에만 의존해야 했다. 그래서 온갖 루머가 난무하였다. 불길한 뉴스가 들려왔다. 집이 나가서 오고 갈 데도 없는데 갈 길은 막혀 있으니 답답한 나날이 계속되었다.

계엄령이 해제 되자마자 나는 즉시 6월 10일 이삿짐을 꾸려 가지고 송종록과 함께 광주 학동으로 이사하였다. 비록 시국은 전쟁터처럼 불타고 있었지만 내 가슴은 상처받은 광주 영혼들에 대한 상한 심정과 사랑으로 불타고 있었다. 광주 시가지를 돌아보았다. 대학교 근방은 지나갈 수 없을 정도로 체류탄 가스로 눈물을 흘려야 했고 돌이 여기저기 흩어져있었다. 당시 편파 보도의 비난을 받았던 MBC 방송국은 시커멓게 불탄 흔적이 있었다. 그리고 도청과 방송국 곳곳에 총탄 자국이 있었다. 그러나 방송처럼 반란의 도시거나 생지옥같은 모습은 아니었다. 긴장감은 있었으나 활동에는 아무 지장이 없었으며 도시는 제 기능을 발휘하고 있었다.

"오 하나님 광주에 오게 하신 것만 해도 감사합니다. 이곳이 바로 제가 일할 사명의 땅입니다. 주님 은혜 많이 받았으니 이제 마음껏 복음 증거하겠습니다. 알렉산더의 야생마같은 광주의 젊은이들을 잘 조련하고 사랑하여 명마와 같은 복음의 용사로 만들겠습니다. 주님, 이 종에게 복음의 능력을 부어 주옵소서!"

당시 대학생 모임은 극히 제한을 받고 있었다. 학교 내에서조차 모임이 자유롭지 못했다. 그래서 더욱 예배드리며 성경 공부할 장소가 필요하였다. 전국 간사 모임에 이 안건을 상정했다. 그러나 간사들은 매우 난감해했다. 돈이 없는 것이다. 지금 네 회관마저도 사느냐 죽느냐 기로에 서 있는데 무슨 개척 지구 회관 마련을 위해 헌금을 한단 말이냐? 부결되고 말았다. 이 소식을 전하자 이기철은 분노하였다. 자기가 상경하여 간사님들을 설득하겠다고 말했다. 간신히 달래고 다시 간사회의에 광주개척을 재차 상정하였다. 그랬더니 5평짜리 사무실을 얻으라고 하였다. 나는 그 말만 들어도 고마웠다. 5평 얻는데 필요한 전세금 100만원을 네 지구가 25만원씩

분담하기로 하였다.

5평짜리 홀을 찾아 진도까지

그런데 막상 5평짜리 전셋집을 찾으려하니 없었다. 100만 원짜리 5평 회관은 없었다. 훨씬 더 비쌌고 우리가 사용할 곳이 아니었다. 그리고 대학생들이 쓸 곳이라니 말도 꺼내지 못하게 하였다. 1980년 6월 전남대 근방에서 대학생들이 사용할 사무실을 얻는다는 것은 생각조차도 못할 정도였다.

그러나 "불가능은 없다!"고 기도하며 가슴 속에 그 믿음을 새기지 않았던가? 학생들과 함께 광주 전역을 뒤졌다. 전남대 앞, 학동, 계림동 등 몇 곳이 물망에 올랐다. 다른 곳은 멀어서 실격이고 전남대 정문 앞 건물을 살펴보았다. 2층 13평 사진관이 이사하려고 집을 내 놓은 것이었다. 전세금은 230만원이었다. 가서 보니 마음에 들었다.

하나님께 기도하고 이곳을 얻기로 하고 건물주를 만나고자 하였다. 건물주가 진도에 살고 있었다. 백현순, 홍금란과 함께 진도를 내려갔다. 먼 길이었다. 가서 아브라함 종처럼 자초지종을 소상하게 말했더니 단호하게 거절하는 것이었다. 너무나 실망했다. 그러나 대륙상회 철물점을 떠나지 아니하며 내가 지치면 백현순이, 그가 지치면 홍금란이 릴레이로 설득하였다. 그리고 우리는 데모하지 않는 대학생들이라고 강조하였다. 홍금란은 그 집 딸이 수피아 여고 동문이라는 사실을 알아 가지고 딸을 설득하였다. 몇 번이고 끈질기게 부탁도 하고 애원도 하고 논리정연하게 설득도 하였다. 허락을 받지 않고서는 그곳을 떠나지 않겠다는 태도로 열심히 구하였다. 그리하여 마침내 허락을 받게 되었다. 광주로 돌아오는 버스 속에서 우리는 기뻐 울었다.

"할 수 있거든이 무슨 말이냐 믿는 자에게는 능치 못할 일이 없느니라" 말씀을 암송하며 하나님의 도우심에 감사드렸다. "구하라 그러면 너희에게 주실 것이요, 찾으라 그러면 찾을 것이요, 문을 두드리라 그러면 너희에게 열릴 것이니" 주님의 말씀은 신통한 능력이 있었다. 그대로 순종하니 그대로 되었다. 돌아올 때 우리는 이미 광주개척이 다된 양 기쁘고 흥분되었다. 광주 형제자매들이 회관 마련을 위해 헌금을 하고 모찌 장사와 과일 장사를 하여 모금하였다. 그래도 부족한 전세금은 사채와 전주에서 보내온 사랑의 개척 헌금으로 메웠다.

황무지를 장미꽃밭으로!

광주에 SBF(ESF의 전 이름)회관이 생긴다는 기쁨에 우리는 날마다 모여 회관을 꾸몄다. 막아진 벽을 트고 자재를 사서 새로 방도 만들고 예배의 처소요, 성경공부의 룸을 만들었다. 쓱쓱, 싹싹 톱으로 썰고, 탕탕 못을 박고, 페인트를 칠하고, 도배를 하였다. 아내는 점심을 만들어 학동에서 날라 왔다. 노동 후에 먹는 그 식사의 즐거움은 경험해 본 사람만이 알리라. 행복이란 이런 것이었다. 꿈을 갖고 그 꿈을 이루기 위해 사랑하는 사람들과 함께 일하고 협력하고 사랑할 때 천국의 기쁨을 맛보는 것이다.

1980년 7월 17일. 역사적인 날이 밝아왔다. 드디어 광주 ESF가 탄생한 날이다. 모이기 좋은 공휴일을 택하여 광주 SBF 개관에

배를 드렸다. 광주 15명, 전국에서 온 동역자, 전주에서 온 동역자 합하여 40여명이 "황무지를 장미 꽃밭으로" 데코레이션을 해놓고 "황무지가 장미꽃같이 피는 것을 볼 때에" 233장 개척 찬송을 힘차게 불렀다. 의자가 없어서 서서 예배를 드렸다. 그래도 즐거웠다. 현판식을 가졌다. 광주 땅에 일어날 복음 역사를 위해 합심 기도를 드렸다. 수박과 무지개떡을 먹으며 개척의 기쁨을 만끽하였다.

데모로 불타는 광주, 그러나 이제 복음으로 불타는 광주를 바라보며 합심 기도하였다.

"전능하신 하나님 아버지, 복음을 사랑하는 젊은이들이 이곳에 모였나이다. 주님의 지상명령을 좇아 그리스도의 구원의 복음을 대학가에 전파하고자 합니다. 성령님, 저희를 캠퍼스 복음화에 사용하여 주옵소서! 시국 문제로 찢겨질 대로 찢겨져 있는 이곳 사람들을 위로해 주십시오. 주 예수 그리스도의 복음만이 저들의 상한 심령을 치료할 수 있나이다. 저희 나라의 문제를 근본적으로 어떻게 해결할 수 있을까요? 하나님의 뜻을 받들 수 있는 복음의 일꾼 양성이 우리나라 문제의 근본 해결책임을 믿습니다. 한국 교회와 사회를 짊어지고 나아갈 복음의 일꾼들을 양성하여 주옵소서! 모세와 다윗같은 큰 일꾼들을 보내어 주소서! 온 세계에 나가서 복음을 전파할 바울같은 복음의 일꾼들을 세워 주옵소서!"

09

산을 움직이는
기도

말씀이 연료라면 기도는 불이다. 말씀을 받고 뜨겁게 기도하면 힘이 나온다. 개척은 성령의 힘으로 하는 것이다. 아니 성령께서 우리 마음을 감동시켜 개척토록 하는 것이다. 그러므로 개척은 성령 충만하여 권능을 받아야 하는 것이다. 성령 충만의 길은 살아있는 말씀을 받음과 그 말씀에 기초하여 간절히 기도함이다. 하나님의 말씀을 받고 눈물로 간절히 기도하면 하나님께서 심령을 감동시켜 주시고 복음전파의 능력을 베풀어 주신다. 초대교회는 생생한 복음을 받았고 그 말씀에 기초하여 간절히 기도하여 성령의 권능을 받아 능력 있게 복음을 증거하였다. 복음, 기도, 순종 그곳에 성령의 감화 감동이 있다. 그것이 개척의 원동력이다.

기도의 능력

하나님께서 학생 시절 깊이 있는 성경공부를 통하여 말씀의 위력을 체험케 하셨다. "달고 오묘한 그 말씀" 하나님께서는 선배님들을 통해 성경을 강해하는 법, 성경을 그룹으로, 개인적으로 교육시키는 법을 가르쳐 주셨다. 우리에게는 풍성한 말씀이 있다. 이것이 얼마나 감사한 축복이던가! 이제 이 말씀에 불을 붙여야 한다. 하나님의 말씀이 내 마음과 삶 속에 역사하도록 불을 붙여야 한다. 그 방법이 소감쓰기와 기도, 순종이다. 대학생들이라 조금만 지도하니 소감쓰기를 잘하였다. 물론 깊이 감춰진 진리를 캐내어 자기의 것으로 만드는 일은 쉽지 않았지만 그런대로 잘 되었다. 그런데 기도가 잘되지 않았다. 기도를 강조하여도 기도하는 학생은 별로 없었다. 아니 나 자신도 기도가 잘 되지 않았다. "아, 이것이 대학생들의 취약점이구나! 말씀의 권능이 나타나지 못한 이유가 바로 이것이로다! 해답은 소감쓰기, 기도, 순종이다. 오, 주님! 기도의 영을 허락하여 주소서!" 그래서 학생들을 데리고 무등산 제일 기도원, 헐몬 수양관, 신림 교회로 올라가 종종 철야 기도회를 가졌다.

개관예배를 드린 후 곧 바로 여름수양회 준비에 돌입하였다. 수양회는 열심히 준비한 만큼 은혜를 받고 많은 영혼이 참석한다. 지금까지 조금씩이라도 관계가 있는 사람은 50여명이다. 그러나 멤버십을 가지고 있는 학생은 겨우 15명 정도이다. 이 학생들 중심으로 열심히 기도하였다. 1:1로 기도하기, 그룹으로 나누어 합심 기도하기, 전체가 원을 그리며 앉아 돌아가며 합심 기도하기, 각자 개인으로 기도하기를 하였다. 기도할 때 기도제목을 제시하였다.

항상 첫 번째 기도제목은 말씀을 붙들고 기도하기였다. 그리고 우리에게 절실한 기도제목을 제시하였다. 여름수양회에 말씀을 주시도록, 말씀 전하는 강사들에게 권능의 말씀 주시도록, 우리가 초청하고자 한 영혼 참석하도록, 일일이 이름을 적어놓고 간절히 기도하였다. 기도한 후에 바로 심방을 다녔다. 교통비도 자기가 부담하며 시내, 외지, 전국을 다니며 흩어진 영혼을 찾아 심방하였다.

그리하여 8월 초에 가진 전주 광주 여름수양회에 25명이 참석하였다. 전주 리더들이 충격을 받았다. 거의 비슷하게 참석하였기 때문이다. 이에 전주도 대각성운동이 일어나 불이 붙게 되었다.

여름수양회는 우리 공동체의 축제이다. 말씀의 은혜가 충만하고 아름다운 찬양과 뜨거운 기도와, 신선한 교제와 만남, 신앙결단이 이루어지는 천국 잔치이다. 그동안 수고한 보람이 있다. 애써 데리고 온 영혼이 은혜 받는 모습을 볼 때 나의 존재 가치를 깨닫는다.

"아, 나는 살 이유가 있다. 하나님께서 이 쓸모없는 사람에게도 이런 은혜를 체험케 하시다니! 선한 목자 예수님! 열심히 주님을 배워 이 종도 영혼을 구원하는 목자가 되겠나이다. 영혼을 구원하는 일이 이처럼 중요하고 신나고 재미있는 줄 이제야 깨닫나이다. 제 평생에 사람 영혼을 구원하는 일에 힘쓰겠나이다."

여름수양회를 통하여 어린 학생들이 이런 깨달음과 은혜를 체험케 되다니? 이 얼마나 놀라운 일인가? 직업적인 성직자들도 이런 감격을 맛보기란 쉽지 않은데 어린 학생들이 벌써 예수님의 마음을 배워 영혼 구원의 감격을 맛보다니? 실로 놀라운 일이 아닐 수 없다. 젊은 대학생들이 성경이 살아있는 하나님의 말씀임을 깨닫고 하나님께서 자기의 기도를 들어주신다는 신앙체험을 하는 것은 참으로 중요한 것이다. 여름수양회를 통하여 우리 모임은 한 단계 성장한 기분이었다. 학생들이 어리다고 항상 떠먹여주는 어린아이로 키우지 아니하고 처음부터 말씀을 받고 은혜에 감사하며 다른 영혼을 사랑하고 섬기는 훈련을 할 때에 성령님의 큰 은혜가 임하는 것이다.

400명의 성탄 예배

1980년 성탄절이 다가왔다. 우리를 구원하신 예수님, 광주를 개척케 하신 우리 주님, 너무나 감사하였다. 주님을 진정 기쁘게 해드리고 싶었다. 그래서 성탄절을 아주 의미 있게 준비하기로 하였다. 또한 성탄절이 매년 연례행사로 보내는 행사가 아니라 하나의 역사적 사건이 되도록 의미 있는 성탄절이 되게 할 방도를 찾았다. 하나님께 최고의 영광이 되는 예배를 모색해 보았다.

먼저 성탄예배를 성대하게 드리며, 광주의 제일가는 무대에서 연극으로 성탄의 기쁨을 전하며 5·18로 상처받은 영혼들을 위로하고, 500명 초청하며, 수입금 30만 원 이상을 가난하고 소외된 자에게 나눠주기로 하였다. 핵심멤버들이 모여 이 일을 의논할 때 대부분 학생들의 반응은 매우 부정적이었다. 미친 짓이라는 것이었다. 그렇게 할 수도 없을 뿐 아니라 괜히 챙피만 당하게 될 거라는 것이었다.

그러나 한 두 명이 긍정적인 반응을 보였다. 자신은 없지만 순종하는 마음으로 한번 해 보자는 것이었다. 지금까지 목자님 말씀 듣고 순종하여 안 된 것이 무엇인가? 회관을 기적적으로 얻게 된 일, 수양회에 상상치 못한 은혜를 체험케 된 일, 여름수양회에 25명이 참석케 된 일 등을 돌이켜 볼 때 하나님께서 또 무슨 일을 행하실지 순종해 보자는 것이었다. 그래서 실패할지 모르는 두려움이 있었지만 감행하기로 결정하였다.

이 벅찬 일을 놓고 무등산 속에 있는 신림 교회로 갔다. 온 밤을 지새워 기도하였다. 12명 전원이 돌아가며 기도하였다. 몇 사람은 잠을 이기지 못하여 코를 골기도 하였다. 그러나 대부분은 열심히 기도하였다 각자 10분에서 한 시간씩 기도하니 새벽이 밝아왔다. 온 밤을 새워 기도한 것이다.

그리고 학기말 고사 동안에도 연극 연습, 티켓 판매, 찬양 연습을 하며 참으로 바쁘게 보냈다. 그 잊을 수 없는 기간 동안 놀라운 일들이 일어났다. 김현주는 5,000원씩 하는 티켓을 70여장 파는 기염을 토해냈다. 찬양 연습하는데 피아노가 없었다. 기타로 음을 잡고 연습하는데 매우 힘들었다. 그래서 빚을 내어 오르간을 샀다. 오르간을 사온 날 모두 울었다. 전주에서 온 송환식이 풍성한 음식으로 섬겼다. 호떡을 사러 가서 포장마차 안에서 한 자매에게 전도하였다. 그녀는 음악과 학생 전은옥이었다. 그녀는 바로 와서 찬양 연습에 합류하였다. 그리고 독창으로 "오 거룩한 밤" 영광의 찬양을 올렸다.

광주에서 최고의 무대인 남도예술회관에서 갑자기 장소 불허를 통지해 왔다. 대학생들의 모임이라는 이유 때문이었다. 비상이 걸렸다. 광주의 모든 무대를 찾아보았다. 심지어는 결혼 예식장까지 찾아보았다. 결국 중앙정보부 지부가 있는 광주공원 무진회관을 빌릴 수 있었다. 광주시민 400여명을 모시고 무려 3시간 동안 예배, 농아학교 학생들의 춤, 연극, 찬양으로 경이적인 성탄축하예배를 드렸다. 수입금도 상당하여 오르간 구입대금을 갚았고 농아들을 도울 수 있었다. 성탄예배가 끝난 뒤 형제자매들은 홍해 바다가 갈라지는 기적을 본 사람들처럼 감동, 흥분, 감격하였다.

"오 살아계신 하나님, 감사 감사합니다. 정말 감사합니다. 저희들은 보았습니다. 살아계신 하나님을 보았습니다. 놀라운 하나님의 능력을 체험하였습니다. 독생자를 보내신 하나님을 찬양합니다. 이 죄인들을 구원하러 낮고 낮은 땅에 오신 주님, 사랑합니다. 성육신의 은혜 감사합니다. 광주를 사랑하신 하나님, 감사합니다. 저희들 하나님의 능력을 보았사오니 정말 열심히 복음 운동하겠습니다. 기쁘다, 구주 오셨네!"

우리는 감격스럽게 오 거룩한 밤을 불렀다.

"오, 거룩한 밤. 별들 반짝일 때 "

10

하나님의
말씀은 살아있다

위대한 사상이 있는 곳에 위대한 역사가 있다. 위대한 복음진리이신 그리스도께서 위대한 인류구원 역사를 창조하셨다. 위대한 복음사상을 가진 바울 사도는 위대한 세계선교의 역사를 이루었다. 이 신칭의의 진리를 깨달은 종교개혁자들은 역사를 뒤바꾸는 종교개혁의 역사를 만들었다. 개척자에게는 놀라운 비전과 강력한 파워가 필요하다. 열악한 환경과 장애물을 거침없이 뛰어넘는 초월적인 힘이 필요하다. 그 힘을 제공하는 것이 바로 사상이다. 신앙 세계에서의 사상이란 신학이다. 사상성 있는 메시지와 그렇지 못한 메시지가 있다. 사상성을 가지고 일할 때 힘이 붙고 일에 의미가 생기는 것이다. 그리고 그 사상이 다른 이의 마음속에 심어진다. 나는 무슨 사상을 가지고 개척을 하고 있는가? 나의 신학은 무엇인가?

스스로 질문해 보았다. 홀로 무등산을 오르며 질문해 보았다.

성경 중심의 신학

신학 사상의 큰 물줄기는 성경을 최고의 권위로 보수신학, 이성을 최고 권위로 여기는 자유주의 신학, 전통을 최고 권위로 여기는 전통주의, 경험을 최고 권위로 여기는 신비주의 등으로 나누인다. 보수 신학 가운데서도 하나님의 절대 주권을 중심으로 성경을 해석하는 칼빈주의 신학과 인간의 믿음에 강조점을 두는 알미니안 신학이 있다. 교회와 세상을 분리하여 세상을 타락의 집단으로 분류하여 외면하는 근본주의와 하나님의 은총 속에서 세상을 변혁시키려는 복음주의가 있다. 구태여 나의 신학을 따져본다면 칼빈주의요, 복음주의이다. 그러나 이것보다 더 중요한 것은 복음이다. 바울 사도가 가졌던 복음에 대한 절대적 자세이다. 성경을 해석하는 입장도 중요하나 성경보다 더 중요할 수는 없다. 성경은 하나님의 절대적 계시이다. 인간 이성을 뛰어넘는 하나님의 세계를 보여주는 하나님의 계시이다. 성경에 대한 경외심과 성경의 원 저자인 성령의 인도하심을 받는 것이 중요하다.

나의 사상은 성경이다. 하나님의 계시이다. 종교개혁자들의 사상인 "성경으로 돌아가자!"의 정신과 같다. 하나님을 올바로 알 수 있는 길, 바른 신앙을 가질 수 있는 길, 위대한 인생을 살 수 있는 길, 성령 충만한 삶을 살 수 있는 길, 다른 영혼을 일깨워 위대한 사람으로 만드는 길, 진정한 그리스도의 제자를 양성하는 길, 위대한 부흥을 가져오는 길이 다 성경에 있다. 성경은 살아있는 하나님의 말씀이다. 하나님의 계시를 받은 선지자와 사도들이 성령의 감화와 감동을 받아 기록한 하나님의 말씀이다. 성령께서는 오늘날도 기록된 성경을 통해서 말씀하고 계신다. 나는 오늘날 성경을 통하여 하나님을 만날 수 있고 그 분의 뜻을 깨달을 수 있다. 바울을 감동케 하였던 그 복음, 창세전부터 감추어져 왔던 그 비밀의 계시가 나에게도 왔다.

수천 년 동안 하나님께서는 인류 구원을 약속해 오셨다. 그 약속은 '아들' 곧 '씨', 혹은 '후손'이었다. 하나님께서는 '아들'을 통해 인류구원의 계획을 세우셨다. 선지자들은 그 하나님의 약속에 감동하였고 그 험악한 세대에 그 많은 고초를 겪으면서도 하나님께서 약속하신 인류 구원을 예언하였다. 먼 훗날 이루어질 오직 그 하나님의 약속에 감동하여 기뻐하며 충성을 다하였다. 그 먼 훗날에 이루어질 구원을 예언하는 그 일도 영광스럽게 알고 그 일을 위한 그 어떤 고난도 영광으로 알고 즐겁게 감당하였다.

사도 바울은 선지자들이 예언한 메시아가 오셔서 인류 구원을 성취한 것을 깨닫고 감격하였다. 창조주 하나님께서 인류를 구원하시다! 이 놀라운 사실에 감격, 감격 또 감격하였던 것이다. 우리의 구원 예수 그리스도! 하나님이 완전한 계시, 인류가 갈구하던 영원한 진리, 영원한 속죄제물, 영원하고 완전한 구원, 완전한 인간의 모델, 하나님의 지혜, 하나님의 사랑, 하나님의 능력, 보배 중의 보배인 그리스도! 바울 사도는 그리스도에 심취하였다. 그리스도는 그의 생명이요, 사랑이요, 꿈이요, 하나님이셨다. 그리스도는 구원의 주이시며 신앙의 대상이었다. 동시에 그리스도는 영원한 스승이시며 모델이었다. 하나님과 교제하시며 신령한 삶을 누리시는 그리스도, 사람을 사랑하시며 온전한 새사람, 위대한 인물로 키워내시는 그리스도는 완전한 지혜였다. 바울은 그리스도가 누군지 깨닫는 순간 완전히 매혹되었다. 그분을 연구하고 그분을 배우며 그분께 충성을 다하는 것은 인생으로서 누릴 최고의 영광이었다. 굶주림, 추위, 더위, 자지 못함, 비웃음, 멸시받음, 쫓겨남, 매 맞음, 감옥에 갇힘, 사형을 받음 등이 문제가 되지 않았다. 그 분을 위해서라면 그 어떤 고난도 달게 받을 수 있었다. 아니 그 분을 위한 고난은 그에게 영광이었으며 훈장이었다.

바울 사도를 감격케 한 것은 그리스도의 성육신, 십자가, 부활이었다. 창조주 하나님이 피조 세계에 인간의 모습으로 오시다니? 그 신비로운 사건 속에 무궁무진한 메시지가 담겨 있다.

바울 신학의 출발점은 성육신의 감격이다. 그 성육신 속에 인간을 향한 하나님의 사랑이 담겨 있다. 하나님의 깊은 위로와 사랑과 따뜻함이 담겨 있다. 그 성육신 속에 어떤 인간도 감화 감동시키는 감격적인 사랑이 있다. 인간을 변화시키고 성숙시키는 신비한 힘이 있다. 사람을 얻는 지혜가 그 속에 있다. 하나님의 인류를 향한 메시지가 그의 성육신의 삶 속에 담겨 있다. 성육신의 삶의 극치는 십자가이다. 생명을 주는 하나님의 사랑은 실로 감격적이다. 구약 성도들이 드렸던 그 수천수만의 제사들은 하나님의 아들의 영원한 속죄의 그림자라. 그 아들의 피로서 영원한 속죄의 제사가 올려지고 영원한 새 언약이 세워진다. 이로서 영원한 하나님의 나라가 시작되고 영원한 하나님의 백성, 그리스도의 신부, 교회가 출현한다.

하나님께서는 죄로 얼룩진 이 세상을 그리스도의 보혈로 재창조하신다. 그리스도 안에서의 구속은 처음 창조 이상의 의미를 가진다.

처음 창조는 아담의 범죄로 너무 쉽게 오염되었고 영광을 상실하였다. 그러나 그리스도 안에서의 재창조는 영원한 것이며 완전한 것이다. 인간들의 허물과 부족함과 실수와 죄에도 불구하고 그리스도의 피의 구속으로 말미암아 하나님께서는 완전한 새 나라 영원한 하나님의 나라를 건설하신 것이다. 그 나라는 인간이 만드는 것이 아니라 하나님께서 친히 만드는 것이다. 하나님께서는 인간의 부족한 것이나 실수까지도 쓰셔서 합력하여 선을 이루신다. 최후에 완전히 이루는 그리스도의 구원을 생각할 때 로마서 8장의 승리의 찬가가 울려 퍼진 것이다. 그리스도의 부활은 사후의 세계를 증명하는 것이요, 그리스도의 주장이 옳음을 증명하는 것이요, 그리스도의 약속이 옳음을 입증하는 것이다. 그리스도의 부활은 믿는 자들의 부활을 의미한다. 그리스도의 부활을 믿는 자 안에 그리스도의 부활의 생명이 역사하여 영원한 하나님의 나라를 바라보게 한다. 그리스도의 부활은 재림과 심판의 확실성을 증명하는 것이다.

말씀의 능력이 나타나다

바울 사도의 감격이 나에게도 전달되었다. 성경을 사랑하게 되었다. 성경이 살아서 나에게 말씀하셨다. 성경의 메시지를 외쳐야 되었다. 그리하여 기회 있는 대로 성경학교를 개설하여 성경 한 권을 강해하였다. 수양회 때도 성경 한권을 강해하였다. 예배 시간에도 긴 강해 설교를 통해 성경 메시지를 전달하였다. 학생들이 성경과 만나도록 힘썼다. 성경은 나의 사상이요, 나의 힘의 원천이다. 에스라처럼 성경을 연구하고 준행하며 가르치기에 나의 온 생을 바치리라 결심하였다. 개척 초기에 기억에 남는 성경학교가 있다.

1979년 겨울방학이 막 시작되었을 때로 기억된다. 창세기 성경학교를 열었다. 보통 성경학교는 등록금을 받고 강의 초안 노트를 준비하며 강의 내용을 받아쓰며 소감쓰기를 통하여 성경진리를 자기의 것으로 소화시키며 발표를 통하여 은혜를 나누는 방식이었다.

성경학교를 할 만한 마땅한 장소가 없었다. 그러나 그것이 큰 문제가 되지 않았다. 백현순 하숙방에서 갖기로 하였다. 벽에다 "천지를 창조하신 하나님"이라고 데코레이션을 해놓고 매일 3-5시간 성경학교를 가졌다. 10여명이 모여서 성경을 공부하고 음식을 만들어 먹으며 말씀, 기도, 음식의 신령한 교제를 나누었다. 신앙이 어리고 서툴었지만 말씀을 달게 받고 성경 속에 위대한 진리가 들어 있다는 것을 알기 시작하고 재미있게 공부하였다. 연일 데모가 계속되는 시국 속에서도 형제자매들은 말씀의 단맛에 빠져 세상 돌아가는 것도 잊어버리고 은혜와 기쁨 속에서 내일을 꿈꾸고 있었다. 이렇게 우리가 성경공부의 단맛에 취해 있는 동안 하숙집 아줌마는 근심어린 눈빛으로 우리를 감시하였던 모양이다.

1주일 후 성경학교가 끝나자마자 아줌마가 형제를 불러 하숙방을 비우라고 요구하였다. 그녀는 아마도 대학생들이 모여 데모를 모의한 것으로 오해하였던 모양이다. 그리고 연일 모여 방이 떠나가라고 웃음이 가득하니 불편한 점도 있었으리라 짐작이 된다. 그러나 이 사건은 우리의 자랑이 되었다.

1980년 그룹 성경공부를 시작하면서 무엇을 공부할까 고민하던 중 가장 쉽고도 개척 분위기에 맞는 마가복음을 공부하기로 하였다. 그런데 적절한 교재가 없었다. 그래서 그룹 성경공부 문제집을 만들기로 하였다. 매주 한과씩 만들어 복사하여 공부하였다. 이런 방식으로 마가복음, 요한복음 문제집이 만들어졌다. 낮에는 전도와 성경 가르치기, 제자 양육에 힘쓰고 밤에는 성경연구와 문제집 만들기에 골몰하였다. 참으로 바쁜 나날이었지만 은혜가 충만하였다. 성경연구하면서 받은 기쁨으로 그 많은 일을 하면서도 피곤을 모르고 했던 것 같다. 개척자에겐 강력한 힘이 필요하다. 그러면 어디서 강력한 힘을 얻는단 말인가? 신자의 파워 스테이션은 성경연구, 기도, 사랑스런 형제자매의 성장하는 모습과 교제이다. 하나님께서는 강한 힘을 얻는 튼튼한 파워 스테이션을 만들어 주셨다. 얼마나 감사한 일인가? 개척이 즐거운 것은 많이 배우고 많은 일을 겪으면서 하나님의 은혜를 많이 체험하고 내가 성장하기 때문이다.

1981년 3월을 준비하기 위하여 로마서 성경학교를 1월에 열었다. 개관 후 첫 성경학교였기에 준비에 심혈을 기울였다. 매일 3-40명 선에서 좁은 회관을 가득 채운 가운데 은혜롭게 성경을 공부하였다. 아주 진지하게 소감발표를 하였다. 한 학생은 "바울 사도 전상서"라는 제목으로 날마다 소감을 발표하였다. 그 학생에게 큰 변화가 일어났다. 입시에 실패하여 자기 학과에 만족하지 못하였던 그는 1,2학기 동안 무려 30학점의 F를 맞아 학사 경고를 받고 있었다. 시험 시작 5분 안에 백지를 내고 나와 버린 것이었다. 그 이야기를 듣고 하도 기가 막혀 그러면 학점 나온 것은 무엇인가? 물으니 교련과 체육만 학점이 나왔다는 것이다. 그가 로마서 성경학교에 나와서 진지하게 성경을 공부하고 자진하여 소감발표를 연일하였다.

그후 그는 놀랍게 변화되어 다음 학기에 전 과목 A 플러스를 받았다. 삶의 의미를 찾지 못하여 방황하던 그가 성경 공부를 통하여 하나님을 만나고 인생 목표를 찾은 것이다. 인생 목표를 찾고 나니 학교 공부를 할 필요성도 느끼게 되고 학과에 대한 불만도 극복하게 되었다. 하나님 믿는 신앙으로 새 인생을 시작하였다. 하나님의 말씀은 살아 있다. 사람을 변화시킨다.

또 다른 학생은 사상적 방황을 하고 있었다. 그의 고백에 의하면 그는 여러 철학 서적을 섭렵하였고 여러 종교에 접촉해 보았다는 것이다. 그런데 자기 인생의 근본 문제를 풀 진리를 깨닫지 못하였다. 그런데 하나님을 만나고 보니 하나님이 바로 진리시라는 깨달음이 왔다는 것이다. 그는 너무 기뻐 소감을 발표하였다. "하나님 당신이 이기셨습니다."는 제목의 소감은 우리 모두의 심금을 울렸다. 그는 나중에 주의 종이 되었다. 하나님의 말씀은 살아 있다.

사람들은 크고 작은 내적 문제가 많다. 상처, 은밀한 죄, 열등감, 왕자 병, 공주 병, 우울증, 복수심, 운명주의 등 해결되지 않는 문제가 많다. 그런데 그 오랫동안 괴롭혀 오던 문제가 하나님을 만남으로 너무도 시원하게 해결된다. 말씀을 받고 인생 문제를 해결한 사람들은 한결같이 고백한다. "하나님의 말씀은 살아 있습니다. 정말 살아 있습니다. 저는 말씀의 능력을 체험했습니다."

성경공부에 집착하는 이유는 사람을 변화시키는 것은 성경이기 때문이다. 재미있는 프로그램도 만들어보았다. 찬양과 율동도 많이 해 보았다. 등산도 스포츠도 연극도 많이 해보았다. 독서 프로그램도 해 보고 독후감 발표회도 해 보았다. 약간의 유익이 있었다. 그러나 사람이 근본적으로 변화되지 않았다.

한국 교회의 고민이 무엇인가? 사람이 변화되지 않는 것이다. 사람이 어떻게 변화되는가? 어떻게 인생목표가 자기 영광에서 하나님 영광으로 바뀌는가? 어떻게 가치관이 돈에서 그리스도로 바뀌고, 이기주의에서 섬기는 인생으로 변화되는가? 하나님 말씀이 들어갈 때 변화된다. 말씀을 듣기만 하면 변화되지 않는다. 말씀이 심어져야 변화된다. 어떻게 말씀이 심령 속에 심어지는가? 설교만으로 되지 않는다. 말씀 듣는 훈련이 되어 있지 않은 사람들은 설교만으로 되지 않는다. 인격적으로 만나 성경 공부함, 말씀묵상 훈련, 말씀에 순종하여 말씀의 능력을 체험함이 필요하다. 특히 말씀을 가르치면서 말씀을 깨닫고 배운다. 그래서 1:1로 인격적으로 만나 성경을 공부하고 말씀이 심어지도록 적절한 훈련을 병행한다. 그리고 그가 어느 정도 성장했을 때 그도 성경을 가르치며 다른 영혼을 돕도록 한다. 그런 일련의 삶을 통하여 그는 말씀을 마음 속 깊이 영접하게 되고 놀랍게 변화된다.

"하나님의 말씀은 살아 있고 운동력이 있어 좌우에 날선 어떤 검보다도

예리하여 혼과 영과 관절을 찔러 쪼개기까지 하며" (히 4:12)

하나님의 말씀은 살아 있다. 하나님 말씀의 생명력을 체험함이

복음운동가의 필수적 요소이다. 하나님 말씀이 살아 있음을 어떻게 체험할 수 있을까? 먼저 건전하게 성경을 가르치는 복음적인 모임과 성경을 건전하게 가르치는 성경 선생을 만나는 것이 중요하다. 혼자 스스로 성경진리를 깨닫기란 성숙한 사람이 아니고서는 힘들다. 성경을 공부하면서 묵상하여 하나님께서 나에게 주시는 말씀을 붙잡아야 한다. 하나님께서 나에게 주시는 말씀을 붙들고 기도하며 순종하면 성령께서 인도해 주시고 은혜를 주신다. 하나님의 말씀이 내 안에서 일하심을 깨닫게 된다. 그리고 그 말씀을 다른 사람에게 가르쳐 보라. 그 말씀이 살아서 역사하며 그 영혼을 변화시킴을 체험할 수 있으리라. 이해만 하는 단계와 체험하는 단계는 매우 다르다. 하나님의 은혜를 몸소 체험해 봄이 중요하다. 성경 말씀이 살아있는 하나님의 말씀임을 체험하면 큰 권능을 받게 된다. 그 하나님께서 주시는 권능으로 흑암 속에서 살아가고 있는 영혼들을 건져서 빛으로 인도하는 것이다.

11 천하보다 더 귀한 한 영혼

학생복음운동에서 3월은 생명과도 같은 달이다. 3월 전도를 잘하면 그해는 풍작이다. 그러나 3월 전도를 잘못하면 그해 농사는 흉년이다. 그래서 3월 전도를 잘하기 위하여 성탄절이 지나자마자 3월 전도를 준비한다. 마치 프로 야구가 시즌을 마치자마자 다음 시즌을 준비하기 위하여 선수 스카웃, 동계 훈련을 하는 것과 비슷하다. 학생복음운동가들은 성탄절이 지나자마자 내년 시즌 준비에 돌입한다. 새해 계획을 세우고 일꾼들을 세우고 복음의 일꾼에게 필요한 자질을 갖추도록 훈련에 돌입한다. 천하보다 더 귀한 한 영혼을 얻기 위하여 영적 무장에 힘쓴다.

새해 첫 날 훈련

겨울방학 2개월 동안 복음의 일꾼으로 세우는데 초점을 맞춘 수양회, 성경 과목을 가르칠 수 있도록 점검하는 워크샵, 합심 기도회, 팀웍을 다지는 훈련 프로그램을 가진다.

새해 첫날 무등산에 오른다. 새해에 부푼 꿈을 가슴에 안고 무등산에 오른다. 소원을 가슴에 품고 기도하는 심정으로 오른다. 사랑하는 지체들과의 등반은 더욱 기쁘다. 눈을 밟으며 찬송을 부른다. "오라, 우리가 세상을 변화시키자. 오라, 우리가 그리스도 이름으로" 무등산 산장, 늦재, 바람재, 너덜겅 약수터, 토끼등, 중머리재, 장불재, 입석대를 거쳐 정상을 향하여 오른다.

등산은 인생의 많은 교훈을 얻게 한다. 정상에 오르는 것은 결코 쉽지 않다. 정상 서석대에 올라 광주를 내려다보면 가슴이 탁 트인다. 금년엔 뭔가 일어날 것 같다. 정상에서 광주 시내를 바라보며 합심 기도를 한다. 우리의 간절한 소원을 아뢴다. 기도에 서투른 학생들도 간절히 기도하는 것을 보고 놀란다. 환경이 조성되면 사람은 능력 발휘를 하는구나! 간절히 기도하고 구호를 외친다. "영혼 구원의 꿈, 이루어 주소서!" "광주 캠퍼스, 복음화시켜 주소서!" 기도회를 마치고 기쁘게 찬양하며 하산한다. 도란도란 대화를 나누며 선배가 후배에게 자기 노하우를 전수하며, 신앙 간증을 하며 스피릿을 불어 넣는다. 조상 대대로 내려오는 문화유산을 가정에서 후손들에게 전수하듯 하나님께서 주신 은혜와 지혜를 우리는 이렇게 전수한다.

복음의 일꾼 세우는 겨울수양회

복음의 일꾼으로 세우는 겨울수양회는 여름수양회와 포커스가 다르다. 여름수양회는 초신자를 초청하여 거듭나도록 하고 리더는 더욱 성장하도록 하는데 초점이 맞춰져 있다면 겨울수양회는 전도인 양성, 복음의 일꾼 세우기에 초점이 맞춰져 있다. 그래서 디모데전서, 디모데후서를 많이 성경강해로 선택하였다. 하나님의 부르심의 확신과 영혼구원의 가치와 비전, 복음의 일꾼이 실제로 필요한 큐티, 전도의 요령, 제자양육의 방법, 그룹 성경공부 인도 방법, 리더들의 고민을 해결할 수 있도록 하는 프로그램, 이성 교제의 교육, 시간관리, 전공공부, 장래 문제와 하나님의 뜻 알기, 이단 종파 비판, 성격 문제와 내적 치유, 은사 계발, 선교 비전 등을 교육한다. 특히 하나님에 대한 믿음과 헌신을 강조하여 교육한다.

테크닉도 중요하지만 그보다 더 중요한 것은 믿음과 헌신이다. 부족해도 믿음과 헌신이 있으면 스스로 방법을 터득해 나간다. 그러나 테크닉은 있어도 믿음이 없으면 곧 바닥이 나고 어려움에 봉착하면 무너지고 만다. 젊은이들에게는 열정과 기백이 있으나 자기를 통제할 믿음이 부족하다. 마침내 열매를 맺게 하는 진정한 헌신이 부족하다. 젊은이들에게 참된 믿음과 헌신이 갖춰지면 대단한 파워를 가진 일꾼이 된다.

제자 양육 훈련

복음의 일꾼들에게 실제적으로 필요한 것은 전도 능력과 제자 양육의 능력이다. 제자 양육의 능력을 갖기에는 상당한 시간이 요한다. 1년 동안 1:1로 교육을 받은 사람들에게 다시 2주 동안 창세기 혹은 로마서 워크샵을 통하여 1:1 제자 양육에 필요한 노하우를 전수받는다. 성경 노트를 점검하고 어려운 부분은 다시 공부하고 리더가 기억해야 할 점을 교육한다. 그리스도의 성육신과 십자가, 부활의 영광스러운 진리를 깊이 배우기 위해서는 제자양육이 꼭 필요하다. 제자를 양육해 보면서 그리스도의 심정을 배운다. 그리스도의 겸손, 인내, 사랑, 눈물, 기도, 비전, 지혜의 위대함을 배운다.

제자 양육하는 복음의 일꾼에게 제일 중요한 것은 영혼을 천하보다 귀하게 여기는 그리스도의 마음이다. 처음부터 이 마음을 가질 수는 없다. 제자 양육하면서 이 마음을 배우게 된다. 그러나 수시로 이 마음을 갖도록 교육함이 필요하다. 사람은 누구나 약점이 있다. 교만하고 게으르고 무책임하고 자기 밖에 생각할 줄 모르는 이기심이 가득하며 무례하다. 이런 죄인들을 사랑하고 섬기기란 쉽지 않다. 주님을 바라보며 참고 기다리며 눈물로 사랑하고 섬기는 동안 영혼을 사랑하는 목자로 성장하게 된다. 죄인을 섬기면서 자기 죄를 깨닫는다. 죄인을 섬기면서 그리스도의 위대함을 깨닫는다. 죄인을 섬기면서 자기 부인과 십자가 사랑을 배우게 된다. 이러한 은혜는 몸소 제자 양육을 해 보지 않은 사람은 얻기 힘든 은혜이다.

전도 훈련

제자 양육의 전 단계는 전도이다. 그리고 제자 양육의 다음 단계도 전도이다. 예수님께서 그러하셨듯이 전도하여 제자 양육하고,

제자 양육하여 전도하도록 하는 것이 복음 운동의 기본이다. 전도
는 사랑이다. 하나님을 사랑하는 자는 전도한다. 전도하는 자는 하
나님의 깊은 사랑을 깨닫게 된다. 영혼을 사랑하는 자는 전도한다.
전도하는 자는 전도하면서 영혼 사랑을 스스로 훈련받게 된다. 그
러므로 전도는 사랑이다.

왜 전도하지 못하는가? 여러 이유가 있지만 사랑의 부족 때문이
다. 사랑은 생각에서 시작하지만 행동이 중요하다. 행동은 전혀 없
이 생각만 한다면 받는 사람의 입장에서 볼 때 그것을 사랑이라 할
수 있겠는가? 사랑은 감정적 측면도 있지만 행동적 측면이 더욱 중
요하다. 진실로 하나님과 인간을 사랑하는 사람이라면 전도를 한
다. 전도하면서 하나님 사랑, 인간 사랑을 깊이 있게 체험한다. 그
런데 그 사랑이 마음속에 머물러 있기만 하고 행동으로 실천하지
못하고 있다. 이것이 신앙 정체의 가장 큰 요인이다.

식사를 잘하나 전혀 운동하지 않는 사람을 보았는가? 심히 비대
해져서 모양도 사나울 뿐 아니라 행동도 거북스러워 건강하지 못한
사람이 되고 만다. 마찬가지로 말씀 공부는 많이 하나 실천이 없으
면 비만증 환자처럼 되고 만다. 바르게 성장하지 못하고 머리만 커
진다. 말은 잘하나 행동은 엉터리다. 비판은 잘하나 봉사할 줄 모
른다. 불평은 잘하나 섬길 줄은 모른다. 그야말로 맛 잃은 소금이
되며 형식만 번드르한 바리새인처럼 되고 만다. 이런 오류에서 벗
어날 길은 무엇인가? 사랑의 실천이다. 곧 전도이다. 특히 젊은이
들은 행동 프로그램이 많아야 한다. 비판의식만 길러주고 인격 성
장과 사랑의 봉사는 없는 신자를 양산해 내기 쉽다. 많이 배운 만

큼 많이 봉사하도록 훈련해야 한다. 그 훈련장이 곧 전도이다. 전도는 하나님 나라 건설의 초석이다. 하나님의 나라가 전도로 이루어져 간다. 그러면 전도 훈련을 어떻게 시켜야 하는가?

먼저 성경공부를 통해 은혜 충만이 있어야 한다. 그리고 전도 훈련이 있어야 한다. 전도 교육은 주로 실습하면서 이루어져야 한다. 수영을 가르칠 때 이론 교육만 많이 하면 수영할 수 없듯이 전도 이론 교육만 하면 전도하지 못한다. 전도하면서 전도 교육을 받음이 좋다. 전도 폭발 훈련을 해 보았다. 매우 좋은 전도 프로그램이었다. 예화와 몇 가지를 수정하여 우리 현실에 맞게 해 보니 효과가 좋았다. 그러나 전도 폭발 훈련은 기존 그룹 성경공부와 제자 양육 프로그램을 병행해서 하기가 힘들었다. 그래서 지속적으로 하지 못하였다. 전도해 온 사람들을 결신시키는 방법으로 활용하였다.

리더들을 데리고 캠퍼스로 가서 각 강의실에서 5분 스피치 전도를 하도록 하였다. 몇 사람이 강의실에 들어가 모임을 소개하고 홍보지를 배포하고 성경 공부에 관심 있는 사람을 만나 제자 양육하는 방식이었다. 좋은 열매는 없었으나 리더 훈련에는 좋았다. 그러나 지속적인 전도를 위해서는 열매가 있어야 한다. 잔디 밭, 벤치, 도서관, 강의실에서 개인적으로 만나 전도하는 방식을 사용해 보았다. 전도하는 자가 처음 접근이 어려웠다. 처음 보는 사람에게 접근하여 첫 말 꺼내기가 어려웠다. 그러다 보니 두려웠고 이 두려움이 전도하지 못하게 한 원인이었다.

그래서 처음 접근을 좋게 하기 위하여 간단한 설문지를 활용하였다. 대학생 신앙 조사 설문지 활용이 아주 좋았다. 간단한 질문 5

가지 정도와 성경 공부에 관심 있는지를 묻고 연락처를 받아 전도하는 방식인데 결과도 좋았다.

문화 행사를 통해 전도하는 방식도 시도해 보았다. 연극 공연, 콘서트, 음식 축제도 해 보았는데 지속적으로 하기 힘들고 많은 에너지가 소모되고 결과도 좋지 않아 전도 목적이 아닌 홍보 목적으로만 이용하였다. 전도 목적의 성경학교도 학기 초에 해 보았다. 학기 초엔 해 봄직한 좋은 방식이었다. 열매도 풍성하였고 초신자 교육과 정착에도 좋았다.

그러나 가장 좋은 것은 역시 관계 전도였다. 과 후배, 동문, 동향 친구, 가족, 클래스메이트 등 아는 사람이 전도하는 방식이었는데 이 방법이 열매가 많았다. 영적 세계는 불신자에겐 미지의 세계이기 때문에 신뢰할 만한 사람의 추천과 권면이 있을 때 안심하고 가는 것이다. 그러므로 관계 전도에 열매가 많은 것이다. 어떤 사람은 자기와 관계있는 사람들을 많이 데리고 오는데 어떤 사람은 전혀 데리고 오지를 못한다. 그 이유는 은혜와 사랑이 충만하지 못한 때문이요, 성격적인 이유때문이다. 그렇다면 어떻게 해결해야 하는가? 근본적인 해결은 하나님만이 하실 수 있지만 훈련으로 약간 개선될 수 있다. 전도학교를 개설하고 전도 교육을 받고 실천해 봄이 중요하다.

힘써 전도하니 전도에 힘쓴 만큼 많은 영혼이 몰려왔다. 전도하여 귀한 영혼을 얻게 되었다. 성실한 사람 김성열을 얻음은 큰 기쁨이었다. 그는 성실하여 회관 문을 열고 닫았다. 복음운동이 전남대에서 시작했기 때문에 다른 대학교에 가서 전도해야 했다. 그래서 조선대 전도를 시도하였다.

처음에는 역시 어려웠다. 전도하러 가서 한 사람도 전도하지 못한 때도 있었다. 그러나 반복해서 시도하였다. 전남대 리더들이 조선대 캠퍼스에 가서 전도하였다. 합심 기도하고 각자 흩어져 전도한 후 다시 모이기로 약속하고 전도하였다. 10여명이 전도하였는데 몇 명의 조선대생을 데리고 왔다. 그 가운데 이민홍, 이노호가 있었다. 이민홍은 나중에 서현교회 대학부 임원을 중심으로 10여명을 인도하여 따로 그룹 성경공부를 하였다. 그리하여 정일선, 반홍순, 장숙연, 반경자 등이 수양회도 함께 참석하며 은혜를 나누었다. 이노호를 얻음으로 조선대 개척이 시작되었다. 고등학생에게도 복음이 전파되었다. 권정자, 허미경이 와서 성경 공부를 하게 되었다. 권정자는 곡성 고향 친구 강미숙과 조선대 최정희를 인도하여 왔다. 최승범은 포스터를 보고 찾아왔고 소감 발표하는 것을 보고 감동을 받아 계속 출석하게 되었다.

전남대에 전도의 불이 붙어 황규진, 남순자, 이용호, 최영석, 신종필, 이철웅, 김광덕, 김정숙, 김정애, 최경이, 이술희, 송호준, 정한수, 김세훈 등이 나와 60여명의 모임으로 성장하였다. 조선대에도 강문석, 문영천, 박은애, 임영국, 정규성 등이 가세하여 10여명 정도의 모임을 이루었다. 교육대도 전도의 불이 붙었다. 박경희, 이영순, 심해경, 박명수, 김미 등이 나와 교육대 모임을 이루었다. 호남대 전도에서 김현우, 백형엽, 강순례 등을 얻었다.

개척의 은혜가 넘치자 김성열, 이노호를 세워 목포대 전도에 나서 박장웅 등을 얻기도 하였다. 전도에 불이 붙으니 모두 전도하면

서 기쁨을 느꼈다. 전도는 두려운 것이 아니요 엄청 어려운 것도
아니며 오히려 기쁨을 주고 재미있는 것임을 알게 되었다. 그래서
때를 얻든지 못 얻든지 항상 전도에 힘썼고 누구에든지 전도하였
다. 심지어 버스 여차장에게도 전도하였다. 당시에는 버스에 요금
을 받고 승,하차를 도와주는 여차장이 있었다. 전도에 불이 붙으니
버스 여차장에게도 전도하였다. 한 자매님에게 전도하니 그녀가 친
구를 몇 명 데리고 나왔다. 그리하여 3-4명이 모임에 출석하여 기
쁨을 나누었다. 주님께서는 한 영혼을 천하보다 더 귀히 여기셨다.
주님을 따르는 우리들도 한 영혼을 귀히 여기며 영혼을 건지는 기
쁨을 누렸다.

"오, 주님! 저희가 무엇이관대 저희를 창세전에 선택해 주시고 구원
해 주시는지 정말 감사드립니다. 인간 영혼을 진정으로 사랑하셨던 주
님, 주님의 그 고귀한 마음을 저희에게 주시어 비천한 저희들도 하나님
사랑, 인간 사랑을 배워 영혼을 사랑할 수 있게 해 주시니 감사드립니
다. 주님께서는 제자들에게 사람 낚는 어부가 되도록 훈련시켜 주셨습
니다. 제자들을 전도인으로 양성하시고 '너희는 온 천하에 다니며 만민
에게 복음을 전파하라' 는 사명을 주셨습니다. 주님을 사랑하며 주님을
따르는 저희들도 열심히 복음 전파하여 영혼을 구원하겠습니다. 주님
영혼을 건지는 열심을 주옵소서! 하나님에 대한 뜨거운 사랑, 영혼에 대
한 뜨거운 사랑을 주셔서 천하보다 더 귀한 영혼 구원하는 일에 힘쓰겠
습니다. 전도의 능력 충만히 부어 주옵소서!"

대 로마서
성경학교

1985년이 되어 전도의 불이 붙어 새로 옮긴 신안동 회관이 가득 찼다. 예배 참석 인원이 백 명대를 육박하고 있었다. 그러나 캠퍼스 상황은 좋지 않았다. 신군부가 광주 5·18 민주화 항쟁을 빌미로 정권을 장악해 버린 것이다. 민주화를 부르짖는 학생들은 용공세력으로 몰리었고 5·18 사건의 진상조사는 이루어지지 않았으니 캠퍼스 시위가 가라앉지 않는 것은 당연하였다. 우리는 시국을 초월하여 복음운동을 했지만 가슴 속의 분노와 슬픔과 상처는 남아 있었다.

상처받은 광주의 영혼들을 누가 위로할 것인가?

광주의 상처받은 영혼들을 어떻게 위로할 것인가? 인간의 위로가 얼마나 도움이 될 것인가? 내가 무슨 능력으로 저 상처받은 대학생들을 돕는단 말인가? 사람을 진실로 위로할 수 있는 분은 하나님이시다. 부모님은 자식을 사랑한다. 자기 목숨을 희생하면서도 자식을 구하고자 한다. 그러나 아무리 부모의 사랑이 크다 하나 인간의 한계로 말미암아 돕는데 한계가 있다. 부모도 자식들을 돕는데 한계가 있는데 내가 대학생들을 도운들 얼마나 돕겠는가? 그러나 하나님은 인간 문제를 근본적으로 해결해 주시고 부모가 할 수 없는 일을 하실 수 있다. 나는 대학생들에게 하나님을 만날 수 있도록 성경을 가르치는 사람이다. 그러므로 나는 부모도 할 수 없는 일들을 때때로 할 수 있는 것이다. 그러면 어떻게 대학생들이 하나님을 만날 수 있도록 할 수 있는가? 성경 강해와 기도, 사랑의 섬김으로 가능하다. 특히 하나님의 말씀의 능력으로 가능하다. 그래서 우리는 성경 강해를 많이 하였다. 특히 성경 한 과목을 택하여 해석하며 적용하여 하나님의 뜻을 깨닫도록 도왔다. 하나님의 뜻을 깨달으며 인격체이신 하나님을 인격적으로 만났다. 그때 학생들은 인생 문제를 해결하고 일어났다. 놀라운 새사람으로 변화되었다.

복음은 치료약

나의 복음 운동의 비밀은 성경 강의이다. 나의 성경학교 과목은 주로 창세기와 로마서였다. 그러나 다른 성경과목도 강의하였다. 지난 20여년 동안 강의해 본 과목은 참 많다. 출애굽기, 여호수아, 룻기, 사무엘상하, 열왕기상하, 역대상하, 에스라, 느헤미야, 에스더, 이사야, 다니엘, 호세아, 아모스, 요나, 하박국, 학개, 마태복

음, 마가복음, 누가복음, 요한복음, 산상수훈, 요한복음 다락방 강
화(13-17장), 사도행전, 갈라디아서, 에베소서, 빌립보서, 골로새
서, 데살로니가전서, 데살로니가후서, 디모데전서, 디모데후서, 히
브리서, 야고보서, 베드로전서, 베드로후서, 요한일서, 요한계시록
을 강의하여 보았다. 이렇게 많은 과목을 강의해 본다는 것은 아무
나 할 수 없는 일이다. 하나님의 은혜였다.

성경학교, 즉 사경회를 통하여 중생을 체험하고 복음의 일꾼으로
선 영혼들은 이루 헤아릴 수 없이 많다. 성경학교 때마다 은혜가
충만하였다. 학생들도 은혜를 받았지만 나도 많은 은혜를 받았다.
성경학교를 통해서 하나님의 말씀이 살아 있음을 확신하게 되고 내
가 부름 받은 하나님의 종이라는 성령의 내적 증거를 받았다. 성경
학교를 1년에 1-3회씩 가졌다. 3월말에는 신입생들을 위하여 가
벼운 주제의 성경학교를 열었다. 그러나 성경학교다운 성경학교는
9월, 혹은 11월 초에 개최되었다. 그리고 겨울 방학 혹은 3월 개
학 직전에 리더의 영적 무장을 위하여 갖기도 하였다.

성경학교를 가질 때 등록제로 하고 꼭 등록금을 받았다. 한때는
등록금을 받지 않고 은혜 받은 대로 감사헌금을 하도록 하였다. 그
러나 등록금을 받고 한 때가 더 규모가 있었고 은혜가 풍성하였다.
그 이유는 학생들이 등록하고 공부하는 것이 익숙해 있었고, 등록
하고 공부하면 공부하려는 마음자세가 갖추어진 때문이었다. 그리
고 등록하고 공부할 때의 결석률이 낮았다. 등록금은 1-2만원 선
에서 받았으며, 바인더북, 팜플렛, 강사 사례비, 간식비 등에 사용
되었다. 그리고 성경학교 수익금을 아껴 의자를 마련하였다. 의자

를 구입할 때 개척의 큰 기쁨을 맛보았다. 매년 의자를 새로 구입하였다. 새 의자를 사서 많은 학생들이 와서 성경을 공부할 때 너무나 기뻤다.

그 많은 성경학교 중에서 가장 기억되는 성경학교는 1985년의 대 로마서 성경학교이다. 1985년 11월 11(월)-17(주일) 5:30-9:00 등록금 5,000원, 주제: "오직 의인은 믿음으로 살리라." 한 달 전부터 열심히 준비하였다. "준비를 잘한 곳에 은혜가 넘친다." "준비한 만큼 은혜를 받는다."는 경험담을 들려주면서 준비하였다. 성경학교 준비는 강의안 준비, 기도회, 초청, 문서, 환경 정리이다.

즐거운 성경 연구

은혜 충만한 성경학교는 역시 강사가 강의 준비를 충분히 잘했을 때이다. 그러나 학생복음운동가는 강의 준비를 할 충분한 시간을 갖지 못한다. 이것저것 다하면서 준비해야 하기 때문이다. 그러나 강의 준비를 제대로 못한다면 애써 준비한 성경학교가 썰렁한 잔치가 되고 만다. 그러므로 목자는 목숨을 걸고 성경 강의안을 준비한다.

강의안을 어떻게 준비하는가? 본문 연구, 강의안 작성, 대화로 학생 영 살피기, 기도로 성령 충만함이다. 먼저 3-6개월 전부터 성경을 읽는다. 3번 이상 정독한다. 영어 성경으로도 읽는다. 성경 사전, 성경 대백과 사전, 성구 사전 등의 도움을 받아 성경의 배경, 역사, 풍습, 지리, 인명, 지명 등을 파악하며 Factual Study를 한다. 아울러 성경 본문의 메시지를 파악한다. 그 메시지가 어떻게 오늘 우리에게 적용되는지를 살핀다. 현재 우리 학생들에게 어필할 수 있는 Contact Point를 찾는다. 성경 분량을 고려하여 몇 강좌로 할 지 나눈다.

본문, 주제가 확정되면 대략적인 강의 Outline을 써본다. 그리고 주석을 참고하여 정밀하게 본문을 다시 연구한다. 이러고 나면 강의 본문이 거의 머릿속에 들어와 걸을 때나 대화할 때나 본문을 묵상할 수 있다. 1:1 성경공부 및 소감 발표를 통하여 학생들의 영적 상태를 살피는 것은 강의안 준비에 큰 도움이 된다. 특히 기도할 때 은혜로운 말씀이 떠오른다.

강의안을 쓰기 시작한다. 쓰면서 회개할 점, 믿음의 결단을 촉구할 점, 강조점 등을 생각하며 강의안을 쓴다. 그리고 다시 기도한다. 로마서는 학생 때부터 30번 이상 배우고 가르친 과목이다. 그러나 아직도 부족하다. 다시금 새로운 주석을 읽으며 더 연구하고 학생들에게 생명이 되는 메시지를 전하기에 심혈을 기울인다.

강의안을 오래전에 준비해 놓고 마음을 느슨하게 먹고 있다가 강단에서 말씀을 증거할 때 매우 힘든 경험을 한 적이 있다. 영이 움직이지를 않는 것이었다. 성경 강의는 영을 움직이는 영의 역사이다. 그러므로 강의안도 중요하지만 강사의 마음이 성령의 은혜로 뜨거워야 하는 것이다. 성경 강의의 어려움은 단순한 지식 전달이 아니라 영혼을 사로잡아 그리스도께 인도하고 은혜 충만토록 해야 하는 것이다. 내가 말씀의 은혜에 사로잡히기 전에는 청중을 말씀의 은혜로 사로잡을 수 없다. "머리로 전하는 것은 머리로 전달되고 마음으로 전달하는 것은 마음으로 전달된다." 그런데 학생복음운동가에게는 성경연구의 시간이 항상 부족하다. 캠퍼스를 뛰어 다녀야 한다. 이것저것 해야 할 것이 많다. 그 와중에 말씀을 준비해야 한다. 준비 없이 강단에 섰다가는 죽을 맛을 보기 때문에 밤을 새워 가며 말씀을 준비해야 하기에 보통 고생이 아니다. 성경학교를 하기 위해서 자기가 죽는 것을 체험한다. 이래서 학생복음운동가는 성장하게 된다. 고생이지만 그것이 은혜이다. 이미 강의안이 여러 벌 준비되어 있지만 은혜 충만하기 위하여 새로 썼다.

강의안을 준비하면서 초청 역사를 진두지휘한다. 성경학교 준비는 초청 역사에 집중된다. 기도회를 가지며 한 영혼이라도 더 초청하기 위해서 심혈을 기울인다. 최승범, 이용호, 최영석, 송호준, 유종갑, 신철호 등을 중심으로 아침 캠퍼스 기도회를 평소보다 30분 앞당겨 7시 30분부터 하였고 전남대 학생식당에서 하는 기도 소리가 우체국 앞까지 들렸다고 한다. 우리 복음운동은 무에서 유를 창조하는 운동이므로 항상 창조적인 아이디어와 헌신이 요구된다. 포스터와 현수막도 만들었다. 주요 대학에 최초로 현수막을 걸었다. 초청 전도지를 만들어 초청에 힘썼다. 은혜가 넘쳤다. 초청 준비하는 자체도 하나의 은혜였다. 은혜 있을 때 성경학교를 하면 준비도 수월하고 그 분위기에 더욱 상승할 수 있다.

구원의 감격

신안동 회관 30평에 80명이 모이면 가득 찬다. 그런데 첫째날 120명, 다음날 124명, 셋째날 130명, 넷째날은 139명이 참석하였다. 그야말로 용신하기가 힘들 정도로 모였다. 122명이 등록

하였고 한 번씩 참여한 사람은 170명 정도였다. 말씀의 능력이 나타났다. 갈릴리등불 지에 실린 한 대목은 다음과 같다.

"구원의 소극적 개념은 '죄와 사망으로부터의 구원'입니다. 적극적 개념은 '신(하나님)적 삶에 동참'입니다. 죄인은 구원이 임해도 깨닫지 못합니다. 구원을 보여줘도 보지 못하고 들려줘도 들을 줄 모르고 손에 쥐어 주어도 모릅니다. 성령님을 통해서 계시의 말씀이 선포되고 성령을 통하여 복음이 영접될 때 생명의 역사가 일어납니다. 이번 성경학교에 성령의 역사가 일어났습니다. 어떤 형제는 술과 담배를 끊고 예수님을 새롭게 영접했습니다. 어떤 형제는 전에 범한 죄를 담대히 회개하고, 고백하며 은혜를 통해 자유를 되찾았습니다. 어떤 자매도 죄를 자백하고 십자가의 구속의 사랑에 자기 인생을 맡긴다고 고백했습니다. 어떤 형제는 안식일교의 늪에서 헤어 나와 십자가의 복음, 은혜의 복음을 오직 믿음으로 찾았으며 이 공부에 인도해 준 철호 형제에게 고맙다는 말을 수없이 했습니다. 방언이 터졌습니다. 이곳저곳에서 말씀 앞에 죄의 아성, 자기 나약한 굳은 아성을 무너뜨리고 회개하는 역사가 일어났습니다."

주일 오후 3시에 드리는 예배에 102명이 참석하여 최초로 예배 100명을 돌파하였다.

참으로 하나님의 말씀은 살아 있다. 그 능력을 우리는 체험하였다. 마지막 날 찬양 축제를 벌일 때 성령의 기쁨이 충만하였다. 모두 기뻐 춤을 추며 황홀경에 들어갔다. "이렇게도 기쁠까, 이다지도 좋을까!" 성령 충만하여 "오, 이 기쁨! 주님 주신 것. 오, 이 기쁨! 주님 주신 것. 할렐루야, 주만 찬양해." 이용호와 임영국의 춤은 우리의 영적 기쁨을 대변하였다. 시국 문제도, 개인 인생 문제도 복음의 은혜 속에 다 녹아져 버렸다. 하나님의 복음으로 구원을 확신하고 영원의 눈을 뜨고 영원의 시야 속에서 현실을 투시할 수 있는 안목이 생겼다. 그리하여 영원한 가치 있는 것을 절대적으로 추구하게 되었고 현실 문제는 상대적으로 다루게 되었다. 그리하여 현실 문제로부터 해방되어 자유함을 누리게 되었다. 복음을 통해 본질적인 문제를 해결하고 나니 지엽적인 문제는 자동적으로 해결되었다.

복음의 능력으로 사람이 변화되는 것을 보고 나는 무한한 행복감에 사로잡혔다. 나 같은 것이 무엇이라고 이처럼 귀한 복음을 주신단 말인가? 나 같은 것이 무엇이라고 말씀의 종으로 삼으사 이런 능력을 체험케 하시는지? 그저 감사하고 감사했다.

13

말씀의
축제(수양회)

보통 성경학교는 학기 중에 하고 수양회는 방학 중에 한다. 수양회는 가장 즐거운 우리의 축제이다. 하나님의 계시인 말씀의 축제이다. 하나님의 아들 예수 그리스도 복음의 축제이다. 신입생 중심의 신록수양회, 우리의 역량을 총동원하는 여름수양회, 리더를 세우기 위한 겨울수양회, 학사들만을 위한 학사수양회, 직업별 수양회(EMF수양회, 성서교육회수양회) 모두 우리의 신앙과 사랑과 비전을 나누는 축제이다.

신록수양회

신록수양회는 학기 중에 하기 때문에 1박 2일로 짧게 가진다. 그러나 의외로 열매가 많다. 신록처럼 갓 대학에 들어온 싱싱한 젊은이들을 복음으로 인도하여 갖는 수양회기 때문에 신선하고 가슴을 부풀게 한다. 광주 최초의 신록수양회는 개척 1주년을 바라보는 1982년 6월 5-6일, 전남대장성수련원에서 '천국시민의 삶'(산상수훈)을 주제로 열렸다. 회비는 4,000원과 쌀(아버지 밥그릇으로) 2그릇이었다. 전남대 스쿨버스를 빌려서 신록을 향하여 달리는 기분은 너무나 상쾌하였다. 당시의 갈릴리등불 지를 보니 67명이 참석하였다. 온통 시국 문제로 시위가 들끓던 그때 순수한 성경 말씀 잔치에 이렇게 모인 것은 하나님의 은혜였다. 전주, 부산에서도 몇 지체가 참석하였다.

수양회는 모든 면에 은혜가 풍성해야 하지만 역시 주제 강의가 살아야 수양회 전체에 은혜가 충만하다. 말씀의 은혜가 충만하면 무엇을 해도 즐거워진다. 그러나 신입생들은 간증, 일용할양식(큐티) 소감발표, Symposium, 찬양에서도 많은 도전을 받는다. 특히 신록수양회의 Highlight인 Camp Fire 시간에 마음 문을 연다. 캠프파이어 시간은 항상 창조적으로 준비하기 때문에 모두 가슴 설레며 기다린다. 수양회를 통해 이질감을 극복하고 하나의 공동체로서 지체 의식을 가지며 성경 공부할 수 있는 마음 문을 열게 된다.

수양회 준비 일꾼으로 선발되어 수양회를 준비하면서 많이 성장하게 된다. 신앙이 어릴 때에는 사랑을 받으면서 성장하고 기뻐하지만 성장한 후에는 사랑을 주면서 성장하고 기쁨을 체험한다. 영적 진리는 체험을 통해 확실해진다. 진리를 배운 다음 곧바로 삶을 통해 체험하면 확실히 깨닫게 된다. 학생복음운동의 장점 중의 하나는 배운 진리를 곧 체험할 수 있는 체계를 갖추고 있다는 점이다. 리더들은 수양회 준비하면서 신앙 체험을 하며 성장해 간다.

1983년 신록수양회에서는 1학년을 심포지움 강사로 세워 그동안 공부한 요한복음 심포지엄을 하게 하였다. 권정자-생명의 말씀(1장), 최정희-거듭나는 길(3장), 허미경-솟아나는 샘물(4장), 최승범-일어나라 걸어가라(5장), 이용호-5병 2어의 기적(6장), 강미숙-진리가 너희를 자유케 하리라(8장), 1학년이라 심오한 진리를 발견하지는 못했어도 순수하고 진지하게 말씀을 받아 성령의 기쁨에 충만한 모습은 매우 신선한 메시지였다. 너무나 순수한 1학년들이 말씀을 깨닫고 영접하는 모습이 신기하기도 하거니와 그들의 독특한 억양과 유머는 신선하여 웃음바다를 이룬다. 이들은 심포지엄을 준비하면서 큰 은혜를 받아 나중에 복음의 큰 일꾼들이 되었다. 1학년을 잘 지도하여 세우니 그 말씀을 가슴에 새기게 되어 그들이 중심 멤버로 서게 되어 복음운동이 탄력을 받게 되었다. 분위기가 영적으로 변하게 되고 전도가 잘 이루어져 영혼 구원의 기쁨이 충만하였다.

보길도 여름수양회

많은 수양회 중에서도 1993년 보길도 여름수양회가 생각난다. 매우 풍성한 수양회로 기억된다. 순천과 목포를 자립시키기 전이었으므로 수가 많았다. 240명 가량 참석하였던 것으로 기억된다. 1993년 8월 2(월)-5(목)일까지 전남 완도군 보길도에서 광주지구 여름수양회를 가졌다. 대규모 수양회일 경우는 섬에서 갖지 않는다. 왜냐하면 풍랑이 일어 뱃길이 끊기면 갇히게 되기 때문이다.

그 많은 수양회 중에서 섬에서 한 경우는 이 때 딱 한번이었다. 이 때에도 수양회를 섬에서 하고 싶어서가 아니라 장소가 없었기 때문이었다. 예정된 장소가 갑자기 취소됨으로 급하게 장소를 물색해야 하는데 적당한 장소가 없었다. 장소를 찾던 중 정진아 부친께서 교장으로 근무하는 보길도동초등학교로 결정하였다. 수양회 장소를 매년 변경하던 우리로서는 수양회 장소 물색이 매우 중요하다. 조금만 늦으면 장소가 없다. 장소를 잘못 선택하면 수양회 기간 동안 불평이 많다. 시설, 거리, 비용 등을 다 맞추려고 하면 장소 선택이 어렵다. 가까운 곳에서 수양회를 하면 늦게 오는 사람, 일보러 가는 사람 등 출입이 잦아 좋지 않다. 그래서 가능한 먼 곳을 선택하게 된다.

장소를 결정하면 프로그램을 확정한다. 여러 번 해 보았기 때문에 프로그램 짜는 것이 그리 어렵지 않다. 성경 한 과목을 정하고 거기서 주제를 선정한다. 데살로니가전서 "그리스도를 본받아"로 결정하였다. 혼란스러운 때에 참 지도자를 발견하기 어려운 때에 참 지도자이신 그리스도를 본받자고 하는 의도가 담겨 있었다. 주제 강의와 식사 시간이 정해지면 나머지 프로그램은 반절 완성된 것이다. 개회예배, 폐회예배, 아침 간증과 큐티 소감 발표, 선택식 강의 2회, 오후의 물놀이, 체육대회, 밤 시간의 인물 심포지엄, 찬양의 밤, 기도합주회, 개척, 선교, 건축을 위한 기도의 밤 순서를 가지기로 하였다. 그리고 섬기는 일꾼을 정한다. 주제 강의는 내가 맡고 선택식 강의는 학사들을 세웠다. 선택식 강의는 대학생활과 학점관리-최영석, 일반 건강관리-정규성, 치아 건강관리-변춘석,

헌금과 물질 관리-김성렬, 건전한 이성교제-정일선, 어떻게 상담할 것인가-성호길, 개인 전도의 비밀-이동규, 영적투쟁과 소감쓰기-최정희, 신앙과 찬양-정대봉, 선교사가 되려면-김인숙, 열등의식과 바른 자아관-윤화식, 농촌선교의 비전-신종필, 구약에 대한 이해-김명호였다. 강의는 그 방면에 탁월하게 잘함, 그 방면에 관심이 많음, 그 방면에 관심을 가져야 할 필요가 있음 등을 고려하여 맡긴다. 누구든 맡겨주면 최고의 영광으로 알고 성실하게 준비함으로 준비하는 자나 듣는 자 모두가 은혜를 받는다. 강의를 2회에 걸쳐하였기에 학생들은 두 번 들을 수 있었다.

찬양은 차인숙 간사가 맡았다. 그녀는 복음의 능력을 받은 후 찬양의 은사가 살아났다. 찬양으로 우리 모두는 하나가 되었으며 말씀을 통한 은혜를 찬양으로 폭발시킬 수 있었다. 수양회 찬양은 필수적이며 유능한 인도자의 능력에 따라 수양회 분위기가 달라진다. 찬양 리더는 복음에 심취하고 그 은혜를 찬양으로 폭발시킬 수 있는 능력이 있는 자라야 한다. 때로는 상처 난 영혼을 어루만지는 찬양, 때로는 주님의 은혜를 갈구하며 죄를 회개토록 돕는 찬양, 때로는 받은 은혜에 불을 붙이는 찬양, 그래서 온 마음을 다하여 주님을 사랑하며 주께 경배토록 하는 찬양을 하도록 인도할 능력이 있어야 한다.

수양회에서 제일 수고한 사람들은 취사부이다. 젊은이들은 잘 먹여주면 모두 만족해한다. 식사가 부실하면 불만이 생긴다. 제때 식사를 못하면 수양회 진행에 막대한 차질을 빚는다. 취사부 담당은 강의를 안 들어도 큰 불만이 없을 만한 성숙한 리더, 먹는 것을 좋아하는 사람, 책임감이 강한 사람 중에서 선발한다. 취사부의 능력에 따라 평소보다 더 맛있는 음식을 먹으면서도 비용을 절감할 수 있다. 취사부장의 능력에 따라 취사 비용을 절감하여 의미 있는 일을 하기도 한다. 감각 있는 문서 담당자와 데코레이션 담당자의 수고는 수양회 품격을 높인다. 전체 진행자의 매끄러운 진행은 모두를 편하게 하고 즐거운 분위기 속에서 말씀 받도록 한다. 수양회에 어려운 일이 발생하여도 진행자가 능력이 있으면 간단하게 넘길 수 있다. 그래서 전체 진행자는 물오른 젊은 간사 중에서 선택된다.

섬기는 일꾼이 정해지면 자기 맡은 분야를 책임지고 힘써 준비한다. 기쁨이 충만한 말씀 축제가 되도록 창조적인 아이디어를 동원하여 성실하게 준비한다. 수양회 준비의 가장 큰 부분은 초청이다. 많은 영혼이 참여해야 수양회 은혜가 풍성하다. 그러므로 지난 학기 동안 전도한 영혼들을 수양회에 등록하도록 혼신의 힘을 다한다. 약 한달 동안 등록 차트를 붙여놓고 날마다 모여 기도하고 심방하며 권면하여 수양회에 참석토록 한다. 어떤 캠퍼스는 등록 역사가 활발하고 다른 캠퍼스는 그렇지 못하다. 그 이유가 무엇인가? 평소에 1:1 제자 양육을 착실하게 한 캠퍼스는 수양회 준비가 수월하고 즐겁다. 제자 양육을 하는 리더는 자기 참석은 물론이려니와 양을 참석시키기에 온 힘을 기울이는 역사의 주인이 된다. 그러나 고학년이라도 제자 양육을 하지 않는 사람은 자기 등록조차도 힘을 써야 할 만큼 연약한 양의 수준에 머물고 만다. 수양회 등록은 평소의 제자양육과 그룹 성경공부를 얼마나 내용 있게 잘 했는지의 결과이다. 그러므로 수양회 등록 상황은 복음 운동의 평가가 되는 셈이다. 수양회를 진두지휘하며 준비해 보면 우리 공동체의 영력이 어느 수준인지 파악이 된다. 그때 깨달은 바를 잘 노트하여 다음 학기에 적용하면 실패를 만회할 수 있다.

드디어 기다리고 기다렸던 수양회 첫 날이 밝아왔다. 리더들은 가슴 설레며 일찍 회관에 달려간다. 수양회 출발 때 꼭 지각하여 애를 먹이는 지체들이 있기 때문에 리더들은 바짝 긴장한다. 그렇게도 당부하고 강조하였건만 정시에 출발하기가 어렵다. 왜 그러할까? 시간관념의 부족 때문이다. 시간 지키기 훈련이 잘 안된 까닭이다. 그보다 더 큰 이유는 수양회 참석을 원치 않았으나 하도 강권하므로 참석키로 한 사람들이 있기 때문이다. 수양회에 참석할까 말까 출발 아침까지 망설이는 사람들을 어찌하든 참석시키고자 하는 리더들의 갸륵한 정성은 대단하다. 이런 저런 이유로 출발이 늦어진다. 2-30분 늦게 헐레벌떡 뛰어오는 지체가 있다. 모두 그를 나무라기는커녕 크게 환영하며 출발한다.

버스 5대에 귀한 영혼들을 싣고 달린다. 버스 안에서 예비 수양회가 벌어진다. 버스를 타고 가는 그 시간도 잊을 수 없는 은혜로운 시간이다. 남도의 아름다운 국도를 따라 장보고의 청해진이 있던 완도 항에 도착하였다. 사람과 차량을 동시에 싣는 페리 호를 타고 이순신 장군이 지켰던 남해 바다를 건너 아름다운 섬 보길도에 도착하였다. 이렇게 하여 말씀 축제 수양회가 시작되었다.

데살로니가전서 말씀은 3강으로 나누어 말씀을 듣고 분반으로 나누어 대화하고 기도하였다. 데살로니가전서는 바울 사도의 최초의 서신으로서 젊은 바울의 생기 넘치는 신앙과 목자상이 기록되어 있는 귀중한 성경이다.

1강(1:1-10)의 제목은 "주를 본받은 자"였다.

믿음, 사랑, 소망, 고난 감당 등 주를 본받은 데살로니가 성도들, 양을 칭찬하며 진실로 사랑함, 많은 고난 속에서도 충성을 다함 주를 본받은 바울 사도의 모습은 너무나 아름다웠다. 그 아름다운 모습에 감동되어 큰 도전을 받았다.

2강(2:1-3:13)의 제목은 "예수님을 본받은 바울"이었다.

하나님을 기쁘시게 하는 청지기(1-4), 사랑으로 양육하는 어머니(5-8), 일하고 가르치는 아버지(9-12)의 목자상을 가진 바울 사도는 양들을 너무나 사랑하고 자랑스러워하는 예수님을 본받았다. 우리의 부끄러운 모습을 회개하고 다시 한 번 양들을 사랑하는 목자로 출발하는 계기가 되었다.

3강(4:1-5:28)의 제목은 "그리스도를 본받은 공동체"였다.

주님을 본받은 지체들의 공동체는 하나님을 기쁘게 하며(1-2), 거룩하고(3-8), 형제를 사랑하고(9-10), 힘써 일하며(11-12), 서로 위로하며(13-18), 깨어 근신하며(1-10), 덕을 세우며(11) 사는 것이다. 또한 지도자를 공경하며(12-13), 사랑의 교육에 힘쓰고(14-15), 살아 있는 예배를 드리며(16-22,27), 성화에 힘쓰며(23-24), 거룩한 교제를 나누며(25-28) 산다. 우리의 공동체도 인간적인 모임이 아니라 하나님께서 이루어 주신 하나님의 믿음 공동체인 것을 확인하고 그리스도가 주인 되시고 이끄시는 아름다운 공동체가 되기를 간절히 소원하였다.

수양회를 마치고 큰 열매가 맺혔다. 주님을 본받아 살고자 큐티,

전도, 제자 양육에 힘쓰는 지체들의 모습을 볼 수 있었다. 순천 모임이 성장하여 지구로 승격되었다. 그리고 회관 건축을 적극 추진하게 되어 오랫동안 꿈꾸고 열망해 왔던 회관을 건축하게 되었다. 말씀의 은혜를 충만히 받으니 모든 것이 즐겁고 무슨 일이든 믿음으로 할 수 있게 되었다. 그래서 온 힘을 다하여 말씀의 축제인 수양회를 준비하는 것이다.

고뇌하는 지성인

지성인은 지식인과 다르다. 지성인은 지식을 소유할 뿐만 아니라 조국과 시대에 책임의식을 가지고 있다. 나를 키워준 조국과 사회에 책임의식을 가지고 봉사하고자 한다. 자기 위치와 책임을 깨닫고 책임 있는 행동을 한다. 그런데 지성인들을 곤혹스럽게 하는 일들이 많다. 사회의 불의와 모순이 앞을 가로막는다.

1980년대 한국 사회는 군사 독재가 지성인들의 양심을 죽이고 있었다. 박정희 대통령의 서거로 민주화의 꿈을 가졌으나 전두환 장군을 중심으로 한 신군부 세력들이 다시 정권을 장악하려 한 것이었다. 지금까지 군사독재 치하에서 받은 고통이 얼마인데 또다시 시작이라니 몸서리쳐지는 일이었다. 지성인들로서 군사 쿠데타와 군사 독재 정권은 참을 수 없는 시대 악이었다. 학생복음운동가들은 시대적 선구자요 선지자적 사명을 받았다고 자부하기 때문에 구약의 선지자들처럼 시대 악에 민감하다. 캠퍼스 복음운동을 하는 간사들은 독재 정권과 투쟁하는 젊은이들과 몸서리치는 투쟁을 하지 않을 수 없었다. 자신도 군사독재 정권이 싫다. 그들이 얼마나 나쁜 짓을 하는 지는 너무 뻔하다. 그렇다고 군사 독재 정권 타도에 분신을 하며 인생을 바치는 것에는 동의할 수 없다. 시대 문제가 내 생명을 바칠 만큼 가치 있는 것이란 말인가? 시대 악을 청산해야 하지만 하나 밖에 없는 인생을 시대 악 해결에 바친다는 것은 적극 찬성할 수 없다. 나 한 사람 희생해서 시대 악이 완전히 해결된다는 보장도 없는데 거기다가 목숨을 거는 행동은 먼 후일 후회할 일이다. 그렇다고 눈에 뻔히 보이는 시대 악을 보고서도 나 몰라라 하고 외면하는 것은 비겁한 행동이 아닌가?

그래서 지성인은 고뇌에 찬 나날을 보낼 수밖에 없다. 복음과 상황 사이에서 학생복음 운동가들은 얼마나 울어야 했던가? 복음도 중요하고 상황도 외면할 수 없다. 그렇다면 해결책은 무엇인가? 군사 독재 정권과 치열한 싸움을 벌이던 1980년대에 예배 때 전했던 메시지는 시대 문제로 고민하는 흔적과 성경적인 해답을 찾고자 몸부림치는 흔적을 발견하게 된다.

본문 : 이사야 6:1-13

내가 또 주의 목소리를 들은즉 이르시되 내가 누구를 보내며 누가 우리를 위하여 갈꼬 그때에 내가 가로되 내가 여기 있나이다. 나를 보내소서 (8).

"지금도 살아계신 하나님 아버지!

이사야가 살아계신 하나님을 뵈옵고 그 시대를 통찰하고 자기 사명을 찾은 것처럼 우리 형제자매들에게 '역사의 주관자' 하나님을 뵙도록 눈을 열어 주옵소서! 성경적인 시국관을 갖고 예수님의 제자답게 살도록 세워 주옵소서! 예수님 이름으로 기도합니다. 아멘."

요즘 대학가에서는 거의 하루도 쉬지 않고 데모가 일어나고 있습니다. 5월 23일자 조선일보 11면 사회면에는 전국 21개 대학에서 6,500여명이 '전방 입소 거부' 등을 외치며 교내 시위를 벌였다는 기사가 보도되어 있습니다. 불과 며칠 전 전남대 본부 유리창이 다 깨어지고 승용차 2대가 불탄 격렬한 시위가 있었고 회관에까지 최류탄

가스가 날아와 눈물을 흘리며 심한 재채기를 해야 했습니다.

이럴 때 우리는 "데모를 해야 하느냐 말아야 하느냐?" 또는 "지금 내가 어떻게 행동해야 하나님께서 기뻐하시고 조국과 후손들에게 부끄럼이 없는가?" 하는 질문을 하게 됩니다. 어떤 형제님은 "우리도 시국 선언문을 발표합시다."라고 말합니다.

지금이야말로 성경적인 시국관을 세우고 우리 할 일을 찾아서 빛을 발해야 할 때입니다. 우리는 성경적인 시국관을 갖기 위해서는 성경을 보지 않을 수 없습니다. 우리와 비슷한 성경의 상황은 이사야가 처한 상황이라 생각됩니다. 이사야를 통해 성경적인 시국관을 바로 세울 수 있기를 바랍니다.

하나님을 뵙고 시국관을 정립한 이사야(1-6)

이사야가 시대 문제 해결책을 찾게 된 것은 만군의 여호와 하나님을 만났기 때문이었습니다. 먼저 그가 살던 시대가 어떠했는지 살펴봅시다.

이사야가 살던 시대 상황(1-5장)

이사야가 살던 시대는 '웃시야 왕이 죽던 해' (1), 즉 BC 740년경이었습니다.

국제 정세로는 강대국 앗수르가 침략 야욕을 가지고 넘겨다보고 있었습니다. BC 722년에는 북이스라엘 사마리아가 앗수르에게 정복

당했습니다. 동쪽에는 장차 앗수르를 집어삼킬 바벨론이 있었고 남쪽에는 강대국 애굽이 버티고 있었습니다. 이런 국제 정세 때문에 강대국에 의지하여 국내 문제를 해결하고자하는 노력이 있었습니다.

국내 상황으로는 1장 4-6절에 종합적으로 설명해 주고 있습니다. "…온 머리는 병들었고 온 마음은 피곤하였으며 발바닥에서 머리까지 성한 곳이 없이 상한 것과 터진 것과 새로 맞은 흔적 뿐이어늘…" 11-15절에는 종교적 부패상이 나옵니다. 하나님 없는 종교 행사를 하고 있었고 '내 마당만 밟을 뿐' 이라는 하나님의 책망을 들었습니다. 경제는 좋았으나 많은 문제가 야기되었습니다. 웃시야 왕 시대에 솔로몬 통치 이후 가장 부강하였습니다. 경제 발달은 빈부의 차가 격심하게 만들었고 가진 자와 없는 자의 차별이 심하였습니다. 그리하여 "어찌하여 너희가 내 백성을 짓밟으며 가난한 자의 얼굴에 맷돌질하느뇨?"(3:15) 하나님의 책망을 들었습니다. 또 부동산 투기가 심했습니다. "가옥에 가옥을 연하며 전토에 전토를 더하여 빈틈이 없도록 하고 홀로 거하려 하는 그들은 화있을진저!"(4:8) 여성들의 사치가 심했습니다(3:16-26). 사회 부정부패가 심했습니다(1:21-23). 이단 사상(5:20)과 우상 숭배(2:8-9)가 심했습니다.

이상에서 볼 때 특별히 주의할 사항은 경제적으로 사상 유례 없는 번영을 누렸으나 사회악은 급증하여 행악의 종자라 일컬음을 받을 정도가 됐다는 사실입니다. 우리나라도 5·16 군사정권이후 경제개발 5개년 계획 추진으로 경제가 크게 발전하였습니다. 그러나 경제발전이 낳은 문제, 즉 빈부의 차, 갑자기 발달된 물질문명과 정신문화의 불균형, 윤리의 붕괴, 사회악 등으로 사회적 혼란이 극에 달한 것입니다. 그리고 장기 군사 독재로 인해 국민들은 희망을 상실하고 있습니다.

이사야는 희망이 없는 그 시대 상황 속에서 어떻게 했습니까?

성전에서 기도하는 이사야(1)

1절 말씀을 묵상해 볼 때 '웃시야 왕이 죽던 해' 곧 역사의 과도기요 시대문제로 들썩할 때 이사야는 성전에 들어갔습니다. 하나님 앞에 기도하고 하나님 앞에서 해결해 보고자 노력한 것입니다.

이사야는 지성인이었습니다. 예루살렘에 살았던 도시인(7;1-3, 37:2)이었습니다. 유대 전통에 따르면 그는 귀족이었다고 합니다. 아무튼 그는 자기 조국에서 일어난 일들을 방관하는 사람이 아니었습니다. 오히려 조국의 현실 문제를 자기 문제로 통감하는 생각하는 지성인이었습니다. 그래서 시대문제를 하나님 앞에 가지고 나와 해결하고자 했습니다. 시대 문제를 하나님 앞에 내놓고 기도하였던 것입니다.

그의 모습이 오늘날 운동권 학생들의 눈으로 보면 소극적이며 현실 문제에 도피적으로 보일지도 모르겠습니다. 그러나 그것은 결코 소극적인 것이 아닙니다. 현실 문제에서 도피한 것이 아닙니다. 이사야는 현실 문제를 가슴에 안고 근본적인 해답을 갖고 계신 하나님을 찾은 것입니다. 하나님 말씀을 기다리며 기도함은 현실 문제를 영원 속에서 투시하며, 현실문제에 대한 근본적인 해결책을 찾은 것입니다. 영원 시야 속에서 현실을 꿰뚫어 본 것입니다. 역사를 주관하시며 초월해 계신 역사의 주관자 앞에서 현실 문제의 답을 찾고자 기도

한 것입니다.

이사야가 만난 하나님(1-5)

답답한 문제를 안고 성전에 들어가 기도하는 이사야는 살아계신 하나님을 뵙게 되었습니다. 문제만 바라보면 답은 보이지 않고 답답하기만 합니다. 그러나 눈을 들어 하나님을 보면 영원한 시야가 생기고 영원 속에서 문제를 투시함으로 답이 보이는 것입니다. 이사야는 기도하다가 하나님을 뵈었습니다. 그가 본 하나님은 어떤 분이셨습니까? '주' (1)이시며 '만군의 여호와' (3)였습니다. '주' (Lord)란 전 인류의 소유자이시며 통치자라는 뜻이며, '만군의 여호와' (Jehovah of hosts)는 만군 즉 수천만의 천군 천사의 호위를 받으며 온 우주를 통치하시는 영광의 왕을 가리킵니다. 즉 '만군의 하나님' 은 '우주의 통치자' '역사의 주관자' 라는 뜻입니다. 그 영광의 주, 우주의 통치자 하나님께서 높이 들린 보좌에 앉으신 것입니다. 즉 우주와 전 세계 온 인류를 통치하고 계신 모습입니다. 이사야가 그 만군의 여호와를 뵌 것이 왜 그리 중요한 것입니까? 절망 속에서 희망을 찾은 것입니다.

이사야는 발바닥에서 머리끝까지 부패하고 병든 조국을 보고 절망하고 있었습니다. 도대체 어디서부터 손을 써야할 지를 몰랐습니다. 이사야는 매우 강하게 하나님께 불평하였던 것으로 보입니다(7).

"하나님은 도대체 무엇을 하고 계신단 말인가?"
"하나님은 정말 살아 계신가?"

"하나님께서 살아 계신다면 도대체 이런 죄악을 묵과하고 계신단 말인가?"

아마도 이사야는 불평했을 것입니다. 그런데 영광의 하나님을 본 순간 이사야 입은 다물어지고 말았습니다. 그 혼란스러운 시대에도 하나님은 죽은 것이 아니라 살아 계셨습니다. 하나님은 역사를 외면하고 계신 것이 아니라 역사를 주관하고 계셨습니다. 높이 들린 보좌에 앉아 계셨습니다. 온 우주를 통치하고 계셨습니다. 역사를 주관하고 계셨습니다. 인간의 부패와 죄악 속에서도 하나님은 영광중에 계셨으며 성전 터가 움직이도록 영광의 찬송을 받으시고 계셨습니다.

단지 사람들이 그 영광의 하나님을 모르고 있었을 뿐이었습니다. 하나님의 큰 뜻을 모르고 작은 머리로 섣부른 판단을 하고 있었습니다. 하나님의 깊은 사랑을 알지 못하고 하나님을 대적하고 있었습니다. 하나님의 인자하심과 오래 참으심과 용납하심을 깨닫지 못하고 까불대고 있었습니다. 그 거룩하시고 영광스러우신 하나님을 깨닫지 못하고 함부로 지껄이고 있었습니다. 하나님에 대해서 제멋대로 지껄이며 죄짓고 있었습니다. 이사야는 하나님을 뵌 순간 인간들의 불경죄, 자신의 죄를 통감하였습니다.

"화로다! 나여 망하게 되었도다. 나는 입술이 부정한 사람이요 입술이 부정한 백성 중에 거하면서 만군의 여호와이신 왕을 뵈었음이로다."

그는 인간들의 입으로 짓는 죄를 깊이 깨닫게 되었습니다. 하나님을 만나기 전에는 입술이 부정하다는 것을 깨닫지 못하였으나 거룩하신 하나님을 만난 순간에 가장 깊이 깨달은 것은 '입술의 부정함'이었습니다. 얼마나 자기가 잘못 생각하고 잘못된 말을 많이 하였는가를 통절하게 깨달은 것입니다.

시국관을 확립한 이사야

사랑하는 형제자매님!

하나님은 이사야 시대와 마찬가지로 지금도 살아 계십니다. 빛나고 높은 보좌에 앉으시어 온 천하를 자기 뜻대로 주관하고 다스리고 계십니다. "만물이 주에게서 나오고 주로 말미암고 주께로 돌아감이라"(롬11:36)

이사야는 온 우주를 통치하시는 영광의 하나님을 뵙는 순간 시야가 툭 트였습니다. 영원의 시야를 갖게 되었습니다. 영원 속에서 현실을 투시하게 되었습니다. 역사의 시작과 과정, 종말을 알고 현재의 역사를 꿰뚫어 볼 수 있는 시야가 생겼습니다. 즉 하나님의 눈으로 현재 역사를 꿰뚫어 볼 수 있는 눈이 생겼습니다. 근본적인 문제 해결책을 찾게 된 것입니다.

하나님을 만난 후 이사야가 얻은 시국 문제의 답을 이사야서 전체에서 종합해 보면 이렇습니다.

1) 하나님은 현실 문제를 전혀 모르고 있는 것이 아니라 알고 계신다(1:4-6).

2) 하나님은 한 시대 문제 뿐 아니라 모든 시대 문제, 인류 문제의

근본적인 해결책을 찾고 계신다.

3) "보라 그에게는 열방은 통의 한 방울 물 같고 저울의 적은 티끌 같으며 섬들은 떠오르는 먼지 같으니"(40:15) 하나님은 인류가 상상하기 어려운 큰 계획을 가지고 인류 문제를 해결하고 계신다. 앗수르를 인생 막대기와 채찍으로 쓰서서 유대 사회 문제를 해결하실 것이다. 그리고 궁극적으로 인간의 한계 상황과 죄악의 본성을 해결하기 위하여 메시아를 보내어 인류를 구원하시고 모든 죄악의 세력을 멸하실 것이다.

4) 만군의 여호와 하나님은 온전한 인류 구원 계획을 가지시고 과거에도 현재에도 미래에도 통치하신다. 그러므로 가장 복된 소식은 "만군의 여호와께서 통치하신다" 이다(52:7).

5) 그러므로 하나님을 믿고 하나님의 뜻에 순종하며 나아가면 하나님께서 인류의 근본 문제와 함께 현실 문제도 해결해 주실 것이다.

인류의 모든 문제의 근본적인 해답은 '하나님' 입니다. 하나님 안에 근본적인 답이 있습니다. 하나님께서 영원토록 완전히 문제를 해결해 주십니다. 그러면 오늘날 이 복잡한 시대 문제를 어떻게 풀어야 합니까?

먼저 이사야처럼 하나님을 만나야 합니다. 그리고 하나님의 시야, 곧 영원 속에서 현실을 투시할 수 있는 시야를 가지고 현실을 투시해 보아야 합니다. 그리고 역사의 주관자 하나님께서 어떤 해답을 갖고 인도하시는지를 알아야 합니다. 이사야는 당시 이스라엘 백성들이 우상숭배와 부도덕하고 불의한 일을 버리고 하나님께로 나아와 하나님 통치에 복종하면 하나님께서 온전한 사회를 만들어 주시리라 믿었습니다. 오늘날 우리들도 하나님께 돌아가 하나님의 뜻을 따르며 현실 문제를 하나하나 해결하고자 하면 하나님께서 해결해 주실 것입니다. 우리 눈앞의 일이 엄청난 일처럼 느껴지지만 하나님 앞에서 생각해보면 한낱 물거품같은 일이기도 한 것입니다. 영원하고 절대적인 일은 젖혀놓고 물거품같은 일에 목숨을 거는 것은 지혜로운 모습이 아닙니다. 우리는 영원하고 절대적인 일, 곧 인류구원의 일을 절대적으로 하면서 이 시대 문제인 군사독재 타도와 민주화의 일을 상대적으로 해결해 나가야 할 것입니다. 우리는 인간 내면의 죄악을 근본적으로 뿌리 뽑아 인간을 근본적으로 변화시켜 새로운 인간, 새로운 사회를 건설하는 일에 부름을 받았습니다.

할 일을 찾은 이사야(6-13)

이사야는 하나님을 만나고 나서 자기가 할 일이 무엇인지를 알았습니다. 그 일에 생명을 걸었습니다. 사명감을 가지고 힘써 일하였습니다.

하나님의 음성을 들음(6-8)
이사야는 하나님의 음성 듣는 일을 게을리 하지 않았습니다.

"네 악이 제하여졌고 네 죄가 사하여졌느니라"(7)

"내가 누구를 보내며 누가 우리를 위하여 갈꼬"(8)

이 혼란스럽고 복잡한 때 가장 우선적으로 할 일은 역사의 주관자 하나님, 모든 문제의 해답을 갖고 계신 하나님의 음성을 듣는 일입니다. 세상 사람들의 소리에만 귀를 기울이고 하나님의 음성을 듣지 않으면 역사의 본질은 놓치고 주변적인 일에만 매달리기 쉽습니다. 나는 매우 중요한 일이라고 내 목숨을 던졌는데 나중에 알고 보니 한 시대의 물거품 같은 일시적 시대 이슈에 불과했다고 한다면 얼마나 억울하겠습니까? 사람은 누구나 창조주 하나님의 음성을 들어야 합니다. 진정 조국의 문제를 해결하고자 한다면 역사의 주관자 하나님 앞에 나아가 하나님의 음성을 들어야 합니다.

부르심에 응답(8)

하나님께서는 하나님의 일을 할 사람을 찾고 계셨습니다.

"내가 누구를 보내며 누가 우리를 위하여 갈꼬"(8a)

하나님의 살아계심, 하나님께서 다 알고 계심, 하나님께서 역사를 통치하고 계심, 하나님께서 인류의 근본 문제를 해결하시러 메시아를 보내시려고 준비하고 계심 등을 가서 외칠 사람을 찾고 계셨습니다. 이때 이사야는 하나님의 부르심에 응답하였습니다.

"그 때에 내가 가로되 내가 여기 있나이다. 나를 보내소서"(8b)

이사야는 하나님의 부르심에 응답하였습니다. 당시에 아무도 하나님의 뜻을 알지 못하였습니다. 아니 하나님의 뜻을 알려고 하지를 않았습니다. 하나님의 뜻을 알고도 순종하지를 않았습니다. 그러나 이사야는 하나님의 뜻을 알고 바로 순종하였습니다. "내가 여기 있나이다. 나를 보내소서!" 하나님께서는 어느 시대에나 하나님의 뜻에 순종하는 자를 쓰셔서 하나님의 위대한 일을 이루셨습니다. 하나님께서는 오늘날도 하나님의 뜻을 알고 순종하는 사람을 찾고 계십니다. "주님, 제가 여기 있나이다. 부족하오나 하나님의 뜻에 순종하오니 저를 보내어 주옵소서!" 기도하고 순종할 때 하나님께서는 인류구원의 엄청난 일도 하시며 아울러 이 시대 문제도 해결해 주십니다.

하나님의 말씀을 증거함

선지자로 부름 받은 이사야는 사명을 온전히 감당하였습니다. 오실 메시아를 증거함으로 하나님 나라의 도래를 준비하였습니다(7장). 하나님을 거역하고 죄를 짓는 열방의 죄악과 멸망을 예언하였습니다(13-23장). 이스라엘에 임할 심판과 구원을 증거하여 백성들이 회개하고 하나님께 돌아오도록 강력한 말씀을 증거하였습니다(24-39장). 메시아를 통한 하나님의 인류구원과 하나님 나라를 희망차게 증거하였습니다(40-66장).

하나님의 뜻을 알리고 하나님의 인류 구원의 예언을 하며, 하나님의 심판과 구원을 통해 회개를 촉구하였습니다. 뿐만 아니라 히스기야 왕을 도와 앗수르를 물리치는데 결정적인 일을 하였습니다. 이사야는 당시 자기 조국의 문제를 해결하는데 도움을 줄 뿐만 아니라 그

나라의 근본 문제 해결 방안을 제시하였고, 더 나아가 모든 나라, 모든 인류의 근본 문제를 해결하는 영원한 인류 구원의 일을 하였던 것입니다.

오늘날 심히 답답해하는 우리에게도 비전과 해답을 제공하는 일을 하고 있지 않습니까? 우리가 해야 할 일이 바로 이것입니다. 예수 그리스도의 복음을 증거하여 인간 내면의 문제를 근본적으로 해결하고 하나님 나라의 완성을 위해 한 모퉁이의 일을 감당하는 것입니다.

그리고 우리나라 문제를 해결할 일꾼을 양성하는 것입니다. 인간에 대한 이해, 하나님의 진리에 따른 세계관, 국가 경영의 올바른 통치 철학을 갖추어 진정 국민들에게 복된 삶으로 인도하며 희망과 삶의 의욕을 주는 참된 지도자를 양성하는 일입니다. 우리나라 문제점을 지적하는 사람은 많지만 해결책을 가지고 진리로 해결하는 지도자는 너무도 적습니다. 우리는 각계각층에서 조국 대한민국의 문제를 진리와 사랑으로 해결할 지도자를 양성하고 있는 것입니다. 이것은 화염병을 던지며 고함을 지르는 일보다 더 중요하고 시급한 일입니다. 정말 우리가 거리로 나서야 할 때가 이른다면 우리도 나서야 될 것입니다. 우리나라를 침략하였던 왜군과 싸웠던 의병들처럼 하나님께서 지시하시면 우리도 싸워야 할 것입니다.

그러나 우리는 한 시대 이슈에 매달려 우리 인생을 바치는 사람이 아니요 역사의 종말을 내다보며 일하는 사람입니다. 먼 훗날 많은 사람들이 정말 그들은 하나님의 일을 하였으며 정말 중요한 일을 하였다고 칭찬할 그런 일을 하고자 하는 것입니다. 우리는 하나님의 뜻에 매달려 사는 하나님의 자녀입니다.

 이 생명 다 바쳐 복음운동을!

고난 속에서 남는 자의 역사를 이룸(9-13)

하나님께서는 이사야에게 하나님의 일을 하는 데는 고난이 따름을 가르쳐 주셨습니다. 그 고난이란 '백성들의 마음이 둔함'으로 인한 고난입니다. 아무리 들려주어도 깨닫지 못하는 둔한 마음, 아무리 보여주어도 깨닫지 못하는 둔한 마음, 손에다 쥐어 주어도 깨닫지 못하는 둔한 마음, 곧 심판이 닥쳐옴을 알려주어도 전혀 무반응인 둔한 마음, 하나님의 구원을 일러 주어도 믿지 않는 둔한 마음, 귀가 막히고 눈이 감겨 있는 저 둔한 사람들 때문에 선지자는 많은 고난을 당할 것을 하나님께서는 말씀해 주셨습니다.

"주여 어느 때까지니이까?"

우리들도 이런 질문할 때가 있습니다. 도대체 이 답답한 상태, 저 둔한 마음이 언제나 고쳐지겠습니까? 묻고 싶을 때가 있습니다. 하나님께서는 성읍들이 황폐하고, 거민이 없고, 가옥들에 사람이 없고, 토지가 전폐하게 되고, 사람들이 멀리 옮겨져서 이 땅에 폐한 곳이 많을 때까지라고 말씀하셨습니다. 즉 나라가 망하여 포로로 끌려갈 때까지입니다. 사람들의 악한 마음이 쉽게 고쳐지지 않습니다. 나라가 망하고. 모든 재산을 빼앗기고, 포로로 끌려가 죽을 고생을 할 때에야 하나님의 말씀을 생각하고 회개하고 믿게 될 것이라는 말씀입니다. 그러나 희망적인 말씀도 주셨습니다.

"그 중에 십분의 일이 오히려 남아 있을지라도 이것도 삼키운 바 될

것이나 밤나무, 상수리나무가 베임을 당하여도 그 그루터기는 남아 있

는 것 같이 거룩한 씨가 이 땅의 그루터기니라"(13)

하나님께서는 이사야 선지자에게 백성들의 둔한 마음으로 인하여
고난 받을 것을 말씀하심과 동시에 '남는 자(Remnant)'에 관한 말씀
을 주셨습니다. 많은 사람들의 마음이 강퍅하여 고통을 주지만 남는
자들이 있어서 하나님께서는 그 '남는 자(Remnant)'를 통해 역사하
신다는 것입니다. 하나님의 종들은 마음 준비를 단단히 해야 합니다.
마음이 둔한 사람들 때문에 많은 고난 받을 각오를 해야 합니다. 또
한 '남는 자(Remnant)'에 대한 희망을 가지고 어떤 상황 속에서도 절
망하지 말고 일해야 합니다.

결론

사랑하는 형제자매님!

정말 우리는 답답한 시대에 살고 있습니다. 저도 불의를 보고 참
을 수 없어 시국 선언문이라도 만들어 외치고 싶을 때가 있었습니다.
그러나 우리는 이럴 때일수록 하나님을 바라보아야 합니다. 하나님
을 만나야 합니다. 하나님의 음성을 들어야 합니다. 한 시대적 이슈
에 우리의 청춘, 우리의 목숨을 바쳐서는 안 됩니다. 시대는 지나갑
니다. 곧 다시 새로운 시대적 이슈가 등장합니다. 시대 문제에 우리
는 목숨 걸고 매달릴 수는 없습니다. 우리는 하나님의 영원한 뜻, 우

 이 생명 다 바쳐 복음운동을!

리 조국의 근본적인 문제 해결, 인류의 근본 문제 해결에 부름을 받았습니다. 즉 예수 그리스도의 복음을 전파하고 제자 양육하여 하나님의 진리의 사람들을 양성하는 것입니다. 그리하면 하나님께서 그들을 쓰셔서 이 나라를 복된 나라를 만드실 것이요 더 나아가 인류 구원의 역사를 이루실 것입니다. 세상 사람들이 보면 사회 참여도 하지 않는 것처럼 보이겠지만 실은 우리야말로 가장 현실 문제 해결에 힘쓰는 자들입니다. 예수님께서 조국이 로마에 짓밟혀 있는 상황 속에서 로마 타도에 목숨 걸지 아니하고 천국 복음을 전파하시며 인류구원에 힘쓰시고 인간 근본 문제에 도전하셨듯이 우리들도 그리스도의 복음전파, 제자양육, 이 시대를 책임지고 나갈 참 지도자 양성에 온전히 매달려야 되겠습니다. 하나님을 만나 시국관을 확립하고 할 일을 찾은 이사야와 같이 우리들도 성경적인 시국관을 확립하고 할 일을 찾아 사명을 감당하며 살아야겠습니다.

신비주의와의
이별

전국 간사회의를 하면 사회 참여 문제로 심각한 토론을 하였다. 학생들의 고뇌에 접근하는 일부 간사들은 우리 크리스천들이 현실 문제에 매우 미온적이며 사회 참여를 하지 않는 것에 심한 불만을 가지고 있었다. 그래서 수양회 주제를 정할 때나 강사를 정할 때나 토의 시간이 길어졌다. 일부 간사들은 정교분리에 따라 현실에 무감각하고 영향을 발휘하지 못한 기독교에 실망하여 현실 참여에 깊은 관심을 가졌다. 사회참여에 관심을 갖다보니 남미에서 발생한 해방신학에도 관심을 갖게 되었고 더 나아가 한국 자유주의 신학자들이 만든 민중신학의 목소리에도 귀를 기울이기에 이르렀다.

크리스천의 사회참여

복음 쪽에 무게를 두는 복음주의와 상황 쪽에 무게를 두는 민중신학의 주장과 말들이 전국 간사회의에서도 심심찮게 나오는 것이었다. 그렇다고 사회참여를 주장하는 간사들이 민중신학을 추종하였다는 것은 아니었다. 분명 그들은 복음주의자였으나 사회참여를 주장한 나머지 민중신학자들의 주장과 매우 흡사해 있었던 것이었다.

이 문제는 당시 세계적인 신학 이슈로서 로잔 언약에서 복음전파와 사회참여는 한 동전의 양면처럼 크리스천들이 외면할 수 없는 것으로 받아들여졌다. 그러나 총론적인 것은 일치하였으나 각론적인 면에는 여전히 토론의 여지가 남아 있는 것이었다.

구체적으로 어떻게 사회참여를 해야 하는가? 현실문제로 들어가면 역시 같은 문제에 봉착하는 것이었다. 독재 정권이 불의를 자행하고 있는데 크리스천들은 개인구원, 전도, 제자양육에만 힘쓰고 있어야 하는가? 극히 보수적인 카톨릭도 시국성명서도 내고 시위자들을 비호하며 독재정권과 투쟁하는데 가장 진리 편에서 진리를 가르친다는 개신교에서는 왜 정교분리 정책만을 고수하고 있는가?

많은 젊은이들에게는 그 소리가 호소력 있게 들렸다. 그러면 우리들도 거리로 뛰쳐나가 화염병과 돌을 던지며 항거해야 하는가? 그것이 이 시대를 구원하고 시대 문제를 해결하는 것인가? 복음주의 입장에 선 간사들의 생각은 예수님께서 살던 시대 상황과 예수님의 행동 지침, 사도 바울이 살던 상황과 로마서 13장의 말씀 등을 앞세워 시대 요구에 끌려 다닐 것이 아니라 하나님께서 요구하시는 것에 우선권을 두고 나가야 된다는 것이었다. 이 논쟁은 여름장마처럼 지루하게 계속 되었다. 한 동안 잠잠하다가도 어떤 사건에 접하면 바로 논쟁의 불꽃이 튀는 것이었다. 결국 이 문제는 군사 정권이 물러갈 때까지 계속되었다. 그러나 ESF의 주된 흐름은 복음주의였다. 사회참여도 절대적인 복음 속에서 이해하려고 노력하였다. "가이사의 것은 가이사에게 하나님의 것은 하나님에게"의 김세윤박사의 메시지에서처럼 절대적인 하나님 앞에서 절대적인 하나님의 진리는 절대적인 태도로 대하고 가이사 곧 시대적인 문제는 상대적으로 이해하고 부분적으로 참여하도록 정리를 하였다. 전국 간사회의에서의 신학적 토론은 우리를 매우 피곤케 하였으나 우리를 성숙한 사고로 이끌었고 건전한 신학노선을 연구하게 만들었다.

앗, 이 무슨 일인가?

사회참여 문제로 한 고비를 넘고 나니 우리 ESF에도 신비주의의 작은 파도가 밀려왔다. 우리 모임에 신비주의가 왔다는 것은 매우 이례적인 일이었다. 왜냐하면 우리 모임은 성경으로 시작하여 성경으로 계속되고 성경으로 결말을 내는 모임이기에 신비주의는 감히 발붙일 수가 없었던 것이다. 하나님의 계시인 말씀 중심의 신학이 확고하고 말씀의 은혜에 심취된 사람들의 모임이기에 말씀보다 경험을 중히 여기며 인간의 신비적 경험을 앞세운 신비주의는 발붙일 수가 없었다. 그런데 어떻게 해서 말씀중심의 거룩한 우리 모임에 신비주의가 접근했단 말인가? 그것은 한 간사가 내면의 문제로 몹시 고민을 하던 중 기도원에 가서 기도에 매달리게 되었다. 그는 하루 3시간 때로는 6시간, 온종일 기도에 매달렸다. 기도원의 기도굴이라는 곳에서 수 시간씩 기도를 하였다고 한다. 그는 더 나아가 신비주의 모임에 접촉하게 되었다. 존 윔버의 빈야드 운동까지 접근하게 되었다. 그런 사실은 전혀 알지 못하였는데 간사수양회에서 기도 시간에 갑자기 이상한 일이 벌어진 것이었다. 보통 때의 기도 시간에는 볼 수 없었던 현상이 벌어졌다. 그 간사가 인도하는 기도 시간에 5-6명의 인턴 간사들이 바닥에 넘어져 뒹굴며 이상한 모습으로 기도하고 있었다. 기도인지 신음인지 무아지경인지 분간할 수 없는 모습으로 기도하고 있었다. 정상적인 모습이 아니었다. 어떤 이는 심한 거품을 물고 뒹굴고 신음소리를 내고 있었다. 또 어떤 이는 계속 자기 어깨를 두드리는 행동을 반복하며 계속 신음소리를 내며 정신 나간 사람처럼 몸을 흔들어 대고 있었다. 간혹 TV에서나 보던 이상한 광경이 벌어진 것이었다. 또 상당수는 그와 같이 심하지는 않았어도 무엇에 홀린 듯 기도하고 있었다.

이 사건 후 심각한 토론이 벌어졌다. 그는 성령 운동이라고 강변하였다. 그러나 대부분 간사들은 도저히 그것은 성령 운동이라고 볼 수 없다는 것이었다. 그 간사의 입에서 이해하기 어려운 말들이 나왔다. 자기 눈에는 귀신이 보인다고 하였다. 베란다에 귀신 몇이 앉아 있는 것을 보았다고 하였다. 극장과 술집에 떼로 모여 있는 귀신들을 본다는 말도 하였다. 몸속에 들어간 귀신이 나오지 않으려고 이리저리로 피하여 배, 팔뚝, 목으로 다니는데 그것을 잡아 쫓아낸다는 것이었다. 엑소더스 영화나 몸속에 괴물이 들어가 돌아다니는 영화를 연상케 하는 말을 하였다.

 이 생명 다 바쳐 복음운동을!

뜨거운 성령론 공부

우리는 이 문제의 심각성을 인식하고 이 문제를 진지하게 다루었다. 몇 차례 우리가 가지고 있는 말씀과 신학 지식으로 설득해봤지만 그는 전혀 설득되지 않았고 도리어 우리를 성령의 역사를 모르고 성령을 훼방하는 사람으로 생각하였다. 그는 원래 성품이 온유하여 우리가 몇 번 이야기 하면 쉽게 해결되리라 생각했는데 큰 오판이었다. 사상 문제는 쉽게 해결되지 않음을 또 한번 실감하였다. 다른 사상을 가지니 딴 사람이 되어 있었다. 큰 벽을 느꼈다. 그는 학생들을 온종일 기도 프로그램을 만들어 인도하고 있었다. 기도는 귀하고 필요한 것이지만 지나치다 싶었다. 말씀 묵상과 말씀에 대한 신앙과 정상적인 이성의 활동을 마비시키는 것으로 보였다. 큰 일이었다.

사상 문제는 그동안 우리의 형제애와 우리의 사랑과 교제가 아무 것도 아닌 것처럼 만들어 버렸다. 그러나 우리는 계속 형제애를 가지고 대화하고 신학적 일치점을 향해 나아갔다. 그러나 얘기가 된 듯 싶었으나 나중에 들려오는 소식은 똑같은 행동을 한다는 것이었다. 큰 일이었다. 단순한 대화로만 해결될 수가 없었다. 보다 근본적인 치유가 필요했다. 그래서 성령론을 확립하는 신학 세미나를 가졌다. 뛰어난 조직 신학 교수 서철원 박사는 한국의 성령론이 문제가 되는 것은 성령을 그리스도와 분리시켜 생각하는 것이 주요 원인이라고 지적하였다. 즉 성령님은 그리스도의 구속 사역을 밝혀 주고 효력을 발생하도록 역사하시는 그리스도와 같은 다른 보혜사, 인격체이신데 그렇게 이해하지를 아니한다는 것이다. 즉 샤머니즘의 영향을 받아 성령을 신통력, 하늘의 능력으로 생각하여 불을 달라고 기를 쓰고 기도한다는 것이다. 그리하여 어떤 신비적 경험을 하게 되면 그것이 곧 성령의 역사라 생각하여 계속 그 속에 빠져 들어가고 있다는 것이다. 성령은 예수님 믿어 죄 사함 받고 구원받게 하시며 성경을 깨닫고 순종하여 은혜 받게 하는 영으로서 예수님의 구원 사역과 분리해서 생각해서는 안 되는 것이라는 것이었다. 이것은 지금까지 우리가 알고 있는 성령론과 일치하는 것이었다. 그러면 그가 주장하는 성령의 역사라는 것을 도대체 어떻게 이해해야 하는가? 확실히 무엇이라고 단정할 수는 없지만 그가 벌이는 성령운동은 우리가 이해하고 추구하는 복음주의 성령 운동은 아니라고 결론지었다.

신비주의의 오류

결국 그는 떠나갔다. 혼자 가지 아니하고 한 지구의 인원과 재산을 가지고 떠나갔다. 이것도 옳지 않은 것이었다. 자기 사람이 아니고 자기 재산이 아닌데 가지고 가는 것은 옳지 않았다. 일부에서는 거센 비난과 징계 조치를 강구하자고 하였다. 그러나 교회와 공동체의 더 큰 덕을 세우기 위하여 선악 간 시비 삼지 않고 하나님께 맡기기로 하였다.

몇 년이 흘러간 뒤에 조용히 혼자 이 문제를 생각해 보았다. 먼저 그 간사는 바나바와 같이 착하고 신사와 같은 동역자였다. 그런데 왜 신비주의에 빠졌을까? 그도 성경공부를 많이 하였고 건전한 보수적인 신학교를 나왔는데 왜 그렇게 되었을까? 그는 고독하였다. 복음 사역의 한계 앞에서 쓰라린 고민을 많이 하였다. 그래서 능력 있는 복음 사역을 간절히 사모하였다. 내성적인 성격에 따라 내면의 문제해결과 사역 능력의 한계를 벗어나려 혼자 몸부림을 치다가 신비주의에 접촉하게 되었고 진지하게 검토해 볼 사이도 없이 빠져들고 만 것으로 생각되었다. 그는 근본 말씀을 받은 사람이기에 언젠가는 신비주의의 허구를 발견하고 다시 말씀 중심의 복음주의로 돌아오리라 믿는다.

신비주의가 왜 나쁜가? 성경에는 신비적 요소가 많이 있다. 신비한 일들을 우리는 믿고 있다. 그런데 왜 신비주의는 그릇된 것인가? 신비주의는 객관적 하나님의 계시보다도 자기 신비적 체험을 중히 여기고 나아감으로 주관주의에 빠지게 되고 결국 인본주의로 나아가게 된다. 백 사람이 백가지 신비적 체험을 하면 백가지 신학이 탄생할 수 있는 것이다. 그 신비적 체험이 하나님으로부터 온 것인지 신뢰할 만한 것인지 검증할 것은 성경인데 그들은 한결같이 성경보다 자기의 신비적 경험을 앞세우므로 오류를 개선할 여지가 없는 것이다. 성경의 절대권위를 인정하면서 신비주의를 추구한다고 주장하지만 결국 성경보다는 신비주의 주장을 더 앞세우고 있는 것이다. 성경은 하나님 말씀을 절대 기준으로 신앙생활하도록 가르치고 있다. 올바른 신학과 신앙은 객관적인 하나님의 절대 계시 앞에 신앙과 이성을 올바로 사용하여 그 계시를 이해하고 순종하는 것이다. 그런데 신비주의는 하나님의 계시를 자기 목적에 이용하고 절대 계시 앞에 자기를 복종시키지 않는다. 성경 안에서의 올바른 이성을 사용하지 않으므로 눈에 뻔히 보이는 오류도 개선하지를 못하는 오류에 빠져 있는 것이다. 예를 들자면 병을 고친다고 안찰 기도를 하여 사람을 죽게 만드는 일은 약간의 이성만 사용해도 하나님의 뜻이 아님을 알 수 있는 것이다. 신비주의에 빠지면 바보 같은 짓을 저지르고도 무엇이 잘못된 줄도 모르고 자기 합리화에만 급급한다. 신비주의에 빠지면 하나님 영광보다 결국 자기 영광을 추구하는 사람이 되고 만다.

우리는 좋은 동역자를 잃는 슬픔을 씹으며 다시 한 번 사상의 위험성을 뼈져리게 느꼈다. 그를 여러 차례 만나 대화하며 도왔다. 우리 사이가 그렇게 쉽게 헤어질 그런 사이가 아니었다. 오랫동안 복음을 나누고 동역하고 정들은 천국 건설의 동지이다. 그런데 이 문제 앞에 우리는 이렇게 심한 벽을 느껴야 한단 말인가? 불신자 친구에게서 느낀 벽보다 훨씬 높았다. 아무리 친한 친구라도 신학 사상이 달라지면 이렇게 되는구나 생각하니 두려움을 느꼈다. 평소에 사상 검증과 대화, 세미나를 자주해야겠다고 느꼈다. 공산주의 사상에 빠지면 아비도 어미도 형제도 몰라보고 원수처럼 된 것 같은 무서움을 체험한 것이다.

"오 하나님 아버지, 하나님을 올바로 알도록 하나님의 계시, 성경을 주셨는데 이 성경을 가지고서도 하나 되어 하나님을 섬기지 못하고 있습니다. 성경을 올바로 깨닫고 성경이 가르치는 올바른 신앙 갖겠습니다. 신학적으로f 방황하는 영혼 불쌍히 여겨 주시어 바른 길로 인도하여 주옵소서!"

 이 생명 다 바쳐 복음운동을!

16 가난한 목자의 눈물

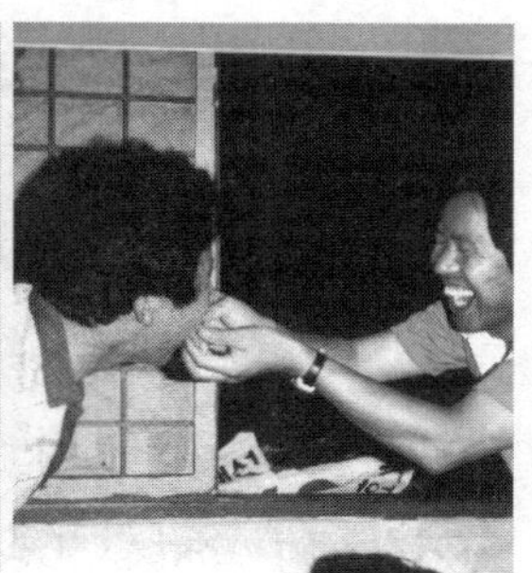

학생복음운동가의 눈에는 늘 눈물이 고여 있다. 그 눈물은 가난한 양들을 돕다가 흘린 눈물이요, 변화된 양들을 인하여 흘린 기쁨의 눈물이요, 가난한 양들을 돕지 못해 흘린 눈물이다. 목자도 너무 가난하다. 늘 사글세, 전세금때문에 자주 이사를 해야 하는 처지다. 그러나 가난한 양들을 돕다 보니 나의 가난함을 돌아볼 여념이 없다.

고개 숙인 목자

나는 처음 간사 생활을 시작할 때 5만원을 받았다. 직장 사표 내기 전 봉급 40만원의 8분의 1이다. 십일조 5천원, 하숙비 4만 5천원을 내고 나면 단 한 푼이 남지 않는다. 감사헌금도 할 수 없다.

교통비, 위생비도 없이 살아야 했다.

이렇게 3년 간사생활을 하고 결혼을 하였다. 결혼할 때 말할 수 없는 고통을 겪어야 했다. 학사님들이 결혼비용을 도와주어야 한다는 지나가는 바람같은 소리에 3년을 기다렸으나 그것은 지나가는 바람소리였다. 결국 떠나온 집에다 손을 내밀어야 했다. 늙으신 아버지는 아무 경제권이 없었고 형님에게 가 보라는 낭떠러지로 밀어 떨어뜨리는 것같은 말씀만 하셨다. 나는 부농의 매우 사랑받는 막내아들이었으나 열성적인 신앙생활과 부모님과 상의 없이 직장 사표 낸 것으로 인하여 몹시 미움을 받고 있는 터였다. 집에다 손 벌리는 것이 도살장에 끌려가는 것같이 몹시 싫고 괴로운 일이었으나 어쩔 도리가 없었다.

마지막 남은 자존심마저도 버리고 형님 댁으로 갔다. 현실적인 형수씨앞에 고개숙인 나의 모습은 참으로 처량하였다. "저, 저, 저…" 차마 말을 꺼내지 못하다가 모기 소리만한 목소리로 간신히 말하였다. "결혼하려고 합니다. 결혼 비용 좀 도와주십시오." "거, 보시오. 내가 뭐라 합디까? 세상을 사는 데는 돈이 있어야 한다고 얼마나 많이 말했습니까? 돈 없을 때 누가 도와주던가요? 대학만 가르쳐 주면 돈 필요 없다고 큰소리치더니 이제 생각이 달라졌습니까? 돈 없이 결혼할 수 있던가요? 이 세상 돈 없이는 못살아요. 그 예수쟁이 친구들이 왜 안도와 준답니까? 다 소용 없어요. 사람은 돈이 있어야 해요. 돈 없으면 얼마나 서럽고 사람 취급도 받지 못하는지 아세요? 세상 살기 무서운 것예요." 형수씨는 그동안 섭섭한 마음, 안타까운 마음 모두 담아 두세 시간 퍼부어댔다. 대학까지 나온 사람이 결혼 비용하나 없어 손 벌리러 온 모습이 딱하기도 하고 불쌍하기도 하여 열심히 세상 철학을 가지고 훈계하는 것이었다. 나는 한 마디도 대꾸할 수 없었다. 고개를 떨구고 인생 강의를 들어야 했다. 솔직히 미안한 마음이었다. 대학교육까지 받은 사람이 자기 결혼 비용 하나를 해결 못하고 도움을 청하고 있으니 내가 무슨 말을 하리요? 유구무언이었다. 한 세 시간 강의 후 형수씨는 내가 불쌍했는지 말씀하였다. "그러면 얼마나 필요해요?" 얼마나 반가운 소리던가? 용기를 내어 말했다. "최소한 150만원 정도는 있어야겠습니다." 또 다시 한참 돈의 가치를 역설한 후 어디서 150만원을 변통하여 주었다. 너무나 고마웠다. 부끄럽고 감사했다. 서글프고 고마웠다. 감정이 뒤엉켜 남원에서 전주로 올라와 결혼 준비를 하였다. 85만원으로 단칸방 얻고 50만 원으로 신부 옷 해주고 나머지로 결혼식 비용에 썼다. 결혼 준비하러 다닐 때 따라 다니던 임성근 형제는 이렇게도 결혼하는구나 놀라는 것이었다.

그러나 하나님의 은혜에 충만했던 나는 너무나 신나고 행복했다. 집안사람들을 도와주지 못하고 도움 받는 것이 부끄러웠지만 어려운 처지에 그만한 도움도 감사했다.

회관을 얻을 때 5평 사무실을 얻으라는 말을 듣고서도 얼마나 기뻐하였던가? 13평 2층 사무실을 얻고 얼마나 감사하였던가? 회관 전세금 인상의 공포, 집 전세금 인상의 공포도 컸지만 그보다도 하나님의 은혜는 몇 배 컸다. 돈 없는 설움도 많이 맛보았지만 가난에 짓눌려 살지는 않았다. 하나님의 은혜였다. 모두들 내 집 마련 청약저축 들기가 유행인 때도 초연할 수 있었던 것은 믿음이 있었기 때문이다. 열심히 양을 치고 충성을 다하면 하나님께서 훌륭한 양을 통해서라도 집을 사주리라는 믿음이 있었다. 그런 믿음을 가지고 사니 마음이 평안하고 좋았다.

눈물의 등록금

나의 가난 문제는 믿음으로 초월했는데 가난한 양을 볼 때는 너무나 마음이 아파 눈물로 지낼 때가 많았다. 내가 경영학을 전공했으므로 회사라도 세워 돕고 싶은 생각이 많았다. 한번은 한 형제 리더가 매우 어두운 얼굴로 힘없이 앉아 있었다. 몇 마디 건네 보니 학교를 그만두겠다고 말하는 것이었다. 등록금을 내지 못한 것이었다. 부모님이 배 농사를 짓고 있었는데 태풍, 흉년으로 마련할 길이 막막했던 모양이다. 너무나 딱하였다. 나도 가난하고 우리 모임도 가난한데 눈앞이 캄캄하였다. 한참 울면서 기도하는데 이대로 학업을 중단케 할 수는 없었다. 20여명 되는 동역자들을 불러 긴급회의를 하였다. 우리가 등록금을 마련해 보자고 하며 눈물로 기도하였다. 그 이튿날 등록금이 모아져 등록할 수 있었다. 얼마나 감사한지? 이것은 믿음의 승리요, 복음의 승리였다. 그는 힘을 내어 학교를 무사히 졸업하였으며 훌륭한 복음의 일꾼이 되었다.

가난 속에 맛본 목자의 행복

하루는 한 형제를 심방하고 싶었다. 빈손으로 갈 수가 없어서 라면을 얼마 사가지고 갔다. 그런데 깜짝 놀랐다. 그 형제는 이틀이나 굶고 있었던 것이었다. 놀라서 웬일인가 물으니 시골집에 갈수도 없고 돈이 떨어졌던 모양이다. 그날 나는 목자의 행복을 맛보았다. 배고픈 자식을 배불리 먹이는 어머니의 만족한 웃음을 나도 체험해 보았다. 돌아오는 길에 천국의 옷자락을 만져보았다.

개척 때에는 이상하게도 잘 사는 사람보다도 가난한 사람들이 많이 오는지 가난한 사람들을 많이 만난다. 목포에서 온 한 자매님을 나와 모든 지체들이 사랑하였다. 특별한 사랑이라기보다 누구나 그런 환영과 사랑을 받는 것이었지만 그녀는 특별한 사랑으로 받아들였던 모양이다. 그 자매님의 집은 목포였고 소아마비가 심하여 보행이 자유롭지 못한 상태였다. 집안은 몹시 가난하였으나 어머니는 기막힌 고생을 하면서도 자식을 가르치고 있었다. 하루는 그 자매님이 언덕배기에 있는 우리 집에 마늘 얼마를 가지고 왔다. 사랑에 감사하는 마음이었다. 그 마늘은 엄마가 먹으라고 가져온 것인데 그것을 가지고 왔다. 함께 기도하면서 많이도 울었다. 자매님이 운명주의의 그늘에서 벗어나 참 자유의 인생을 살 것을 바라며 성경을 가르쳐 주고 간증테이프를 주며 섬겼다. 수십 년이 지났어도 그 마늘 사건과 눈물을 잊을 수 없다.

그 후에 그보다 더 가난한 양들이 상당수 있었다. 식사 끼니를 때우기가 힘들 정도로 가난하였다. 집을 방문해 보고 너무나 참담한 모습에 충격을 받았다. 엄마와 여동생과 셋이 살고 있었는데 어떻게 이런 집에서 살 수 있나 싶은 오두막에서 살고 있었다. 밥상을 보니 눈물이 쏟아졌다. 이런 밥상에서 매일 식사를 했다니? "오 하나님, 이런 열악한 환경 속에서 사는 사람도 있습니다. 굽어 살펴 주소서! 이 어린 양을 불쌍히 여겨 주소서!" 함께 심방 간 사람들 주머니를 털어 밥상을 사드리고 준비한 금일봉과 쌀을 전달하고 돌아왔다. 그리고 미국에서 세탁소하시는 분이 우리 모임에 기탁한 장학금으로 계속 도와 그녀도 졸업할 수 있었다. 지금은 좋은 직장을 갖고 목사 사모가 되어 복되게 살고 있다. 얼마나 감사한지?

또 한 자매도 엄마와 여동생과 살고 있었는데 너무나 힘들게 살고 있었다. 아버지가 돌아가시기 전까지는 부유한 집안이었으며 어려서 풍부하게 살아서 그늘진 곳이 없었다. 그러나 아버지 소천 후에 가사가 기울어 몹시 궁하게 살아야 했다. 간신히 졸업했는데 결혼할 수 없었다. 장차 직장 생활 후 돈을 벌어 결혼해야 했다. 그런데 졸업 후 그녀를 불같이 사랑하는 사람이 있었다. 바로 결혼하자는 것이었다. 그런데 결혼 자금이 전무하였다. 어디서 변통할 길도 없었다. 가난한 아비의 심정이 이런 것이구나 싶었다. 마음이 아팠다. 그래서 신랑을 불러 그녀를 진정 사랑하는지를 물었다. 그렇다면 상대방 결혼비용을 부모 몰래 준비해 오도록 하였다. 그래서 결혼하게 되었다. 너무나 감사하였다. 온 마음을 다하여 결혼식 준비를 하였다. 모든 하객들이 부러워할 만한 화려하고 축복된 결혼식이었다. 참으로 하나님의 은혜를 체험하였다. 그들도 가난의 굴레를 벗고 부부 모두 좋은 직장 가지고 행복한 가정을 이루어 잘 살고 있다. 물론 하나님을 잘 섬기며 은혜로운 신앙생활을 하고 있다.

먼 훗날 간사 생활 초기에 왜 그처럼 가난한 생활을 하게 하셨는지를 알게 되었다. 가난한 양들을 돕는 목자 생활을 할 수 있게 하시는 하나님의 섭리였다. 실로 가난해도 풍요하게 살았다. 하나님의 은혜의 부요함으로 말미암아 신나게 살았으므로 가난의 고통을

뛰어넘어 살았던 것이다. 예수님께서 여우도 굴이 있고 공중의 새
도 집이 있으나 인자는 머리 두를 곳이 없이 사셨던 것은 모든 사
람을 돕고 모든 사람을 부요케 하시려 함같이 목자도 양을 돕기 위
해서 가난을 주신 것이다. 그러므로 가난도 은혜요 축복이다. 가난
속에서도 믿음으로 살면 더 큰 은혜를 체험하게 되며 산 신앙을 체
험케 된다.

가난 속에서도 자유를 느끼며 부요함을 맛보는 인생! 그 인생의
비밀을 터득한 사람은 최고의 인생 경지에 도달한 사람이다. 그러
고 보니 이미 내가 그런 인생을 살고 있었다. 나는 도를 닦는 시간
도 가지지 않았는데 어느새 인생 비밀을 깨닫게 되었고 참 자유의
삶을 얻었으니 이 얼마나 큰 축복인가? 복음의 은혜요, 하나님의
축복이었다.

또 올라가는
전세금

ESF 중요한 정책 중의 하나는 자립 정책이다. 다른 곳에서 지원 받으려 하지 말고 회원들의 헌금으로 자립하라는 것이다. 그러나 이것은 매우 혹독한 정책이다. 호랑이가 새끼를 훈련시킬 때 낭떠러지에 떨어뜨려 기어 오른 새끼만 호랑이 새끼로 키운다는 말처럼 가난한 목자에게 자립 정책은 호랑이 훈련에 버금가는 훈련이다. ESF 경제 자립 정책은 성경적인 교훈에 입각한 것이지만 실제로 도움 받을 곳이 거의 없어서 나온 것이기도 하다. 국가가 조국의 장래 지도자를 키운다고 ESF에 교육 자금을 도와주는가? 교회의 미래 일꾼들을 양육해 주고 있다고 교회가 ESF에 선교 자금을 지원해 주는가? 해외 선교사들을 양성한다고 누가 ESF에 도움을 주는가? 아무도 없다. 그러니까 어쩔 수 없는 선택은 자립뿐이다. 요즘은 더러 도움을 주는 교회나 개인이 있지만 지극히 미미하다.

야생동물의 생존 법칙

선교 단체가 외부의 지원을 받는 것은 바람직하지 않다. 그것은 야생동물의 생존법칙과도 같다. 야생동물을 보호하기 위해 먹을 것을 주면 야생동물은 편히 먹을 길이 열리니 우선은 좋지만 자생능력을 상실하여 자립적으로 생존이 불가능하여 결국 멸종하게 된다. 선교단체의 최대 취약점은 경제적 능력이다. 그러나 그 열악한 조건 속에서 자립적으로 살아남아야 강한 선교단체가 되는 것이다. 얼마 안되는 외부 지원금에 침흘리지 말고 눈에서 눈물이 쏟아지더라도 자립하는 것이 현명하다.

가난할수록 저축하라

광주는 개관할 때 예배처 마련을 위해 5평 사무실 전세금에 해당하는 금액을 전국 4개 회관에서 25만원씩 100만원과 전주회관에서 따로 얼마를 지원 받았다. 그리고 처음 1년 동안은 매월 15만원씩 생활비를 지원받았고 반년은 절반을 받았다. 그러니까 1년 반 만에 완전 자립하였다. 하루라도 빨리 자립하고자 목표를 세우고 기도하니 믿음대로 되었다.

3년 4개월 후 32평짜리 신안동 회관(3층)으로 이전하였다. 210만원 전세 홀에서 1,300만원 전세 홀로 이전한 것이다. 당시 우리의 경제적 능력으로 1,300만원을 마련한다는 것은 불가능하게 보였다. 그러나 학생들이 예배 때 30여명 모이니 13평은 좁아 감당할 수가 없었다. 그리고 전대 정문 앞 로터리 위치가 너무 좋아 꼭 이전하고 싶었다. 그러나 전세금 마련할 길이 없었다. 그래도 믿음으로 추진하기로 하고 기도하였다.

가고자 하는 곳이 공사 중에 있었다. 날마다 여리고 작전하듯이 백현순 형제와 건물을 돌았다. 주인을 만났다. 건물이 완성되면 꼭 우리에게 임대해 주도록 부탁하여 약조를 받았다. 이제 헌금을 모아야했다. 사방을 보아도 도와줄 곳은 전무하니 오로지 헌금에 의존할 수밖에 없었다. 저축금이 200만원정도 있었다. "가난할수록 저축하라" 이것이 부친에게 배운 생활철학이었다. 이 200만원이 종자돈이 되었다. 형제자매들에게 저축금 이야기를 하니 모두 기뻐하며 희망을 갖기 시작했다.

이기철 학사는 결혼 패물 모두를 헌금으로 바쳤다. 그것을 보관하다 도둑이 들어 훔쳐 가버려 방성대곡하던 꿈도 꾸었다. 모두들 진심을 바쳤다. 백현순 학사가 제대하고 와서 헌신하였다. 학생회에서도 최선을 다해 헌금하였다. 이렇게 헌금을 다 모으니 500여만원 가량 되었다. 건물주를 찾아가 통사정을 하였다. 그랬더니 그는 100만원은 자기가 헌금하겠다고 하였다(전세금에서 깎아준다는 말). 그리고 부족금 200여만원은 월 2부 이자로 월세로 내기로 하였다.

마침내 소원하던 회관을 얻게 되었다. 이때에 또 한번 하나님의 살아계심과 능력을 체험하였다. 그 기쁨은 이루 말할 수 없었다. 정말 무서운 것이 없었다. 호랑이가 나타난다고 하여도 때려잡을 것 같은 기상이 넘쳤다. 먼 후일 이때를 돌아보니 이때의 회관이전이 복음 역사 성장의 기폭제가 되었음을 알 수 있었다. 그 당시 극심한 가난 속에서 눈물로 기도하며 헌금하였던 당시의 동역자들에게 지금도 감사한 마음 잊을 수 없다. 회관 이전하여 역사는 30여명 선에서 70여명 선으로 성장하였다. 그리고 그 잊을 수 없는 대로마서 성경학교를 매일 평균 130명 정도 모여 말씀을 들었고 등록한 총 인원은 170여명이 되었다. 매일같이 화염병, 돌멩이, 최류탄가스가 난무하는 그 시절 전남대 정문 로타리 회관에서 성경을 공부하는 모임을 이렇게 이루었다는 것은 하나님의 은혜였고 기적과 같았다. "오직 의인은 믿음으로!" "믿음으로 살리라!" 복음정신이 충만하였고 복음의 일꾼으로 긍지와 자부심이 넘쳤다. 기쁨과 감격이 있었다.

약 5년 3개월 후 다시 회관 이전을 하였다. "100평의 넓은 공간을 향하여!" 이것이 당시 구호였다. 시내 구 MBC 회관자리 넓은 회관(80평, 3층)을 얻기로 하고 추진하였다. 이제 인원도 많고 은혜도 충만하여 큰 어려움 없이 진행되었다. 그러나 가난한 학생들로서는 역시 부담이 되지 않을 수 없었다. 학사들은 힘써 작정 헌금을 하고 학생들은 아르바이트를 하였다. 김인숙 자매는 몇 동역자들과 장사를 하기도 하였다. 포장마차를 회관 앞에 세웠다. 간판을 '100평의 넓은 공간'으로 하고 당시 대유행이었던 오징어 다리 장사를 하였다. 이렇게 기존 전세금, 저축금, 헌금 약 2,000만원으로 3,800만원의 궁동 새 회관으로 이전하였다. 너무나 넓어 잘 적응이 되지 않았다. 이 회관에서 광주성서교육회와 의료선교회(EMF)가 출범하였다. 그런데 얼마 되지 않아 그 건물에 법적 하자가 있음이 발견되어 3개월 만에 다시 이전하여야 했다. 그러나 하나님의 도우심으로 물질 손실은 없이 나올 수 있었다.

3개월 후에 평화시장 옆 독서실이었던 중흥동 회관 60평(3층)으로 이전하였다. 이 회관에서는 최장수로 5년 7개월 지내면서 내적 성장을 기하였다. 전세금은 오히려 남았고 많은 책상, 의자, 온풍기, 소파 등 사무집기까지 많이 얻었다. 신안동회관 아래도 당구장이었는데 여기도 아래층이 당구장이었다. 그러나 단 한명도 거기를 기웃거리는 학생은 없었다. 믿음이 분명하면 주위 환경에 크게 영향 받지 않음이 입증되었다. 학생복음운동은 교회와 달랐다. 학생복음운동은 주위환경보다도 내부 결속력과 사랑이 더 중요하였다. 이 회관에서 특징은 의료계통의 대학복음화가 활발히 이루어졌다. 의대 요회가 50-60명선을 이루었다. 예배 모임도 성장하여 드디어 100명대를 넘을 수 있었다. 보길도 여름수양회에는 230명이나 모여 은혜 충만한 말씀축제를 이루었다. 그래서 영적 파워가 있었다.

Actualize

보길도 여름수양회의 은혜의 큰 결실은 회관 건축이었다. 영적인 은혜를 가시적인 현실로 바꿔라. Actualize. 이것은 경험 많은 복음운동가들의 노하우이다. 수양회의 충만한 은혜를 힘입어 드디어 회관 건축을 이 회관에서 이루어 낸 것이다. 한의수, 윤치근, 정일선, 김성열, 이노호, 이용호, 송호준, 최정희, 김정숙, 임영국, 정우성, 최승범, 정한수 등 이사들이 모여 각각 1,000만원씩 헌금하기로 하여 뜻을 모으고 나서 회관 건축이 추진되었다. 운암동에 땅을 계약하였다. 그런데 공동명의로 된 땅이었는데 한 사람이 나중에 이의를 제기함으로 계약을 파기하였다. 이것도 하나님의 은혜였다. 거기에 회관을 건축하였다면 주요 대학들과 멀고 교통체증으로 몸살을 앓아야 했을 것이다. 아무튼 계약이 파기되고 두암동 땅을 주택공사로부터 구입하였다. 가난한 목자가 120평 땅을 계약하고 돌아올 때 그 묘한 기분을 어찌 설명해야 할지?

절망 속에 체험한 기적

가슴 설레이며 건축 설계 사무소를 찾아가 설계를 하였다. 이제 우리 회관이 생기나보다 부푼 꿈을 꾸며 한없이 기뻐하였다. 그러나 그 기쁨도 잠시, 건축설계를 마치고 건축허가를 받으려하니 문제가 발생하였다. 그곳은 주택 전용 용지로서 교회나 큰 홀을 건축할 수 없다는 것이었다. 하늘이 무너지는 것 같았다. 백방으로 아는 사람을 총동원하여 알아보았지만 부정적인 대답뿐이었다. 땅을 팔려고 노력해보았지만 그것도 안된다는 것이었다. 주택을 건축하여 일정 기간 지난 후 팔 수 있다는 것이었다. 눈앞이 캄캄하고 깊은 웅덩이와 수렁에 빠진 기분이었다.

그러나 지금까지 놀랍게 인도하신 하나님께서 이번에도 도와주실 것을 믿고 계속 기도하며 백방으로 알아보았다. 그러나 도무지 희망의 불빛은 보이지 않았다. 심히 답답하였다. 괴로웠다. 침상을 붙들고 눈물을 쏟으며 기도하였다. 동역자 기도회, 철야 기도회, 많이 기도하였어도 응답이 없었다. 거의 포기하고 있을 어느 날 이용호 학사에게서 전화가 왔다. 건축허가가 나왔다는 것이었다. 40일이 지난 후 건축허가가 나왔다. 당시 법으로 불가능하던 건축허가가 어떻게 나올 수 있었는가? 대법원 판례집을 누가 갖다 주었다. 거기에 교회 건물의 어느 정도는 사택, 공장은 기숙사를 지을 수 있는 판례가 있었다. 그래서 60평은 홀로, 90평은 주택으로 설계하여 건축허가가 나온 것이었다.

이 과정을 통하여 종교 건물로 인정되어 100% 소득세, 취득세 면제를 받을 수 있었다. 전화위복된 것이다. 할렐루야! 모두들 놀랐다. 기적이 일어난 것이다. 그동안 그렇게 애써 보았지만 모든 전문가들조차 다 안된다는 것이었는데 대법원 판례를 통해 허가를 받다니 꿈꾸는 것 같았다. 이 어려움이 헌금 동기부여가 되었다. 학생들도 학사들도 기쁘게 헌금하였다. 학사들이 3억 2천만원, 학생들이 2천 2백만원 합하여 3억 4천 2백만원을 헌금하였다. 기존 전세금 3,800만원까지 합하여 대지구입비와 건축비, 시설비 합하여 4억 2천만원을 부채 없이 마칠 수 있었다. 얼마나 감사한 일인가? 이사들이 천만원씩 헌금하고 모두 최선을 다해 헌금하였다. 이일을 위해 건축부장 이용호 학사와 정한수 간사, 학생회 건축부장 이영평형제가 크게 수고하였다. 정규성은 학생 신분에 200만원이나 헌금하였다. 그 헌금을 받고 한참을 울었다. 나온 지 얼마 안된 어떤 형제는 50만원이나 헌금하기도 하였다. 이렇게 은혜가 충만할 때 또 넘어야할 산이 나타났다.

주민 몇이 건축 결사반대를 부르짖고 공사를 방해한 것이었다. 교회가 들어서면 집값이 떨어진다는 것이었다. 날마다 한 시간씩 공포의 전화를 걸어 공갈, 협박, 욕설, 고통주기를 한 달이 넘게 하는 것이었다. 우리의 기도가 부족한 것이었다. 형제자매들이 릴레이 기도를 하며 날마다 공사 현장에 가서 기도하였다. 또한 건축 경험이 많은 사장의 노하우를 빌어 주민들과 대화를 하였다. 몇 차례 대화 끝에 우리는 선교단체이며 교회 예배당을 건축하지 않는다는 말에 대화가 급진전하게 되었다. 학생복음운동을 자세히 설명하니 이전에 선교단체 옆에서 살던 경험이 있는 주민이 나서서 주민들을 설득하였다. 선교단체는 아주 건전하고 조용하고 주위에 피해를 주지 않고 십자가도 안 걸고 땅값에도 지장없으리라고 설득하였다. 그래서 그 난리통 반대가 하루 아침에 걷히고 도리어 수고한다고 배를 박스로 사다 주며 격려하는 것이었다. 또 한번의 기적을 체험하였다.

반대가 사라지자 공사가 일사천리로 진행되었다. 비도 오지 않았다. 그래서 공사는 더욱 빨리 진행되었다. 그런데 폭염이 문제였다. 그러나 아무 사고 없이 지하공사가 끝나고 1층, 2층, 옥상, 옥탑이 올라갈 때 매 순간을 촬영하며 현장 기도를 계속하였다. 시멘트 양생을 위하여 물을 충분히 주어야 한다는 말에 날마다 새벽 2-3시가 되도록 멀리서 물을 길어다가 2층 3층 옥상에 올라가 물을 주었다. 벽돌 한 장 한 장에 기도와 땀과 애정이 스며들었다. 공사 도중 천정 높이를 올리기도 하고 문 위치를 약간 변경도 하며, 화장실 구조를 바꾸기도 하며 시종 함께 건축하였다.

감격의 입당예배

드디어! 1995년 1월 14일. 감격스런 두암동 회관 입당 예배를 드리게 되었다. 입당 예배 전후로 총 건축비용 4억 2천만 원을 다 갚을 수 있었다. 빚이 없는 건축 역사를 이루었다. 기적같은 회관 건축의 기쁨을 모든 학생, 학사, 전국 간사들과 나누기 위하여 성대한 입당예배를 준비하였다. 최고급 뷔페를 준비하였다. 순서 맡은 분들 사례도 하고 간사님들 교통비도 드렸다. 데모하던 이웃주민들도 초청하였다. 그들은 친구로 변하여 선물을 들고 와 참석하여 기쁨을 함께 나누었다. 무화과 한 뭉치와 떡 한 덩이를 나누던 옛 성도들처럼 기쁨을 나누었다.

"나와 백성이 무엇이관대 이처럼 즐거이 드릴 힘이 있었나이까 모든 것이 주께로 말미암았사오니 우리가 주의 손에서 받은 것으로 주께 드렸을 뿐이니이다"(대상 29:14).

하나님께 진심과 사랑과 나의 모든 것을 드리는 것이 이렇게 기쁘고 가슴 뿌듯한 것인지 다윗의 기쁨을 맛볼 수 있었다. 차인숙 간사의 지휘에 따라 찬양대가 "아름답다 저 동산" 찬양이 울려 퍼질 때 헌신하던 모든 님들은 감격의 눈물을 흘렸다. 회관 건물은 단순한 건물이 아니라 학생복음운동에 대한 우리의 신앙의 표현이요, "청년이 살아야 민족이 산다"는 우리의 소신의 상징이요, 캠퍼스 복음화, 성서한국, 세계선교를 열망하는 우리의 꿈과 비전이 보이는 상징물이다. 우리의 헌신의 열매요, 우리의 기도와 우리의 소신과 우리의 비전이 저렇게 우뚝 서서 소리치고 있는 것이다. "학생복음운동은 소망스러운 운동이며 예수님의 제자양육의 참된 소망이다!"고 회관 건물은 소리치고 있는 것이다. 회관 건축은 참으로 고생스러운 것이었지만 대단한 보람과 기쁨을 주는 것이었다.

그 뒤에 EMF 헌금으로 자매 간사 숙소인 한나방을 얻었다. 전남대 캠프, 누가 캠프도 학사, 학생들의 헌금으로 얻었다. 회관 건축에 빚을 내가면서 헌신적으로 헌금하고 수고하였던 그 귀한 님들의 이름들을 하나님께서는 기억하시고 하늘에 보물을 쌓아둔 님들에게 큰 상을 내리시리라 믿는다. 헌금하고 수고한 님들을 생각할 때 너무나 감사하고 뭔가 이들에게 보답하고 싶었다. 그것은 능력 있는 복음운동이었다. 그리하여 새 두암동 회관에서 열심히 복음운동을 하여 예배 150명대의 역사를 이루었다. 그런데 회관 건축의 시너지 효과는 별로였다. 교회와 달랐다. 회관 건물보다도 내부 결속과 사랑과 역동적인 운동이 훨씬 더 중요함을 깨닫게 되었다.

가난한 학생복음운동가들은 전세금 인상 공포에 시달리며 산다. 갑자기 비워달라고 하든지 턱없이 많은 금액을 인상해 달라고 할 때 가난의 설움을 씹게 된다. 그런데 전세금 인상 요구가 당시에는 몹시 고통스러웠지만 지난 역사를 뒤돌아보니 그것은 우리를 도와주는 기도소리였다. 전세금 인상 요구가 없었다면 우리는 안일하게 살았을 것이며 가난한 광주 대학생들이 4억이 넘는 돈을 만들 수 없었던 것이다. 그러므로 가난한 학생복음운동가들은 전세금 인상 요구를 긍정적으로 받아들여 천사의 기도 소리로 들으면 유익할 것이다. 우리더러 긴장하고 깨어 역사 잘 감당하며 우리 재산 늘릴 때가 되었다고 사인 벨이 울리는 것으로 받아들이면 먼 후일 하나님의 큰 은혜를 깨달을 수 있게 될 것이다.

광주 역사에서 주기적인 회관 이전은 역사 성장에 기막히게 플러스 요인으로 작용하였다. 눈에 보이지 않는 영적 은혜를 가시적인 은혜로 바꾸는 것이었다. 그래서 더욱 자신감을 갖고 헌신하게 되어 역사가 성장하였다. 불가시적인 영적 은혜와 가시적인 회관 이전과 건축 역사가 적당한 시간 간격과 조화로 서로 상승효과를 나타내었다.

크게 배운 교훈은 가난은 은혜라는 사실이다. 가난 속에서 고생하고 살 때에는 어서 이 지긋지긋한 가난을 벗어버리기를 소원한다. 그런데 돌이켜 보면 가난했던 시절 고생하며 살던 때 하나님의 은혜에 더욱 감동되어 감격의 눈물을 많이 흘렸으며 말씀의 은혜도 넘쳤으며 살아계신 하나님의 능력도 많이 체험하였다. 그리고 그 시절 진짜 귀한 동역자들을 많이 얻게 되었던 것이다. 부요해졌을 때 그만큼 은혜가 배가 되지는 못하였다. 오히려 감소되는 경향을 보였다. 그렇다면 오히려 가난함을 부끄러워하고 괴로워할 것이 아니라 지금이야말로 은혜 받을 때요 영혼을 살리는 일에 온전히 매달릴 때로 생각하면 놀라운 은혜를 체험하게 된다.

이 생명 다 바쳐
복음운동을

학생복음운동의 생명력은 무엇인가? 한마디로 복음의 은혜요 그것은 곧 희생적 헌신이다. 학생복음운동가는 많은 학식도 없고 지위도 없고 영향력도 미미하다. 더우기 몹시 가난하다. 그런데 왜 그렇게 많은 젊은이들이 그들 곁에 모여드는가? 한마디로 예수님의 생명때문이다. 즉 예수님의 사랑과 희생적 헌신때문에 젊은이들은 매료되고 즐거이 복종을 한다. 그런데 학생복음운동가들이 어느 때 푸념을 늘어놓기 시작한다. "우리도 인간이 아닌가? 우리도 좀 학위도 받고 유명 인사가 되어야 하지 않겠는가? 장래 늙으면 어떻게 될 것인가?" 이런 생각이 어찌 나쁘고 믿음 없는 생각이라고 몰아붙일 수 있는가? 젊어서는 이런 생각을 하지 않지만 40이 넘어가면 어쩔 수 없이 그런 생각이 드는 것이다. 그것을 죄악된 생각이라 말한다면 인생의 이해 부족일 것이다. 그러나 그런 생각에 사로잡히는 순간 학생복음운동가는 매력을 상실하게 되고 머리털 잘린 삼손처럼 될 수 있다. 그런 사람들을 종종 보아왔다. 어느 순간 순수하게 희생적 헌신을 할 수 없게 될 때에 학생복음운동가는 생명력을 상실하게 된다.

공부를 많이 하는가 못하는가 보다 더 중요한 것은 하나님 앞에 순수한 믿음과 열정을 가지고 헌신함이다. 그러나 나이 들어 계속 헌신하려면 꾸준히 성장해야 하고 꾸준히 성장하려면 공부를 해야 한다. 많은 경우 해외에서 공부를 많이 하면 학생복음운동을 하지 못하는 것을 본다. 다 그런 것은 아니지만 대부분 왜 그러한가? 학생복음 운동이 전부인 것으로 알고 앞만 달려온 사람이 넓은 세계를 보고 선택의 폭이 넓은 까닭이며, 높고 귀한 분이 되어 바닥에서 학생들과 동고동락하는 생활이 부자연스러워지는 까닭이요, 주위에서 필요한 곳은 여기라고 강하게 이끌기 때문이다. 또한 학생운동은 많은 희생을 요구한 삶이기 때문에 많이 지치기도 한다.

그런데 잠시 바깥세상을 보면서 다른 방식의 인생이 있는 것을 보다가 다시 그 삶 속으로 들어가기가 쉽지 않아서라고 생각된다. 가난한 선교단체에서 헌금으로 공부한다는 것이 심히 부담스럽기도 하다. 그러므로 학생복음운동가는 머리 둘 곳이 없이 사신 예수님만을 바라보며 희생적 헌신을 자부심으로 삼고 양을 기쁨이요 면류관으로 삼고 살 때 가장 맘이 편하다. 때로는 나는 이런 인생길로 들어섰음을 인식하고 시인해 버림이 속 편하고 생명력 있는 간사생활을 할 수 있기도 하다. 그래서 나는 그렇게 살아왔다.

희생을 강요하는 것은 악

그러나 곁에 있는 사람들이 간사들에게 그것을 요구하면 안 된다. 왜냐하면 그것을 요구하는 순간 그 순수한 마음은 크게 상처를 받게 되고 지금껏 주님만 바라보며 살아온 삶을 무가치한 것으로 만드는 결과가 되기 때문이다. 희생은 본인의 결단아래서 이루어져야지 주위에서 요구해서는 안된다. 간사가 방황하고 순수한 희생적 헌신의 길에 서지 못하면 헌신을 되찾을 때까지 기다려 주어야 한다. 자기는 희생하지 않으면서 남에게 희생을 강요하는 것은 큰 위선이요, 생명의 싹을 짓밟는 것이다.

주위 사람들은 선을 강요할 것이 아니라 헌신에 감사하면서 존귀하게 여겨야 한다. 주위 사람들이 희생적인 헌신에 감사하며 마음에서 우러나온 진심의 칭찬을 할 때 희생적인 헌신을 한 사람은 그보다 더 고마운 상이 없을 것이다. 아마 그런 칭찬을 받으면 몇 배 힘내어 헌신할 것이다. 희생적인 헌신을 하는 간사님들을 보배로 알고 보배로 대접해야 한다. 할 수만 있다면 집도 사 주고 자동차도 사 주어야 하리라. 그런 감격을 만들면 얼마나 좋겠는가? 본인은 고사할지라도 해외 유학도 보내면 그는 연어처럼 돌아와 고급 노동력으로 헌신할지 모른다. 남에게 선을 강요하는 것은 선이 아니다. 거꾸로 당해보면 선을 강요받는 것은 참으로 괴로운 일임을 알 수 있다. 학생복음운동가는 평생 헌신적인 자세로 살고 주위 사람들은 그 헌신을 고마워하며 선대하며 교육받을 수 있는 기회를 제공하고 교육을 받은 간사는 더 헌신적인 자세로 봉사함은 얼마나 아름다운 일인가? 간사들에게 능력 있는 말씀과 사역을 바라면서 자기 성장할 기회는 주지 않고 스스로 알아서 하라고만 하면 얼마나 괴로운 일인가? 참으로 헌신할 자세가 갖춰진 사람이라면 약간의 무리를 해서라도 공부할 기회를 주어야 하리라. 세계적인 안목을 가지고 우리 모임을 한차원 높일 수 있는 길이 있다면 투자를 할 필요가 있지 않은가? 모든 간사를 다 공부하도록 할 수 없다면 공부할 은사를 갖고 있으며 투자할 가치가 있는 사람을 선별하여 기회를 제공하는 것이 지혜이리라. 그러나 항상 명심해야 할 일은 공부 유무보다 더 중요한 것은 하나님앞에 "이 생명 다 바쳐 헌신"하는 모습이다. 고급 교육을 받은 사람이 바닥에 기면서 학생들과 뒹구는 일을 계속하리라는 것은 쉬운 일이 아니다고 생각하는 사람이 많다. 나이도 그렇고, 눈이 밝아져 넓은 세계에 눈을 뜨게 되고, 자신의 헌신이 이래야 하는가 라는 질문에 사로잡히게 되고, 주위에서 온갖 유혹적인 말로 그의 순수한 마음을 흐려 놓기 때문이라는 것이다. 그러나 하나님의 은혜로 할 수 없는 일이 무엇이란 말인가? 은혜에 사로잡히면 얼마든지 할 수 있으리라.

희생적 헌신! 평생을 그렇게 보낼 수는 없을까? 그런 분이 있다. 사도 바울이다. 그래서 그분은 모든 주의 종에게 영원한 사표요, 모델이다. 바울 사도는 정말 사람일까? 그런 생각이 들 때가 있다. 그는 예수님에게 사로잡혀 작은 예수가 되어 예수님의 삶을 살았다. 너무나 멋있고 아름답고 장하고 칭찬받을 만하다. "이 생명 다 바쳐 복음운동을!" 그 위대한 삶을 산 바울을 생각하며 메시지를 전한 적이 있다. 이 메시지는 먼저 나 자신에게 전한 것이요 생명 같은 나의 동역자들, 나의 면류관인 양들에게 전한 것이다.

"살아계신 하나님 아버지!

저희가 무엇이관대 하나님의 자녀삼아주시는지 깊은 감사를 드립
니다. 더구나 천사도 흠모할 만한 복음 전파의 사명, 목자의 사명을
주시니 너무나 감사합니다. 하나님의 은혜의 복음, 생명의 말씀을 사
모합니다. 주님의 말씀은 살아 있사오니 그 귀한 은혜의 말씀 들려주
시옵소서!"

새 학기를 맞으면 우리 학생복음운동가들의 가슴은 뜁니다. 우리
의 심장이 고동치는 이유는 저 신입생들의 영혼을 바라보기 때문입
니다. 저들의 영혼을 주님께로 인도하여 복음의 일꾼으로 양성할 수
있기 때문입니다. 능력 있는 복음운동을 하려면 영적 파워가 있어야
합니다. 하나님 말씀을 성령 안에서 나에게 주시는 하나님 말씀으로

받으면 영적 파워를 얻게 됩니다. 사랑하는 우리 동역자님들, 이번 학기에 놀라운 복음운동을 하시기 바랍니다. 이 시간 우리는 영원한 목자 바울 사도에게서 영혼을 사랑하는 마음과 헌신을 배워서 영적 파워를 얻기 원합니다. 바울 사도의 외치는 음성이 들리는 듯합니다. "이 생명 다 바쳐 복음 운동을!" 위대한 인생을 산 바울! 풍성한 인생의 열매를 맺은 바울! 능력 있는 복음운동가 바울! 우리의 마음을 감동케 하는 바울 사도께서 그처럼 위대한 목자의 삶을 살 수 있었던 비결은 무엇이었습니까?

하나님의 은혜의 복음을 받음

바울 사도는 불신자들도 칭찬할 만한 감동적인 인생을 살았습니다. 그의 놀라운 인생 비밀이 무엇입니까? 본문에 아주 짧지만 분명하게 암시되어 있습니다.

"…주 예수…"

"…하나님의 은혜의 복음…"

사도 바울의 인생을 놀랍게 변화시킨 것은 '복음'이었습니다. 사도 바울의 인생 대전환점은 하나님의 복음이었습니다. 하나님의 복음으로 인하여 바울 사도의 인생이 달라졌습니다. 예수님을 만나고 나서 인생의 의미를 새롭게 찾았습니다. 예수님 안에서 인생 가치를 찾았습니다. 예수님 삶에 감동되어 인생목표를 찾았습니다.

바울 신학 사상의 핵심은 '은혜'입니다. 바울 사도의 인생을 송두리째 변화시킨 것은 '복음'이었고 그 '복음'의 핵심은 '은혜'였습니다. 바울서신서를 전체적으로 연구해 보면 바울 신학의 출발점은 성육신이었습니다. "하나님이 인간이 되어 오시다니…?" 경이와 감탄 속에서 출발하고 있습니다. 창조주 하나님의 아들이 인간의 모습으로 이 세상에 오시다니? 영원자가 시간 속으로 걸어들어 오시고, 무한자가 유한세계에 들어오시며, 창조주가 피조세계에 들어오시다니? 경이와 감격으로 맞이하지 않을 수 없습니다. 요한의 고백대로 이는 '은혜 위에 은혜'로 표현할 수밖에 없습니다. 본래 하나님의 본체이셨으나 하나님과 동등됨을 취할 것으로 여기지 아니하시고 자기를 비어 피조물의 모습으로 낮추시어 나타나신 그리스도의 자기 비하 앞에서 거만한 바울은 무릎을 꿇고 만 것입니다. "오 거룩하신 하나님, 창조주의 영광을 벗어버리고 인간의 모습으로 오신 성자 하나님, 선지자들이 말로 다할 수 없는 고생을 하면서 예언하였던 메시아이신 성자 하나님, 인간에게 하나님의 뜻을 전하시고 이루시려고 오신 성자 하나님, 엎드려 경배하나이다."

"…주 예수…"

바울의 인생을 송두리째 바꾼 분은 바로 주 예수님이었습니다. 바울은 하나님을 섬기는 자였습니다. 특히 율법에 흠이 없는 자라는 자부심을 가지고 사는 사람이었습니다. 그런데 왜 성부 하나님께서 보내신 하나님의 아들을 알아보지 못하였으며 그를 핍박하였습니까?

"저희가 하나님께 열심이 있으나 지식을 좇은 것이 아니라

하나님의 의를 모르고 자기 의를 세우려고 하나님의 의를 복종치

아니 하였느니라" (롬 10:2,3)

바울은 '자기 의' 의 덫에 걸려 '하나님의 의' 를 바라보지 못한 것입니다. 자기 나름대로의 하나님에 대한 지식으로 진정한 하나님의 계시를 외면한 것입니다. 자기중심적인 종교적 열심으로 하나님의 구원을 배척해 버리고만 것입니다. 자력구원체계 속에서 자기 의를 쌓던 삶으로 인해 은혜구원체계 속에 있는 하나님의 의를 알지도 못한 채 배척하고 만 것입니다. 그런데 천하에 무지하고 교만한 자인 자기를 주 예수께서 찾아오신 것입니다. "사울아, 사울아 네가 어찌하여 나를 핍박하느냐?" 눈먼 소경 같은 자기를 깨닫게 하시려고 찾아오신 그리스도로 말미암아 은혜의 세계에 눈을 뜨게 된 것입니다. 엉터리인 자기를 받아 주시는 하나님의 은혜 속에서 '용서의 은혜' 와 '겸손의 믿음' 을 배우게 되었습니다. 복음의 은혜 속에서 진정한 만족과 기쁨을 얻게 되었습니다. 복음의 은혜 속에서 하나님의 참사랑을 깨닫고 하나님을 진정 사랑하게 되었습니다. 복음의 은혜 속에서 진정 하나님을 기쁘시게 하며 하나님 앞에 의롭게 살아가는 법을 배우게 되었습니다. 형식적으로 사람 앞에 의로운 체하는 삶이 아닌 하나님 앞에서 하나님의 은혜와 사랑 속에서 진정 의롭게 살아가는 법을 배우게 되었습니다. 율법 아래에서 정죄와 위선의 고통스런 삶에서 해방되어 은혜 아래서 용서와 사랑 하나님과의 교통의 감격의 삶을 살면서 복음의 은혜에 감동한 것입니다. 흉악한 죄인들이 이 복음의 은혜

속에서 하나님을 진정으로 사랑하는 새로운 피조물로 변화된 기적을 바라보면서 바울 사도는 하나님의 복음으로 인류를 구원하시려는 하나님의 뜻을 확신하게 된 것입니다.

"…하나님의 은혜의 복음…"

이 은혜의 복음을 생각하면 마음이 감동됩니다. 성령의 감동이 옵니다. 이 은혜의 복음을 알지 못한 사람을 생각하면 불쌍해 견딜 수가 없습니다. 복음의 은혜를 알지 못하고 율법 아래서 정죄와 위선의 삶을 살고 있는 사람들을 생각하면 안타까워 견딜 수가 없습니다. 복음의 은혜를 알지 못하고 죄 속에서 고귀한 인생을 허송세월하며 낭비하고 있는 인생을 바라보면 불쌍하기 그지없습니다. 이 은혜의 복음을 통하여 하나님의 나라를 이루시려 하시는 하나님의 뜻을 생각할 때 영원세계에 눈이 떠집니다. 영원한 하나님 나라의 비전이 생깁니다. 이 은혜의 복음을 통하여 죄와 사망에서 해방되어 생명과 진리의 삶을 살 사람을 생각하면 영혼구원의 열정에 사로잡힙니다. 이 은혜의 복음을 통하여 사탄과 타락한 세상의 노예가 되어 살던 사람이 천국 복음의 일꾼이 되어 감동적인 인생을 살게 될 것을 생각하면 그 어떤 희생도 달게 받고자 하는 각오로 새로워집니다.

바울 사도의 인생이 놀랍게 변화되게 한 분은 바로 예수님이십니다. 바울의 인생의 원동력은 바로 복음이었습니다. 하나님의 복음, 그 하나님의 복음의 은혜가 그의 인생을 송두리째 바꿔 놓은 것입니다.

새 학기를 맞아 영광스러운 복음운동을 하기를 소원하는 동역자님들 우리 복음의 은혜에 다시 한 번 심취합시다. 예수님의 사랑에 감동되어 가슴이 뜨거워지도록 말씀을 묵상하고 기도에 힘씁시다. 은혜 충만한 복음의 일꾼이 되도록 성경 연구에 힘씁시다. 말씀과 기도로 은혜의 사람이 되기를 바랍니다.

목자의 사명을 귀히 여김

바울 사도를 능력 있는 복음운동가로 만드는 것은 은혜의 복음이었습니다. 그리고 바울 사도를 능력 있는 복음운동가가 되게 하는 것은 그의 사명감이었습니다. 바울 사도는 주 예수께서 주신 복음전파의 사명, 곧 목자의 사명을 생명처럼 귀히 여겼습니다. 아니 생명보다 더 귀히 여겼습니다. "나의 달려갈 길과 주 예수께 받은 사명…을 마치려 함에는 나의 생명을 조금도 귀한 것으로 여기지 아니하노라" "나의 생명을 조금도 귀한 것으로 여기지 아니하노라" 정말 멋있는 분입니다.

자기 생명을 바쳐도 아깝지 않을 일을 찾은 사람이 있다면 그 사람은 참으로 행복한 사람이 아니겠습니까? 사람은 본래 사명인으로 창조되었기 때문에 생명보다 귀한 사명을 소유하고 사명을 감당할 때 존재 가치와 의미를 발견하게 됩니다.

위대한 사도의 가슴 속에는 사명감이 불타오르고 있었습니다. 하나님 복음전파의 사명, 영혼구원, 목자의 사명이 불타오르고 있었습니다. 이것이 바울 사도가 다른 사람들과 다른 점입니다. 많은 사람들이 복음을 받고 "참 좋다." "은혜로운 복음이다."는 반응을 보입니다. 그러나 거기에서 그치고 맙니다. 마치 거울을 볼 때 거울 속의 자기 모습을 이리저리 들여다보고는 거울을 본 후에는 깨끗이 잊어버린 것과 같이 복음을 듣고는 잊어버립니다. 그러나 바울은 그렇지 않았습니다. 이 놀라운 복음을 받고 진지하게 생각하고 이 복음 안에서 자기 인생을 설계하였습니다.

"나의 달려갈 길…"
"…주 예수께 받은 사명…"
"…하나님의 은혜의 복음 증거하는 일…"

자기 인생 목표를 복음 안에서 세웠습니다. "이 세상에서 가장 가치 있는 일이 무엇인가?" "안개와 같은 내 인생 무엇하다 갈 것인가?" "하나 밖에 없는 내 인생 어디에 바치고 갈 것인가?" 진지하게 생각하고 기도하였던 것입니다. 드디어 바울 사도께서는 자기 인생의 갈 길을 정하였습니다. 그것은 주님께서 주신 사명이었습니다. 즉 하나님의 은혜의 복음을 이방인들에게 증거하는 것이었습니다. 그 당시 유대인들은 이방인들을 아주 가치 없는 존재로 보았기 때문에 이방인에게 복음 증거하는 일에 일생을 투자하겠다는 것은 심히 어리석게 보였습니다. 그러므로 이방인에게 복음 전파하는 일에 투신하기로 한 것은 쉬운 결정이 아니었습니다. 그러나 바울은 사람들의 가치관과 사람들의 평가에 얽매이지 않았습니다. 하나님의 평가에 매달렸습니다. 오늘날 생각해 볼 때 바울의 이러한 결정은 대단히 현명하였습니다. 사람들의 생각보다 하나님의 뜻에 따른 결정은 언제나 현명한 것입니다.

바울은 복음 전파에 헌신하기로 마음먹었습니다. 복음을 전파하여 영혼을 구원하는 일이야말로 나의 달려갈 길이라고 생각하였습니다. 하나님의 복음을 전파하여 하나님 나라를 건설하는 일이야말로 자기의 사명으로 생각한 것입니다. 이것은 주님께서 나에게 주신 사명으로 내가 생명을 바쳐 이룰 일이라 생각하였습니다.

많은 사람들이 복음을 받고서도 자기 인생과 연결시키지를 못하여 은혜를 붙잡지 못하고 놓쳐버리고 맙니다. 자기 인생을 완전히 변화시킬 놀라운 축복의 복음을 받고서도 놓쳐버리는 것은 심히 애석한 일이 아닐 수 없습니다. 그러나 바울은 하나님의 복음의 축복을 놓치지 않았습니다. 굳게 붙잡았습니다. 자기 인생과 연결시켰습니다. 하나님의 복음 안에서 자기 인생을 새롭게 설계하였습니다. 복음 안에서 인생 목표를 새롭게 세웠습니다. 예수님 사랑과 진리로 인생을 사는 방식을 새롭게 선택하였습니다.

많은 사람들이 향방 없는 인생을 살아갑니다. 그래서 인생을 허비합니다. 인생을 가치 있게 살지 못합니다. 인생을 허송세월합니다. 그러나 바울은 최고의 가치있는 복음에 자기 인생을 걸었습니다. 이런 가치 있는 복음을 내가 어찌 놓치랴 하고 놓치지 않았습니다. 이 복음을 배우고 증거하는 일을 '나의 달려갈 길' '내 인생을 걸고 달려갈 길'로 생각하였습니다. 그리고 그 길로 달려가기로 정하였습니다. 그리고 곧장 그 달려갈 길로 달려갔습니다. 예수님의 생애와 인격, 가르침을 배우는 일에 몰두하며 달려갔습니다. 그 귀한 복음을 증거하며 영혼을 구원하고 살리는 길로 달려갔습니다. 양떼들의 영혼을 구원하고 살리는 목자의 삶에 인생을 바치기로 한 것입니다. 주님께서 주신 일, 사명을 생명처럼 여기며 달려갔습니다.

사명의식은 인생을 변화시킵니다. 특수부대 특수요원들의 사명의식은 그 인생을 변화시킵니다. 하나님의 은혜의 복음 안에서 영혼구원의 사명은 어떤 고난도 달게 받게 합니다. 바울 사도를 그처럼 위대한 사도가 되게 하는 것은 하나님의 은혜의 복음이었으며 그 은혜의 복음을 전파하기에 생명도 귀히 여기지 않던 그의 사명의식이었습니다.

헌신적인 삶

바울 사도는 하나님의 복음을 받고 복음 안에서 자기 인생 목표를 정하였습니다. 그리고 바울 사도는 그 목표를 향하여 달려갔습니다. 예수님을 배우고 주님의 복음 증거하는 일에 헌신하였습니다.

"…복음 증거하는 일을 마치려 함…"
"…나의 생명을 조금도 귀한 것으로 여기지 아니 하노라"

인생의 열매는 한 순간의 생각의 결과가 아닙니다. 삶의 결과입니다. 그러므로 삶이 매우 중요합니다. 바울 사도는 하나님의 은혜의 복음을 받았습니다. 그리고 그 은혜의 복음 안에서 자기 인생을 설계하였습니다. 그리고 그 설계도대로 인생을 살았습니다. 바울의 헌신적인 삶을 사도행전 20장을 통해 살펴봅니다.

(1) 예수님을 배움(35).

(2) 예수님처럼 사람을 얻음(19). 잠언에 "지혜로운 자는 사람을 얻느니라"(잠11:30)는 말씀이 기록되어 있습니다. 바울 사도는 예수님을 본받아 겸손과 눈물로써 사람을 얻었습니다. 교만은 사람을 잃습니다. 진정한 겸손과 눈물의 사랑으로 사람을 얻게 됩니다.

(3) 예수님처럼 양들을 양육함(20,21,26,27). 양에 대한 참 사랑은 그가 하나님의 사람이 되도록 교육하고 훈련함입니다. "유익한 것은 무엇이든지 공중 앞에서나 각 집에서나 꺼림이 없이 너희에게 전하여 가르치고 유대인과 헬라인들에게 하나님께 대한 회개와 주 예수 그리스도께 대한 믿음을 증거한 것이라" 열심히 교육하고 훈련시킨 바울 사도의 모습을 연상할 수 있습니다. 교육의 주된 내용은 예수님이었고 '회개' 와 '믿음' 이었습니다. 하나님 앞에 부끄럼 없이 심혈을 기울여 다 가르쳤습니다.

(4) 예수님처럼 양들을 세움(28). 양들을 가르쳐서 훌륭한 복음의 일꾼이 되도록 세웠습니다. 교육의 궁극적인 목적은 봉사입니다. 훌륭한 복음의 일꾼이 되어 봉사하도록 함에 있습니다. 바울 사도는 양들 가운데 몇 사람을 장로로, 감독자로 세웠습니다. 그리하여 하나님의 교회를 섬기도록 하였습니다.

(5) 예수님처럼 양들을 지킴(29-32). 바울 사도는 인간들의 본성에 악이 있음과 사탄의 활동을 알았습니다. 그리하여 양들을 미혹케 하는 이단이 발생할 것을 예상하였습니다. 이단의 유혹이 있을 때 양들이 미혹되지 않도록 예방주사를 놓았습니다.

(6) 예수님처럼 양들에게 본을 보임(33-35). 가장 훌륭한 교육은 모범입니다. 예수님이 그러셨듯이 바울 사도도 깨끗한 삶과 베풀며 사랑하는

삶의 본을 보였습니다.

(7) 예수님처럼 양들과 교제함(36,37). 바울 사도는 양들과 눈물의 사랑과 감격적인 사랑의 교제를 나누었습니다.

예수님을 닮은 헌신적인 삶이야말로 복음운동가들의 생명입니다. 우리의 주인이시며, 스승이시며, 목표이신 예수님의 삶은 썩어지는 한 알의 밀로써의 헌신이었습니다. 그 분을 주로 모신 이가 어찌 헌신치 않을 수 있습니까? 또한 헌신을 할 때 새 힘이 납니다. 헌신을 안할 때 심한 부담감이 심령을 짓누릅니다. 헌신을 할 때 부담감이 사라지고 기쁨이 가득하게 됩니다. 헌신할 때 성장합니다. 헌신 속에서 자기가 깨어지고 예수님을 배우게 됩니다. 진정한 헌신을 하지 않는 사람은 아직도 예수님을 알지 못하며 초보적 상태에 머물러 있는 것입니다. 헌신을 할 때 불평이 사라지고, 진정으로 배우며, 다른 사람의 수고를 아는 사람이 됩니다. 헌신을 할 때 열매가 맺힙니다. 말만 많이 하고 헌신이 없을 때 열매가 맺히지 않습니다. 초라한 결과만 있습니다. 온 마음과 정성을 다하여 헌신할 때 열매가 맺힙니다. 하나님께서 축복해 주십니다.

바울 사도는 진정 헌신의 사람이었습니다. "나의 생명을 조금도 귀한 것으로 여기지 아니하노라"는 고백 그대로 진정 목숨을 아끼지 않고 복음을 전파하였습니다. 온 생명을 다해 복음을 가르치며 영혼을 구원하였습니다. 하나님 나라 건설을 위해서라면 어떤 위험도 감수하였고 어떤 고난도 달게 받았습니다. 그 앞에는 그 어떤 것도 거칠 것이 없었습니다. 복음 전파를 위하여 심혈을 기울여 연구하고 노력하고 수고함으로 놀라운 열매가 맺혔습니다. 바울의 목숨을 바친 열정을 보고 어떤 사람은 미쳤다고 했습니다. 어떤 사람은 그를 보고 '천하를 어지럽히는 사람'이라고도 하였고 '전염병 같은 사람'이라고도 말했습니다. 바울 사도가 얼마나 열정적으로 헌신하며 살았는지를 감지할 수 있게 하는 말입니다.

사랑하는 동역자님들이여!

"이 생명 다 바쳐 복음운동을!"
우리는 하나님의 복음을 받았습니다. 하나님의 아들 예수 그리스도의 보혈의 복음을 받았습니다. 그의 성육신, 십자가, 부활의 복음, 은혜의 복음을 받았습니다. 하늘 그보다 높고, 바다 그보다 깊고, 우주 그보다 넓은 하나님의 복음을 받았습니다. 이 귀한 복음을 우리 인생과 연결시키는 지혜를 가집시다. 우리의 달려갈 길이 무엇입니까? 돈 버는 것입니까? 유명인이 되는 것입니까? 예수님을 배우고 하나님 나라를 건설하여 하나님께 영광을 돌려 드리는 것이 아닙니까? 우리 바울 사도처럼 생명을 바쳐 영혼구원에 헌신합시다. 한 영혼을 살리고 복음의 일꾼이 되도록 세우는 일에 헌신합시다. 좀 더 깊이 있는 복음운동을 밤을 새워 연구하고 노력하고 헌신합시다. 그리하면 하나님께서 풍성한 열매를 맺어 주실 것입니다. 생명을 바치는 곳에 역사가 일어납니다. 전도, 일대일 제자양육, 메시지 전하는 일에 밤을 새며 연구하고 노력하고 헌신할 때 하나님께서 기적 같은 일들을 이루어 주시리라 믿습니다. 다 같이 외쳐봅시다.

"이 생명 다 바쳐 복음운동을!"

교회와 선교단체의 아름다운 관계

학생복음운동에서 지역 교회(local church)와의 관계는 매우 미묘하고 어렵다. 선교단체 지도자들 상당수가 성경적인 교회관이 확립되어 있지 않다. 마찬가지로 대부분의 목회자들이 선교단체를 이해하지 못하고 있다. 그래서 상당수 선교단체와 교회는 불편한 관계 속에서 지내고 있다. 어떤 선교단체는 "그리스도를 믿고 신앙 고백하는 사람들의 모임이 교회 아닌가? 그러므로 우리 선교단체도 교회다"라고 주장한다. 그리고 지역 교회와 같은 시간에 예배를 드리거나 비슷한 시간에 예배를 드린다. 헌금도 오직 선교단체에만 내도록 교육을 시키며 지역교회 출석을 하지 못하도록 종용한다. 반대로 어떤 교회는 "교회 밖에는 구원이 없다. 선교단체는 이단 혹은 이단과 비슷한 단체이다. 절대로 선교단체에 출석해서는 안 된다."

라고 주장하면서 강한 어조로 선교단체를 싸잡아 비난한다.

교회와 선교단체의 상호 이해

그러나 80년 후반부터 이런 극단적인 모습은 점차 약화되고 건전한 선교단체나 깨어있는 교회에서는 서로의 존재를 인정하고 서로의 필요성을 이해하며 상부상조하려고 애쓰는 모습을 보이고 있다. 이러한 경향은 복음주의 선교단체의 노력과 섬김의 결과이다. 복음주의 선교단체에서 배출된 목회자들의 수고와 노력도 무시할 수 없다. 복음주의 선교단체들의 섬김 속에 이뤄지는 선교한국과 선교단체와 교회의 협력 속에 활동하는 학원복음화협의회(학복협)가 선교단체와 교회의 화합과 일치를 도모하는데 앞장서고 있다. 학복협 가입 교회는 상당히 많은 금액을 제공하여 선교단체를 돕고 학원 복음화를 위해 활동하고 있다. 선교단체는 많은 학생들을 전도하여 교회에 보내고 있으며 잘 양육된 일꾼들을 교회에 보내고 있다. 선교단체 출신 목회자, 장로, 집사, 권사, 사모가 상당수에 이른다.

좀 더 큰 눈으로 바라보면 선교단체나 교회는 서로 도움을 받고 있는 우군임을 알 수 있다. 아니 넓은 의미에서 같은 교회이다. 같은 하나님을 섬기며, 같은 주를 섬기며, 같은 하나님 나라 건설의 같은 목표를 가지고 있다. 선교단체도 교회의 도움을 전혀 받지 않는 것이 아니다. 선교단체의 회원들의 상당수가 교회에 다녔거나 다니고 있고 교회의 영향을 받은 사람들이다. 교회가 울타리 역할을 해 줌으로 선교단체가 큰 저항을 받지 않고 활동하고 있는 것이

 이 생명 다 바쳐 복음운동을!

다. 그리고 교회사의 흐름을 보면 하나님의 인류구원의 큰 흐름은 교회에 있다. 선교단체와 비슷한 신앙운동이 일어났다가도 그 규모가 커지면 교회화 되거나 결국 교회 속으로 흡수되었다. 중세의 수도원 운동은 당시 부패하고 생명력을 잃은 교회를 깨우며 참신한 청량제 역할을 하였지만 결국 교회 속으로 흡수되었다. 요한 웨슬레의 대부흥운동과 전도 운동이 영국을 새롭게 하는 운동이었지만 결국 감리교 교단으로 모습을 바꾸어 교회 흐름 속으로 들어가게 되었다.

교회 또한 선교단체에 감사해야 한다. 얼마나 많은 일꾼들이 선교단체 출신인가? 하나님 말씀으로 잘 양육된 일꾼들을 공급받고 있으면서도 그 고마움을 깨닫지 못하고 도리어 비난하고 있다면 얼마나 부끄러운 모습인가? 오늘날 각 교회에 일어나고 있는 성경공부 운동, 제자양육 운동, 전도 운동, 찬양 운동, 수양회, 세계선교에 대한 관심의 뿌리를 캐보면 선교단체의 영향임을 부인할 수 없다. 물론 불건전한 선교단체도 있지만 건전한 선교단체도 있음을 알아야 한다. 아무도 알아주지 않는 곳에서 충성스럽게 전도하고 일꾼을 양성하여 한국 교회에 보내는 고마운 선교단체가 있다. 그러나 교회로부터 아무런 도움도 받지 못하며 오직 아낌없이 주는 나무처럼 일꾼을 키워 보내는 것으로 큰 기쁨을 삼고 있다. 이 얼마나 갸륵한 일인가? 교회가 하지 못하는 대학생 전도를 하여 다시 교회로 보내니 얼마나 감사한가? 선교사를 양성하여 보내기가 쉽지 않다. 그런데 많은 선교사를 길러내니 교회가 못할 일을 선교단체가 해 주니 이 얼마나 고마운 일인가?

선교단체의 고민

그런데 선교단체 지도자들에게는 깊은 고민이 있다. 교회와 관계성을 좋게 하고 회원들을 다 지역교회로 보내니 건전한 선교단체라고 교회로부터 칭찬을 받으니 매우 좋다. 그런데 문제가 있다. 회원들의 정체성이 약해지고 결속력이 약해지며 재정 곤란을 받게 되어 선교단체 존립마저 위협을 받게 된 것이다. 교회와 선교단체 더블 멤버십을 갖고 보니 선교단체의 고유 특성인 강한 훈련을 시킬 수 없게 된 것이다. 선교단체의 정체성을 강화하며 강한 교육을 시키려고 하니 회원들이 교회에 충성을 다하여 실제로 어렵다. 그렇다고 교회 출석을 막으면 불건전 선교단체와 무엇이 다르다는 말인가? 그럴 수는 없다. 하나님께서 기뻐하시는 학생복음운동을 해야 한다. 그런데 교회와 좋은 관계성을 갖기 위해 문호를 개방하니 학생들에게 강한 훈련을 시키기가 어렵다. 그리고 졸업생인 학사들이 교회에만 봉사하고 헌금함으로 선교단체는 심한 경제적 어려움에 봉착하게 된다. 그리고 과연 이 운동이 계속 존립할 수 있겠는가 회의에 빠지기도 한다. 언제까지 우리는 뿌리기만 하고 거두지는 못하고 살아야 하는가? 우리는 언제까지 아낌없이 주는 나무로만 살아야 하는가?

이러한 때 학생복음운동가들은 흔들리면 안된다. 군도 정규전을 치르는 육해공군이 있지만 특수전을 치르는 특수부대가 있다. 공수부대, 해병특공대, 사이버 특수부대 등 특수 임무를 가진 부대가 있다. 교회가 정규군이라면 선교단체는 특수부대이다. 비록 사람들이 알아주지 않고 사람을 키워 교회로 보내건만 교회에서는 아무

것도 오지 않지만 진정 하나님의 일을 하고 있다면 그보다 더 큰 보람이 어디 있겠는가? 하나님 나라 건설의 한 모퉁이를 맡아 잘 감당하고 있다면 사람들이 알아주지 않는다 해도 하나님은 아실 것이니 그 또한 보람된 일이다. 그리고 진정 하나님을 기쁘시게 하면 하나님께서 여러 모양으로 그 일을 축복하시고 도와주신다. 그러므로 누가 알아주는지 못알아주는지에 연연할 필요가 없다. 교회에서 지원해 주지 않는다고 불평할 필요도 없다. 교회 지원을 받으면 당시에는 고맙고 감사하지만 어느덧 의존성을 길러 자생력을 상실하여 선교단체의 강성을 상실하고 만다. 그러므로 지원받음 없이 차라리 가난 속에서 고생하고 외롭게 사역하는 것이 도리어 축복이다. 그 고독과 가난 속에서 하나님의 은혜를 깊이 체험하게 되며 진실로 하나님을 사랑하는 법, 진실로 영혼을 사랑하는 법을 배운다. 선지자들처럼 강한 사명감에 불타게 된다. 그보다 더 큰 영적 자산이 어디 있는가?

교회 안의 학생복음운동

어떤 이는 말한다. 학생복음운동을 교회 안에서 하면 되지 않는가? 아니 교회라는 조직을 갖추고 하면 안되는가? 물론 연예인 교회, 체육인 교회와 같이 특수 교회 조직을 가지고 학생복음운동할 수 있다. 그러나 교회와 선교단체는 상당한 차이가 있다. 많은 이들이 교회와 선교단체의 차이점을 잘 알지 못하여 오류를 범한다. 교회의 특성은 일반성이다. 원만하고 편하고 누구나 다 와서 하나님의 은혜를 체험토록 하는 만민의 기도하는 집이다. 대상이 모든 연령층으로 일반적이며, 교육방식이 무리 없이 원만한 방식이다. 지도자의 자질은 무흠이 첫째 조건이며 모가 나지 않고 원만하고 사람을 편하게 하는 대중적이어야 한다. 그러나 선교단체는 다르다. 선교단체의 특성은 특수성이다. 대상이 대학생이다. 젊은이다. 교육방식이 예리하고 특수하고 강하다. 원만한 교육보다는 뜨겁든지 차든지 화끈해야 한다. 지도자의 자질도 달라야 한다. 높은 지식, 인격보다도 청춘을 불사르는 열정과 일생을 아낌없이 바치는 비전이 더 큰 매력이다. 보다 예리하고 전문적이고 특수한 능력이 요구된다. 그러므로 학생복음운동의 지도자가 건전한 신학 지식과 자기 통제 능력을 상실하면 이단 성향으로 빠져 들어가게 되는 것이다. 그러므로 복음운동을 강하게 하되 자신을 점검하고 겸손히 자기를 돌아보고 궤도 수정을 할 수 있는 자기 통제능력을 갖추고 있어야 한다.

학생복음운동이 살 길

학생복음운동가는 교회가 할 수 없는 고유의 복음운동 영역을 개발해 나가야 한다. 그 길만이 살 길이다. 선교단체는 선구자적 사명이 있으며, 첨단 제품 연구소와 같은 사명이 있다. 마치 첨단 전자 산업에서 신제품을 개발하고 나면 곧 복제품이 나오듯이 선교단체가 애써 개발한 프로그램은 곧 교회가 수용하여 더 잘 활용한다. 심지어 선교단체보다 더 앞서 나가는 교회도 있다. 그러나 선교단체는 할 일이 많다. 불신자 전도, 전문적인 전도 교육 프로그램, 보다 전문적인 제자 양육, 성경적 교육 혁명을 꿈꾸는 전문적인 교사 양성, 성경적 의료인을 전문적으로 양성하는 제자 교육, 투철한 신앙인 군인 양성 프로그램 개발, 전문적이며 인격적인 지도자 양성, 선교사 양성, 해외 근로자 전도, 해외근로자 선교 교육 후 선교사 파송, 역동적인 공동체 운영, 시대악과 싸우는 영적 전쟁, 투철한 신앙을 가지고 미디어 혁명을 이룰 미디어 전문가 양성, 전문 스포츠맨 양성 프로그램 등 어느 교회도 감히 꿈꾸지 못할 일들을 선교단체는 개발해 나가야 한다. 그런데 선교단체가 안일하여 과거 첨단 프로그램이란 자부심만을 가지고 거기에 매달려 있으면 맛 잃은 소금 신세가 되기 십상이다. 선교단체는 끊임없이 미래를 개척하며 교회보다 몇 단계 앞서 가야 한다. 그 사명을 감당하지 못하면 쇠퇴 일로를 걸을 것이며, 존립 자체에 위협을 받을 것이다. 교회가 하지 못할 일들을 계획하라. 교회가 하고 싶어도 차마 손을 댈 수 없는 일들을 과감히 이루라. 마치 정규군이 꿈도 꾸지 못할 일들을 특수부대가 하듯이 선구자적 사명감을 생명처럼 여기며 미래에 투자하라. 그러면 선교단체는 살 것이다. 그리고 교회에서 박수를 칠 것이다.

신앙과 예술의
접목

광주는 예향의 도시이다. 광주 어지간한 음식점에는 상당한 수준의 동양화나 서예 작품, 수석 작품이 전시되어 있다. 서편제 영화에서 보듯이 세계 어디서도 볼 수 없는 판소리의 본 고장이 이곳이다. 이곳 농어촌 사람들 생활 속에 빼어난 토속 전통음악이 살아 있다. 그래서 광주개척 초기부터 매년 연극, 찬양, 율동, 춤, 뮤지컬, 꽁트, 판토마임, 서킷, 율동찬양발표회, 영화감상, 체육대회, 등산, 국토 순례, 물놀이를 수시로 가졌다. 신입생 환영회, 신록수양회 환상의 캠프파이어, 개관 기념예배 축제, 여름수양회 예술의 밤, 신입생 캠핑, 명산 정상기도회, 성탄예배, 겨울수양회 예술의 밤 시간 등을 이용하여 1년에 적어도 5-8차에 걸쳐 신앙과 예술을 접목시키는 프로그램을 만들었다. 이렇게 많은 예술적 행사를 한 이유는 광주가 예향의 도시여서 전도의 접촉점을 찾고자 하는 시도도 있었지만 젊은이 운동에서 필수적인 역동성을 불러일으키기 위한 것이었다.

젊은이들은 왕성한 창조 활동 의욕과 강한 호기심과 미지의 세계를 개척하고픈 야망이 있다. 그 젊은이들의 숨은 욕구를 신앙으로 승화시켜 예술로 표현하면 당사자들은 신바람이 나고 보는 이들은 감동한다. 특히 TV 시대에 자라난 세대들은 음악성과 춤에 탁월한 감각과 표현능력을 가지고 있다. 이들의 장점과 가능성을 살려 적절한 역할을 주면 신앙도 성장하고 자기실현 욕구를 충족하게 되며 더욱 성숙한 리더가 되기도 한다.

예술을 통한 신앙 감격의 연속적인 재 생산

1980년 성탄예배는 이미 9장에서 언급한 것과 같이 광주시민 400여명을 모시고 "돌아온 탕자" 연극을 하여 학생들이 살아계신 하나님을 체험한 역사적 사건이 되었다. 1981년 성탄예배는 가족 복음화를 위한 학부형을 모신 성탄예배를 전남대 학생회관 강당에서 가졌다. 1984년에는 당시 광주의 최고무대 남도예술회관에서 연극과 찬양을 발표하였다. 특히 감동적인 순서는 찬양이었다. 자매님들은 고운 한복으로 곱게 차려 입고 형제님들은 말끔한 신사복 정장을 입고 무대의 화려한 조명 속에서 30여명이 성탄의 은혜에 충만하여 "주님만을 섬기리" 찬양할 때 그렇게 예쁘고 자랑스러울 수 없었다. 부모님들이 자식이 명문대학이나 고시에 합격할 때 감격의 눈물을 흘리며 몇날 며칠을 기뻐한 그 이상의 신령한 기쁨이

 이 생명 다 바쳐 복음운동을!

내 영혼에 가득하였다. 나만이 아니었다. 학교 교사도 사표내고 가난한 목자의 아내가 되어 광대뼈가 나올 정도로 수척한 아내의 얼굴에도 그동안의 고독과 가난, 무시당함의 설움의 그늘을 완전히 벗어버리고 연신 눈물을 훔치며 감격의 찬송을 연신 불러댔다. 감격의 눈물을 흘리며 양들을 사랑하며 말없이 헌신한 아내가 참으로 고마웠으며 기쁨으로 찬송하는 그 모습이 아름다웠다. 객석 맨 뒤에서 천사 같은 아름다운 형제자매들의 모습을 바라보며 우리 부부는 감격의 눈물로 뒤에서 함께 찬양을 올렸다. 성탄예배 후에도 우리 모든 형제자매들은 몇 달 동안 모이기만 하면 그때 그 감격을 되살리며 찬송을 불렀다. 회관에서 뿐만 아니라 캠퍼스에서도, 길가면서도, 무등산 서석대에서도, 기회만 있으면 불렀다. 그 찬송은 우리의 영혼에서 우러 나오는 감사였으며, 우리의 신앙고백이었고, 우리의 기도였으며, 우리의 승리의 개선가였다.

주님만을 섬기리

나의 맘속에 온전히 주님만 모셔놓고
나의 정성을 다하여 주를 섬기리
내 기쁠 때나 또 슬플 때나 늘 오직 한 맘 주 위해
한평생 주만 모시고 찬송하며 살리라
주는 나의 큰 능력 주는 나의 큰 소망
내가 항상 영원히 주님만을 섬기리

항상 나 함께 계셔서 떠나지 마옵시고
주를 섬기는 내정성 받으옵소서
내 기쁠 때나 또 슬플 때나 늘 오직 한 맘 주 위해
한평생 주만 모시고 찬송하며 살리라
주는 나의 큰 능력 주는 나의 큰 소망
내가 항상 영원히 주님만을 섬기리

주만 섬기고 사는 것 더없는 기쁨이요
주가 내안에 계셔서 동거함이라
내 기쁠 때나 또 슬플 때나 늘 오직 한 맘 주 위해
한평생 주만 모시고 찬송하며 살리라
주는 나의 큰 능력 주는 나의 큰 소망
내가 항상 영원히 주님만을 섬기리

예술은 신앙의 좋은 동역자이다. 신앙의 경지를 한 차원 높게 승화시켜주며, 하나님의 은혜가 가슴 속에 살아 움직이도록 하는 신앙의 역동적인 도구이다. 우리의 감정을 하나로 묶어주며 하나님을 찬양하고 경배하며 목숨 바쳐 충성을 다하도록 만드는 촉매이다. 우리 공동체를 하나로 결속시키는 끈끈한 접착제이다. 찬양은 우리의 승리의 개가이며 군가여서 어깨를 들썩거리게 만든다. 우리 젊은이 마음에 숭고한 은혜가 살아 움직이게 하는 예술, 우리 젊은이 가슴을 뜨겁게 만드는 예술, 우리 젊은이 가슴을 활짝 펴며 긍지와 자부심을 갖게 하는 예술, 우리는 그 생명력 있는 신앙과 예술의 경지에 들어갔다. 젊은이들이 거듭남을 체험하고, 제자 훈련을 통하여 자기 한계를 극복하며, 예술적 표현을 통하여 마음껏 내적 환희를 발산했을 때 젊은이들은 자기 실존을 찾았다.

시퍼런 군사독재 치하에서, 최류탄 가스가 난무한 그 어지러운 세상에서 우리는 영원으로 통하는 창문을 통해 영원 세계를 여행했으며 영원의 시야로 자신을 성찰하게 되었다. 그 어린 나이에 성자들이 맛보던 신령한 세계의 환희를 약간 맛본 것이다. 그 신앙의 감격을 맛보며 즐기게 한 것이 바로 예술이었다. 죄와 폭력을 미화하고 선전하는 타락한 예술이 아니라 숭고한 내적 환희와 영원세계를 향유한 영혼의 감격을 공감하고 나누도록 하는 숭고한 예술이었다. 신앙이 없는 예술은 감격이 없다. 영혼의 환희가 없다. 그러나 신앙의 표현인 예술은 감격이 있다. 영혼의 환희가 있다.

연극 수익금으로 피아노를 사다

1,600명을 수용하는 전남대 대강당에서 '갈등' 제2회 공연, 제3회 공연으로 홍보, 전도, 리더 세우기 등 여러 마리 토끼를 잡았다. 모든 공연에 티켓을 팔아 수익금으로 피아노를 마련하였다. 그 피아노는 우리의 승리의 전리품이었다. 1999년 수능 시험이 끝난 직후 고3 수험생들을 위로하며 2000년 새천년을 맞는 사회 분위

기와 함께 대공연을 계획하였다. 캐나다 뱅쿠버에서 있었던 코스타 (KOSTA) 수련회에서 만난 소리엘(김명현, 장혁재)을 초청하여 1,700여명이 모인 전남대 대강당에서 콘서트를 가졌다. 마침 춤을 잘 추는 형제자매들이 많아서 복음을 영접한 젊은이들의 생기발랄한 모습을 선뵈었다. 그리고 찬양을 통하여 영적 세계의 아름다움을 깨닫도록 도왔다. 리더가 예술 방면에 관심을 가지면 예술 방면에 재능을 가진 사람들이 서게 된다. 찬양에 뛰어난 은사를 가진 유정훈, 차인숙, 최창옥, 이강수 간사가 서서 신앙 공동체의 역동성을 살려갔다. 최창옥 한 형제를 얻기 위하여 약대 선배들이 드럼을 사 주었다. 이 형제는 거듭난 감격 뿐 만 아니라 귀한 선배들의 사랑을 독차지하고 그 많은 관중 앞에서 하나님의 은혜를 드럼 연주를 통해 표현해 봄으로 천국의 기쁨을 체험하였다. 그 후 그는 복음의 큰 일꾼이 되었다. 이처럼 은혜 받은 사람이 어찌 한둘이던가?

　신앙을 통해 은혜와 기쁨이 있을 때 신자는 그 기쁨을 발산하고 싶어 한다. 찬양, 연극, 춤, 율동, 소설, 시, 간증 등을 통해 표현한다. 우리는 그것을 예술이라 한다. 그러므로 예술은 은혜를 담는 그릇이다. 또한 은혜를 표현, 전달하는 도구이다. 예술을 통하여 우리의 기쁨을 표현할 뿐만 아니라 예술을 통하여 그 은혜를 전달받으며 함께 기뻐한다. 기쁨을 공유하면서 한 공동체 의식을 새롭게 하며 우리의 정체성을 확인한다. 그러므로 우리 복음운동에서 예술은 외면할 수 없는 필수적 요소이다. 현대 젊은이들은 과거 세대와 달리 문화매체에 더욱 친근하다. 이들에게 복음 메시지를 전달하기 위한 도구로서 예술을 적극 활용해야 한다. 물론 예술은 죄의 도구로 많이 이용되고 있다. 그러나 복음의 내용을 담아 선용하면 복음의 도구가 된다. 문화매체에 친근해져 있는 젊은 세대들을 감동시키며 주님께로 인도하기 위해서는 보다 더 예술에 대한 연구가 필요하다. 젊은이들은 감정적이다. 그리고 분위기에 약하다. 쉽게 감동되고 쉽게 변한다. 이런 젊은이들에게 진리의 훈련과 함께 예술의 도구를 통해 신앙을 표현하도록 가르치면 젊은이 운동은 활력을 띠게 된다. 그렇다면 찬양, 연극, 소설, 시, 드라마에 은사를 가진 전문가들을 양성해야 하지 않을까? 학생복음운동은 무한한 인적 자원을 가지고 있으며 무한한 가능성이 있다. 죄 속에 방황하는 젊은이들을 복음으로 구원하여 예수님을 사랑하며 주님의 이름을 높이는 헌신적인 젊은이들을 볼 때 학생복음운동가들은 보람을 느낀다. 내 청춘을 불살라 주님과 젊은이들을 위해 헌신한 가치를 찾게 된다.

청년운동과
결혼

젊은이 운동의 열매 중의 하나는 결혼과 가정이다. 그러므로 젊은이 복음운동가들은 결혼을 매우 중요하게 여긴다. 결혼을 은혜롭게 잘하면 무엇보다 당사자들이 하나님의 복을 받아 누리며 복음운동에도 선한 결과를 가져온다. "형제자매들이 어떻게 결혼을 신앙적으로 잘하도록 도울까?" 복음운동가들은 고민하며 기도한다. 결혼은 이성 교제를 거쳐 이뤄지며 가정을 이루게 되고 자녀를 낳아 기르게 된다. 그러므로 학생 때 성경적인 결혼관을 배우며 건전한 이성교제를 하도록 돕는다. 학생여름수양회 때 선택 강의에 "이성 교제 어떻게 할까?"는 단골메뉴이다. 학사여름수양회에는 가정과 부부대화 자녀교육을 심층적으로 다룬다. 종종 교육차원에서 결혼에 관한 메시지를 전한다. 1984년 11월 4일 예배 메시지를 통해서

복음운동가들의 소원도 살펴보고 모든 님들의 복된 결혼과 가정생
활을 기원해 본다.

메시지 : 결혼

본문 : 창세기 2:18-25
이러므로 남자가 부모를 떠나 그 아내와 연합하여 한 몸을 이룰찌어다
(24)

하나님께서 우주의 걸작품 사람에게 내리신 세가지 축복은 〈일〉〈
쉼〉〈결혼〉입니다. 즉 사람은 〈사명〉을 감당하고 〈안식〉을 누리며
〈가정〉을 이룰 때 행복하게 살 수 있는 존재입니다. 이 세가지 중 어
느 한가지가 파괴되어 있을 때 인간은 참된 행복을 누릴 수 없습니다.

그러므로 우리는 삶의 터전, 직장(학교). 교회(회관), 가정에서 하
나님을 경외하고 하나님을 사랑하는 법을 지킬 때 많은 열매를 맺을
수 있습니다. 이 시간 하나님께서 우리에게 내리신 결혼의 축복을 생

각하며 행복한 결혼 준비를 잘하시기 바랍니다. 그리고 결혼하신 분들은 결혼 진리를 깨닫고 행복한 결혼 생활하시기 바랍니다.

결혼의 의미

결혼이란 무엇입니까? 동아출판사 국어사전에는 "시집가고 장가가는 일, 혼인관계를 맺음"이라고 설명되어 있습니다. "결혼이란 한 남자와 한 여자가 평생을 같이 살자고 약속한 만남"이라 할 수 있습니다. 성경의 결혼 정의는 "남자와 여자 둘이 연합하여 한 몸 됨"입니다.

그럼 왜 결혼하는 것입니까? ① 자식을 낳고자 ② 살림을 잘하려고 ③ 외로워서 ④ 사랑을 나누려고 ⑤ 주위 사람들의 압력 때문 ⑥ 본능적 요청 때문 ⑦ 남이 하니까 ⑧ 동역하여 일을 잘 하려고 ⑨ 출세를 위하여 ⑩ 부모의 꿈을 이루어 드리기 위해 등등의 이유에서입니다.

그런데 흔히 범하고 있는 결혼에 대한 오류는 결혼을 인간의 필요에 의해서 자연발생적으로 생겨난 것으로 생각하는 것입니다. 그러나 성경은 말합니다. 〈결혼은 하나님께서 친히 창설하신 신성한 제도〉라고 선포합니다. 결혼이 어떻게 생겨났는가? 첫 결혼에 관한 기사가 창세기 2:18-25절에 기록되어 있습니다. 이 말씀을 묵상해 봅시다.

결혼은 하나님 영광을 위해서 생겨난 제도

아담이 그림 같이 아름다운 에덴동산에서 동식물의 이름을 지어주며 열심히 일하고 있었습니다. 그런데 짝이 없어서 고독에 빠져 있는 모습을 하나님께서 보시니 보시기에 좋지 않았습니다. 그래서 "안 되겠다 아담의 짝을 만들어 주어야겠다."하고 아담을 깊이 잠들게 하시고 그의 갈빗대로 여자를 지으시고 아담에게로 이끌어 오시니 그가 크게 기뻐하며 영접하였습니다. 결혼을 만드신 분은 하나님이십니다. 결혼을 만든 근본 동기가 창조주의 기쁨이었습니다. 그러므로 결혼은 하나님의 기쁨이 되어야 올바른 결혼이라 할 수 있습니다. 하나님의 영광을 위하여 결혼할 때 하나님이 기뻐하시며 축복을 받을 가정이 됩니다.

사랑의 교제와 동역을 위해서

하나님이 보시니 아담이 '독처(홀로 있음)' 하는 것이 좋지 않았습니다. 즉 하나님의 형상을 가진 존재가 인격적 상대가 없어서 진정한 대화와 인격적 사귐을 나누지 못함을 보시고 여자를 만드신 것입니다. 하나님은 인격을 가지신 분이시기에 사람을 인격적 존재로 만드셨습니다. 또한 사람들이 성숙한 인격적 사귐을 나누도록 배우자를 만드셨습니다. 또한 '돕는 배필'이 되게 하시려고 여자를 지으셨습니다. 즉 동역하여 하나님께서 주신 사명을 잘 감당하도록 '돕는 배필'을 지으셨습니다. 그러므로 〈결혼은 성숙한 인격적인 사귐이 이루어지는 만남〉 〈서로 부족한 점을 도와주며 합력하여 일하는 만남〉인 것입니다.

연합을 위해서

교제와 동역은 부부관계 밖에서도 존재합니다. 그러나 '연합'은 오직 부부관계에만 있는 것입니다. 육체적인 연합, 인격적인 연합, 더 나아가서 영혼의 연합을 의미합니다. 하나님께서 하와를 아담에게로 이끌어 오실 때 아담의 반응이 궁금했습니다. 무관심하게 지나칠 것인지, 하품을 할 것인지, 실망의 표정을 지을 것인지, 약간 감사하게 맞을 것인지, 감격적으로 맞을 것인지 긴장된 순간이었습니다. 아담은 하와를 본 순간 첫 눈에 반했습니다.

"이야,

이는 내 뼈 중의 뼈요, 살 중의 살이라

이것을 남자에게서 취하였은즉

여자라 칭하리라"

아담은 하와를 보고 눈이 번쩍 뜨였습니다. 생기가 돌았습니다. 〈나의 분신〉〈잃어버린 반쪽〉〈나의 중심〉을 발견하고 애정고백을 한 것입니다. 결혼이란 벌과 나비가 종족번식을 위해 만나는 것 같은 것이 아닙니다. 생명의 연합이요, 인격의 연합입니다. 그리스도와 신자의 신비로운 연합 같은 신비로운 연합입니다. 둘이 연합하여 한 몸을 이루는 것이 결혼입니다.

독립(새 출발)을 위해서

"이러므로 남자가 부모를 떠나서 둘이 연합하여 한 몸을 이룰지로다."(24) 하나님의 주례사 속의 부모를 떠난다는 뜻은 부모를 버린다는 뜻이 아니고 부모의 보호를 떠나서 자립한다는 뜻입니다. 창1:28

절의 사명을 감당하는 독립적 개체가 됨을 말합니다. 결혼은 정신적 독립, 재정적 독립, 가정적 독립입니다. 그러므로 결혼할 연령에 이르렀는데도 불구하고 "엄마, 엄마" Baby language를 쓰는 것은 곤란합니다. 모든 일을 엄마의 판단에 의존하는 정신적 미숙아의 상태에서 결혼하면 여러 가지 어려운 일에 봉착하게 됩니다. 또한 경제적 자립 능력을 갖추지 못한 채 결혼하면 처자식을 크게 고생시킵니다.

가정 만들기

결혼은 곧 가정의 출발입니다. 그러므로 가정을 전제하지 않은 남녀의 성적접촉은 간음 행위가 됩니다. 가정은 개인적으로나 국가 사회적으로나 매우 큰 의미를 지닙니다. 가정의 중요성을 잠시 사회학적 관점에서 생각해 보면 ① 인류의 종족 번식 기관 ② 기본적인 경제단위 ③ 인류 문화 보존, 전승의 기본적인 교육기관 ④ 위로와 치유의 안식처 ⑤ 인간관계의 기초를 형성하는 교제의 기초 기관 ⑥ 인간 삶의 동기부여를 하는 창조의 산실 ⑦ 추억의 박물관 등의 기능이 있습니다. 그러므로 가정은 인류 생존 발전에 핵심적인 기본 기능을 감당하는 너무나 소중한 기관입니다.

왜 하나님께서 가정 제도를 친히 창설하셨는지 그 이유를 알 것 같습니다. 결혼은 신성한 제도입니다. 하나님께서 직접 창설하신 신성한 제도입니다. 결혼은 하나님께서 인간에게 주신 큰 축복입니다.

결혼의 법칙

나라와 인종에 따라 결혼 법칙이 다릅니다. 아프리카 어느 종족은 신랑이 황소 한 마리를 사와야 결혼을 허락한다고 합니다. 우리 크리스천의 결혼 법칙은 무엇입니까?

일부일처의 법칙

"둘이 연합하여 한 몸을 이룰지로다." 여기서 '둘'은 한 남자와 한 여자를 가리킵니다. 지금도 회교권 국가들은 부인을 4명까지 합법적으로 얻을 수 있도록 규정하고 있습니다. 그러나 이것은 잘못입니다. 하나님께서는 일부일처의 제도를 만드셨습니다. 이 법칙을 어길 때 당사자들은 많은 고통을 치릅니다. 다윗은 많은 부인을 두어 큰 고통을 치렀고 야곱은 큰 가정불화를 겪었으며, 솔로몬은 나라가 분열되었습니다. 일부일처 제도는 하나님께서 세우신 법칙입니다. 신앙의 영웅들이라 할지라도 이 법칙을 어겼을 때는 쓴 고통을 당하며 회개해야 했습니다.

하나님 뜻에 따른 결혼

하나님 앞에서 떳떳한 결혼이 되어야 합니다. 하나님을 기쁘시게 한 결혼이어야 합니다. 〈하나님 보시기에 좋은 결혼〉이 되어야 올바른 결혼입니다.

노아의 홍수 심판 직전 사람들은 여호와 보시기에 심히 악하였습니다. 성적으로 문란하였습니다. 그래서 홍수로 싹 쓸어버리셨습니다. 소돔과 고모라 사람들이 성적으로 타락하였습니다. 그래서 불을 내려 확 태워버리셨습니다.

고후 6:14에서 성경은 분명히 말합니다. "믿지 않는 자와 멍에를 같이하지 말라" 신자는 불신자와 결혼하지 말고 믿는 자와 결혼해야 하나님의 축복을 받는 가정을 이룰 수 있습니다. 불신자와 결혼하여 가슴을 치며 후회하는 사람이 부지기수입니다. 이미 결혼한 가정은 이혼할 필요는 없습니다. 배우자를 주님께 인도하여 행복한 가정을 이루어야 합니다.

아무튼 결혼은 하나님 뜻에 따라야 합니다. 하나님께서 기뻐하시는 결혼이 되어야 합니다. 정욕에 따라, 세속적인 유익 때문에 결혼하면 안됩니다. 하나님과 믿음의 공동체에서 기뻐하고 축복할 아름다운 결혼을 해야 합니다. 하나님 안에서 신앙이 같으므로 인생목표가 같고 가치관이 같고 진실한 사랑을 나누게 될 때 살면 살수록 더욱 재미나고 복된 삶을 살 수 있습니다.

이혼을 배제한 결혼

크리스천은 이혼할 수 없습니다. 그러므로 결혼할 때 신중하게 결정해야 합니다. 세상 사람들은 이혼합니다. 그러나 우리 크리스천들은 주님의 말씀에 귀 기울여야 합니다. "하나님이 짝 지워 주신 것을 사람이 나누지 못할지니라." (막 10;9)

그러나 성경에서도 이혼이 허락되는 예외 규정이 있습니다. 신자는 ① 배우자의 음행의 경우(마 16:9) ② 배우자가 신앙을 이유로 이혼을 요구할 때(고전 7:15) 이혼할 수 있습니다. 그러나 그 경우라 할

지라도 가능한 한 용서하고 화해하여 결혼 서약을 지켜야 합니다. 그러므로 신자는 이혼할 수 없는 것이므로 신중하게 생각하고 결정해야 합니다.

재혼, 독신, 약혼, 근친결혼, 성욕 문제

재혼은 주 안에서

배우자와 사별한 경우, 이혼한 경우에 주 안에서 재혼할 수 있습니다 (고전 7:39).

독신은 신중하게

당시 이단(그노시스)들은 결혼은 육신적인 것이라고 금하였습니다(딤전 4:1-3). 그래서 히브리서 13:4에는 혼인을 귀히 여기고 침소를 더럽히지 말라고 명합니다. 그러나 하나님의 은혜로 독신으로 지낼 수 있습니다(마 19:11). 바울 사도는 독신으로 하나님께 영광을 돌렸습니다. 그레고리 I세는 성직자의 금혼을 제도화하였습니다. 이것은 히브리서 13:4절에 비추어 볼 때 잘못입니다. 독신으로 지내려면 ① 하나님의 소명이 있어야 하고 ② 정욕에 시달리는 일이 없어야 하고 ③ 독신으로 지냄을 후회하지 않으며 ④ 결혼한 다른 사람들과 자연스럽게 교제할 수 있으며 ⑤ 독신으로 더 큰 하나님의 영광을 돌릴 수 있을 때 하나님 앞에서 신중하게 결정해야 합니다.

약혼

약혼 시기는 정식 부부는 아니지만 매우 중요한 시기입니다. 요셉과 마리아 같이 순결을 지키며 아름답게 교제하며 서로를 위해 기도하며 사랑하여 아름다운 가정을 예비해야 합니다.

근친결혼

레위기 18장에 어머니, 계모, 누나, 여동생, 손녀, 외손녀, 고모, 이모, 숙모, 자부, 계수, 형수, 질녀, 처형, 처제, 타인의 아내 등과 결혼할 수 없다고 명시되어 있습니다. 우리나라 관습에는 동성동본은 결혼할 수 없습니다. 민법 768조엔 8촌 이내의 부계혈족, 4촌 이내의 모계혈족, 민법 809, 815조엔 형부와 처제간 777조엔 남계혈족의 배우자와 결혼할 수 없다고 명시되어 있습니다. 근친결혼은 의학적으로도 나쁜 결과가 발생함을 증명하고 있습니다. 신자는 세상의 빛이므로 세상 사람들의 본이 되는 결혼을 해야 합니다.

성욕 문제

결혼은 성과 연관이 되어 있기에 간단히 언급하고자 합니다. 성은 연합을 위하여 하나님께서 결혼한 합법적인 부부에게 주시는 비밀의 선물입니다. 부부는 인격적인 교제와 사랑의 극치를 성을 통해 경험합니다. 그러므로 합법적인 부부 이외에 성을 사용함은 죄입니다. 결혼 전 성욕으로 인한 고통은 공부, 일과 운동에 열중함으로 해소할 수 있습니다.

결혼을 잘하려면

누구나 결혼을 잘하고 싶어 합니다. 좋은 배우자를 만나고 싶어 합니다. 그런데 그렇지를 못합니다. 왜냐하면 믿음보다 욕심이 앞서기 때문입니다. 좋은 배우자를 만나 복된 결혼을 하려면 어떻게 해야 합니까?

좋은 신랑감, 좋은 신부감이 되는 것이 중요합니다.

누구든지 부러워할 만한 좋은 신앙, 좋은 인격, 좋은 능력, 좋은 직장, 좋은 매너를 갖추면 결혼하기가 쉽습니다. 배우자를 선택할 때 지나친 욕심을 버려야 합니다. 어떤 전문대 출신의 처녀는 자기 분수를 알지 못하고 명문대 출신 교수를 신랑감으로 찾고 있었습니다. 그렇게 될 수 있으면 좋으련만 객관적으로 볼 때 과욕입니다. 많은 사람들이 욕심으로 결혼하려고 시도하여 성사되지 못함으로 고통당합니다. 욕심을 버리고 하나님께서 나에게 어떤 배우자를 주시기를 원하시는 지 마음을 비우고 기다림이 필요합니다. 그리고 인간적인 조건이 안 좋더라도 신앙이 분명하고 나를 진정 사랑한다면 배우자의 자격이 있다고 보고 적극 검토함이 지혜롭습니다. 결혼할 때는 매우 좋게 출발하였으나 몇 년 후에 크게 후회하는 경우도 있고 어렵게 출발했으나 몇 년 후에 큰 복을 누리는 경우도 있습니다. 하나님의 복을 받는 열쇠는 겸손함과 믿음의 자세입니다. 과욕을 버리고 자기 분수를 알고 겸손히 하나님의 뜻에 따라 순종하는 자세로 임하면 하나님께서 선한 길로 인도해 주십니다.

적령기에 결혼함이 좋습니다.

민법 807조엔 남자 만 18세, 여자 만 16세면 결혼해도 된다고 규정하고 있습니다. 우리 모임에서는 형제는 경제적 자립 능력을 갖춘 때, 곧 군 문제 해결, 취업 후 25-30세가 적령기이며, 자매는 가장 아름다울 때, 곧 졸업 후 2-5년 후가 되는 24-28세로 보여집니다. 그러나 개인 사정에 따라 달라질 수가 있습니다. 다만 적령기를 놓쳐 결혼을 원하나 마땅한 배우자를 찾지 못한 님들을 볼 때 안타까울 뿐입니다. 그러므로 적령기에 결혼하고자 하는 소원을 가지시기 바랍니다. 결혼 적령기에 이르면 신앙생활은 물론이려니와 외모와 복장, 언어와 매너에도 신경을 씀이 좋습니다.

결혼 카운셀링이 필요합니다.

물건은 구입한 후에 바꿀 수도 있고 폐기할 수도 있습니다. 그러나 결혼한 후에 배우자를 바꾸거나 버릴 수 없습니다. 그러므로 이미 결혼한 사람들의 충고와 지혜를 빌림이 지혜입니다. 반드시 부모님과 상의해야 합니다. 부모님처럼 나를 사랑하고 나를 위해 진심의 충고를 해 줄 사람은 없기 때문입니다. 주의 종과 상의할 때 하나님께서 축복합니다. 신앙심 깊고 나를 잘 이해하고 도울 수 있는 객관적 사고를 지닌 분에게 상담을 받는 것이 지혜입니다. 한 자매는 믿지 않는 형제의 청혼을 받고 고민하고 있었습니다. 확실한 믿음을 갖기 전에는 결혼 승낙하지 말도록 권하였습니다. 그러나 결혼할 욕심으로 잠시 교회 나오는 것을 보고 결혼했다가 결혼 직후부터 교회 출석도 하지 않으며 비 신앙적 삶의 모습을 보며 눈물로 세월을 보내는 경우를 보았습니다. 안타까웠습니다. 좋은 충고를 무시하면 크게 후회합니다.

결 론

하나님께서는 제7계명에 "간음하지 말지니라."고 명하셨습니다. 이는 결혼의 신성함을 지키며 가정을 지키시려는 하나님의 뜻입니다. 하나님은 믿는 자를 사랑하십니다. 부모가 자식을 복된 결혼이 되도록 노력함 같이 하나님께서도 우리 결혼을 복된 결혼이 되도록 도와주십니다. 그러므로 결혼을 위해 기도하시기 바랍니다. 그리고 기다리며 결혼을 준비함이 필요합니다. 결혼과 가정은 하나님께서 인간에게 주신 기본적인 세가지 축복 중의 하나입니다. 그러므로 성경의 가르침을 받아 아름답고 여호와 보시기에 선한 결혼을 하여 복된 가정을 이루시기 바랍니다.

거룩한 공동체 안의 이성 문제

학생복음운동가들은 모든 문제를 부드럽고 가능한 한 원만하게 처리한다. 그러나 두가지 문제만은 매우 민감하고 엄하게 다룬다. 〈이단 문제〉와 〈이성 문제〉이다. 이 문제는 페스트와 같은 무서운 전염병이기 때문이다. 과거에는 그렇지 않았는데 90년대부터 이단들이 대학내 침투에 열을 올렸다. 그러나 성경을 진지하게 공부하는 우리는 이단에 단호한 자세로 나가고 종종 이단 비판 교육을 하기 때문에 이단 문제로 괴로워한 적은 별로 없었다.

그러나 이성 문제는 항상 고통스러운 문제였다. 그렇게 기도하고 교육하고 경계하고 애쓰지만 몇 년 주기로 한 건씩 터지는 것이었다. 젊은이들 모임이기에 그러하였다. 사탄이 복음운동을 방해하려고 이성 문제를 일으킨 것이었다. 그리스도의 거룩한 사랑, 곧 아가페의 사랑과 남녀 간의 에로스 사랑은 이론적으로는 명백하게 차이가 있지만 어린 학생들 입장에서는 쉽게 혼동하고 그 경계를 넘어버린다.

남녀 간의 사랑이 나쁜가? 아니다. 좋은 것이라면 왜 금하는 것인가? 여기에 고민이 있다. 결혼 직전에 있는 사람들이야 이성 교제가 문제 될 것이 없다. 그러나 막 신앙을 배우고 성장하는 학생들에게는 신앙적으로 큰 문제가 생긴다. 본인들은 괜찮을지 모르나 공동체는 심각한 타격을 받는다. 어떤 경우는 개인적으로는 아무 문제가 없으나 공동체적으로는 심각한 문제가 되기도 한다. 즉 두 사람이 상당히 절제 있게 이성교제를 하였다. 크게 문제 되지 않았다. 그런데 같은 처지에 있는 학생들에게는 그들의 이성 교제가 상당히 자극적이었다. 그래서 그들도 이성 교제를 시작하였다. 불행하게도 그들은 건전한 수준이 아니었다. 결국 그들은 신앙적으로나 학교생활에서나 심각한 타격을 입게 되었다. 그들이 그렇게 된 책임은 물론 당사자들이지만 그들에게 맨 처음 원인 제공을 한 것은 처음 두 사람이었다. 그런 경우 그 결과를 누가 책임진단 말인가? 대학생 정도라면 이성 교제를 할 수 있다고 본다. 그러나 신앙적인 순수성과 공동체의 거룩성을 생각할 때 학생 때의 이성 교제는 삼가는 것이 아름답다.

1982년 정도로 기억된다. 어떤 형제가 갑자기 열심을 내었다. 개척기였기 때문에 그저 감사할 따름이었다. 그 때 우리 모임은 뜨거운 그리스도의 사랑으로 불타오르고 있었기 때문에 누구도 의심하지 않았다. 그런데 이 아름다운 모임에 사탄의 역사가 일어났다. 그 이상하게 열심을 내는 자가 한 자매를 유혹하였다. 결국 부적절한 관계에 이르고 말았다. 자매는 회개하는 마음으로 모든 것을 고백하였다. 하늘이 무너지는 것 같았다. 그러나 이 문제를 어물쩍하게 넘어갈 수 없었다. 마태복음 18:15-20절 권징 말씀에 의거하여 신속하고 단호하게 다루었다. 공동체의 거룩성과 개인 영혼 구원을 위한 인격적 방법으로 회개토록 도왔다. 회개하는 자매는 용서하고 고의성이 있는 형제는 진정한 회개의 빛을 보이지 않으므로 제명하였다. 하나님께서는 우리의 결정을 보시고 축복하여 주셨다. 초대교회의 아나니아 사건 후에 더 부흥의 역사를 이뤄주신 것처럼 복음운동도 부흥시켜 주셨고 자매도 회복시켜 주셨다. 자매는 어둠의 그림자를 벗어버리고 신앙생활을 잘 감당하였다.

그러나 나는 그 일로 인하여 큰 스트레스를 받았다. 남몰래 고민하고 기도하는 가운데 심한 스트레스를 받았다. 자다가 벌떡 일어나기를 자주하였다. 괴로운 그 맘을 누가 알랴? 이런 불명예스런 사건이 일어나지 않으면 좋으련만 그 뒤에도 사건이 일어났다. 진정 사랑하는 사람들이 그런 죄의 늪에 빠질 때 참으로 괴로웠다. 하나님의 마음을 조금이나마 알게 되었다. 사랑하는 사람을 징계함도 하나님의 사랑임을 깨달았다. 하나님의 징계는 바른 사람 만드시려는 하나님의 사랑의 회초리인 것이다. 하나님의 저주와 징계 속에 담긴 참뜻을 알게 되었다. 하나님의 징계 속에는 참 사랑이 담겨있다. 하나님의 징계는 그를 바른 길로 인도하여 참된 축복을 주시려는 하나님의 사랑이다.

젊은이 운동에는 가끔 사랑의 사고가 일어난다. 에너지가 넘치기 때문에 때때로 엉뚱한 곳으로 불똥이 튄다. 처음에는 순수한 영적인 사랑으로 시작하다가 어느덧 에로스 사랑으로 바뀌는 경우도 있다. 불쌍해서 돕다가 사랑으로 발전한 경우도 있다. 아무튼 알지 못한 가운데 사고가 종종 발생한다. 육체적 관계를 갖는 경우까지 가지는 않더라도 연애 감정을 가지고 대함, 정상적인 형제자매의 관계가 아닌 감정을 가지고 대함, 정상적인 장소와 시간이 아닌 조건 속에서 은밀하게 만남 등이 있다. 젊은이들은 그것이 성령 충만한 모임을 방해하고 순수한 하나님의 모임을 얼마나 해치는지 잘 모른다. 이 정도 나이에 이성 교제하는 것은 당연하지 않은가라고 항변한다.

에로스의 함정

그들에게 건전한 이성교제와 불건전한 이성교제의 차이를 가르쳐야 한다. 그리고 건전한 이성교제라 할지라도 시기에 따라서는 나쁜 영향을 줄 수 있음을 가르쳐야 한다. 하나님의 사랑 속에서, 공동체의 거룩성을 유지하면서, 공동체 회원 모두의 사랑과 축복 속에서 이성 교제하는 방법을 가르쳐야 한다.

젊은이들이 에로스 함정에 빠지면 순수한 신앙을 상실하게 된다. 학과 공부를 제대로 하지 못한다. 인격적으로도 건전하고 아름답게 성장하지 못한다. 다른 사람들에게 오해를 품게 하고 의심의 관계로 전락시킨다. 그래서 가능한 한 학생 시절에는 오직 주님 사랑과 영혼구원의 순수한 사랑에 전념토록 가르친다. 되도록 형제는 형제가 자매는 자매가 돕도록 지도한다. 그런데 학사가 되면 결혼 적령기에 이르러 결혼해야 하는데 쉽게 결혼하지 못하는 것이다. 나중에 그 이유를 발견하였다. 불건전 이성교제에 대한 강한 교육으로 결혼 적령기에 이르러서도 건전한 이성 교제까지 거부하는 현상이 벌어진 것이다. 일종의 부작용인 것이다. 또한 서로를 너무 잘 알아서 이성 간의 신비감이 없는 것이 문제였다. 또 착한 사람은 그저 경건생활에만 힘쓰고 있는데 덜 착한 사람들은 선수를 쳐서 자기 갈 길을 가는 것이었다.

가장 좋은 방법은 하나님 일에 열심을 다하는 것이다. 일이 벌어진 후에 수습은 상당이 어렵고 고통이 따른다. 그러므로 예방 차원의 교육이 필요하다. 또한 균형 잡힌 교육이 필요하다. 이성 문제 교육은 미묘하여 교육시킨다는 것이 도리어 그릇된 세계에 눈을 띄

워주는 결과를 낳기도 한다. 자칫 잘못하면 너무나 인위적인 것이 되어 하나를 해결하다 또 다른 문제를 야기시키기도 한다. 그러면 어떻게 해야 하는가? 성령님의 인도함이 필요하다. 부정적인 면을 치료하는 긍정적 교육의 지혜가 필요하다.

학생복음운동의 열매는 결혼이라 해도 과언이 아니다. 믿음의 가정을 이룰 때 그 기쁨은 이루 말할 수 없다. 시간이 지난 후 돌이켜 보니 참으로 남는 자(remnant)의 역사는 믿음으로 결혼한 가정을 통해서였다. 결혼을 위해 적극 기도하고 도와야 하는 이유가 여기에 있다.

성서한국의 열매, 믿음의 가정

1982년 5월 1일 이기철, 박종숙 학사의 결혼을 시작으로 우리 공동체 안에 많은 커플이 탄생하였다. 이기철의 믿음은 대단하였다. 평생 자기를 위해 기도해 줄 목자님이 주례하는 것이 간절한 바램이라며 주례를 간청하였다. 내가 어찌 거절할 수 있으랴? 그래서 33세의 나이로 최초의 주례를 하게 되었다. 그런데 당시엔 결혼식을 거의 예배처럼 하였기 때문에 결혼식이 상당이 길었다. 초창기엔 주례사가 1시간도 되었다. 객관성보다는 오직 은혜를 좇아 열심히 하던 시대였다.

목사님의 축복과 형제자매의 사랑 속에서 결혼하는 것은 무한한 영광이고 축복이다. 하나님께서는 믿음으로 결혼하는 가정을 여러 모로 크게 축복하심을 체험하였다. 먼저 신앙적으로 부부가 성장하며 부부 금슬이 좋은 것을 보았다. 세상적으로 결혼한 가정보다 확

실히 부부 사랑이 넘치고 시간이 지날수록 사랑이 깊어져 가는 모
습들이었다. 자녀의 복도 주시고 물질의 복도 주시어 120여 가정
들이 모두 하나님의 은총 속에서 아름답게 살아가는 것을 보고 다
시 한번 학생복음운동의 소중함을 느꼈다. 저 아름다운 믿음의 가
정에서 자라난 2세들이 복음운동을 할 때 얼마나 아름다운 역사가
일어날까 꿈을 꾸어 본다.

22

가자, 세계로!

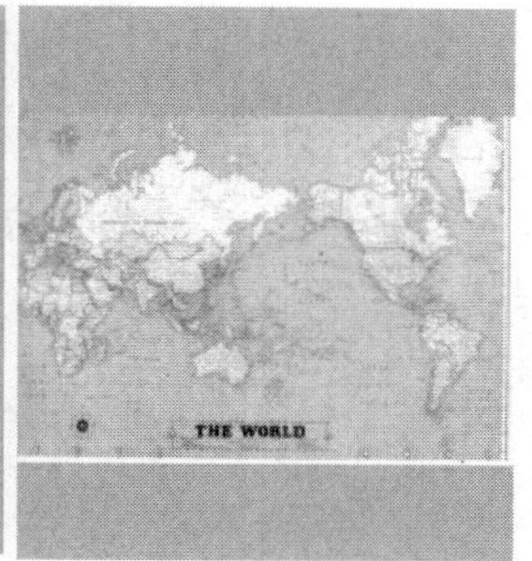

복음적인 젊은 대학생들은 필연적으로 해외여행 혹은 해외 활동을 하게 된다. 그들 가슴 속에 복음이 있고 그들의 삶이 곧 신앙이므로 그들이 해외에 나가 활동하면 선교에 직간접적으로 연결 된다. 학생복음운동은 해외 선교를 강조하지 않아도 자연스럽게 해외선교를 하게 된다. 세계 선교 역사를 살펴보면 평신도들이 선교역사를 주도했음을 볼 수 있다. 독일의 진젠돌프, 영국의 웨슬레, 미국의 헤이스택 운동 등 선교의 역사가 다 평신도들에 의해서 주도 되었다. 오늘날도 신학교를 나온 선교사보다도 선교단체에서 나온 선교 헌신자가 더 많다. 신학교를 나온 선교사들도 대부분 선교단체에서 양육 받았거나 영향을 받은 헌신자들이다. 선교는 순수하게 주님을 사랑함과 헌신함의 열매이다. 계산하고 머리 굴리는 사람들은 선교하지 못한다. 그저 주님을 사랑해서 의미있게 살고자 앞뒤 가리지 않고 뛰어드는 사람을 하나님은 선교사로 쓰신다.

10여 년 전 일본 선교 탐방을 간적이 있었다. 그곳의 선교사님에게 선교사로서 준비해야 할 것이 무엇인지 물었다. 그 선교사의 대답은 의외였다. "언어도 기술도 아닙니다. 그것은 결국 현지에 와서 배워야 하는 것입니다. 선교사에게 진정 필요한 것은 영혼을 사랑하는 믿음과 능력입니다. 한 영혼을 진정 사랑하고 주님께로 인도할 능력을 가지고 있다면 훌륭한 선교사 자격을 갖춘 것입니다." 나는 그 말에 크게 공감하였다.

현재 성경선생을 잘 양육하면 저들은 언젠가 여러 모습으로 선교 역사에 헌신하리라. 선교사가 필요하다면 저들이 선교사로 나갈 것이며, 선교사 양성이 필요하다면 저들이 양성할 것이며, 선교사 후원이 필요하다면 저들이 후원할 것이다. 선교사 한명 제대로 양성도 못하면서 떠들썩하게 선교하는 사람들의 전철을 밟지 말고 내일의 세계선교를 꿈꾸며 오늘 선교사 후보를 양성하리라 하며 열심히 제자 양육에 힘썼다.

그 전략은 적중하였다. 열심히 선교하지 않았어도 훌륭한 복음의 일꾼을 키워내니 때가 되니 그들이 선교사가 되고 선교 후원자가 되었다. 그러나 선교에 대한 비전을 갖도록 선교사 초청 예배, 단기 선교훈련, 선교사 인물 연구, 선교한국 참석 등의 선교 교육은 병행하였다.

이민홍, 조혜정 부부는 미국으로 건너갔다. 세계의 심장부 뉴욕에서 뉴욕 대학가 영혼들을 주님께 인도하여 그들이 세계에 나아가서 주님의 복음을 전하는 전략이었다. 뉴욕에 가보니 뉴욕은 세계 인종 전시장이었다. 세계 모든 족속, 모든 인종을 만날 수 있었다. 이곳에서 제자 양육 역사를 잘 감당하면 온 세계에 복음의 일꾼들을 보낼 수 있으리라는 비전을 보았다.

뉴욕에 먼저 가서 자리를 잡은 강기봉 선교사(뉴욕백민교회 담임목사), 장창식 선교사(뉴저지 밀알장로교회 담임목사), 이승원 선교사(뉴욕천성교회 담임목사), 임용택 선교사(뉴욕장로교회 장로), 전착혁 선교사(뉴욕한인교회 장로), 장규준 선교사(ESF 뉴욕지구 책임간사)와 함께 선교 사역을 감당하고 있다. 특히 평신도로서 한계가 있지만 장규준 간사와 함께 뉴욕 대학생들을 상대로 제자 양육에 힘쓰는 모습을 보고 감사하였다. 그리고 그들은 세계선교에 힘쓰는 백민교회에서 강기봉 선교사를 도움으로 세계선교에 간접적으로 동참하고 있다.

시카고 홍귀표 선교사는 미국에 있는 타민족 선교에 힘써서 페루, 과테말라, 파나마, 도미니크 공화국 등 중남미 선교에 열매를 거두고 있다. 시카고 사역의 뒤에는 천병오 장로가 있었다. 천병오 선교사의 헌신적인 동역은 매우 인상적이었다.

유다니엘, 정혜은 선교사는 ESF에서 파송한 정식 선교사이다. 선교사로 지원하여 간사 훈련을 받고 신학교육을 받은 후 선교사로 안수 받고 선교지로 떠났다. 선교사로서 엘리트 코스를 밟았다. 그는 유머가 풍부하고 성실하며 편지를 잘 써서 인간관계가 좋다. 목회도 학생복음운동도 잘할 수 있는 일꾼이다. 그러나 그는 학생 때 주님으로부터 받은 선교 비전을 소중히 받들어 선교지로 떠났다.

이제 현지 언어도 익숙하여 대학생을 중심한 제자 양육을 하여 복음운동의 기초를 놓고 있다. 그리고 교회를 개척하여 여러 계층의 영혼을 구원하며 선교의 열매를 맺어가고 있다. 그의 사역을 소상하게 말할 수 없지만 그도 역시 ESF 전략대로 대학생을 중심한 복음의 일꾼을 양성하여 그들을 통한 하나님 나라 건설을 꿈꾸고 있다. 벌써 상당한 열매를 거두고 있다. 참으로 귀한 선교사가 아닐 수 없다.

허요한, 손그레이스 선교사도 ESF의 파송을 받은 선교사이다. 그도 간사 생활을 했지만 신학 교육은 현지에서 받았다. 너무나 순수하고 겸손하여 누구나 편함을 느끼게 해주는 선교사이다. 내면성이 풍부하고 사랑이 풍성하여 제자 양육을 잘한다. 역시 그도 대학생들을 상대로 제자 양육을 하여 벌써 많은 열매를 맺고 있다. 이름도 없이 빛도 없이 주님의 복음을 충성스럽게 증거하는 복음의 일꾼들을 주님은 지켜보고 계시리라 믿는다.

김경숙 선교사는 선교선 둘로스호를 타고 2년간 선교 여행을 하였다. 거기서 인도 청년 라자를 만났다. 둘은 사랑이 통하여 결혼까지 하게 되었다. 그 뒤 싱가폴과 캐나다를 거쳐 신학공부를 마치고 인도 선교사로 가고자 준비 중이다. 김경숙 선교사는 치위생사로 일하였고 이 직업을 가지고 선교에 헌신하고 있다. 국제결혼을 하여 원만한 가정을 이룰지 걱정을 많이 하였으나 기우임이 드러났다. 둘은 너무나 잘 어울리는 한쌍이다.

배만주 선교사는 학사 2부로 개척기에 활동한 우리 학사이다. 학생 때 그야말로 순수한 청년이었다. 그는 복음을 영접한 이후 남몰래 지체 장애자 모임에 가서 장애인들을 매주 섬기던 사랑의 실천자이다. 배만주 선교사는 한국에서 신학 교육을 마치고 목사가 되어 교단에서 선교사로 파송을 받은 선교사이다. 루마니아에서 복음을 전하였다. 루마니아는 과거 공산권에 속해서 경제적으로 낙후된 국가이다. 지금은 자유의 나라가 되었으나 아직도 빈곤에 허덕이고 있다. 그곳에서 교회를 개척하며 주의 복음을 전하고 있다. 최근에 어린 딸이 몸이 좋지 않아 안식년을 한국에서 보내며 치료하고 있다.

김인숙 선교사는 성경번역 선교사로 활동하고 있다. 아직도 수천의 부족들이 자기 언어로 된 성경을 가지고 있지 못하고 있다고 한다. 그래서 상당히 많은 선교사들이 미전도 종족의 언어를 배워 성경을 번역하여 선교의 기초를 놓고 있다. 생소한 언어를 배워 그들의 언어로 번역한다는 것은 참으로 많은 수고를 요한다. 그녀는 아직 미혼인데도 결혼은 하나님께 맡기고 오직 성경번역에 몰두하고 있다. 언어를 배우기 위해 현지에 가 있다.

황혜숙 선교사는 조선대 병원 간호사로 근무하다가 케냐 선교사로 파송을 받았다. 1년만 봉사하고 돌아오리라고 하였는데 5년 이상근무하고 돌아와 미국 명문대학인 컬럼비아 대학 병원 간호사로 합격하여 출국을 준비하고 있다. 그녀도 선교에 헌신하느라 혼기를 놓쳐 아직 미혼이다. 하나님께서 좋은 배필을 주시기를 기도하는 동역자가 많으므로 가장 좋은 때 좋은 배필을 주시리라 믿는다.

정 성, 박은혜 선교사는 의료 선교사이다. 그는 수억의 연봉을 받는 잘나가는 의사였다. 그가 고액 연봉의 원장직을 내던지고 선교지로 떠난 것은 오직 복음을 사랑한 연고였다. 많은 반대가 있었지만 그는 초연히 주님의 복음을 만민에게 전하라는 사명을 받고 떠났다. 호주 시드니에서 신학 교육을 받고 현지에서 언어 훈련도 설교할 수준에 이르렀다. 그리고 짧은 2년여의 기간 동안에 현지 의사 면허증을 획득하였다. 이렇게 면허증을 획득한 것은 매우 드문 일이라 한다. 그는 현지에서 복음을 가진 닥터들을 양성하여 주의 복음을 심도있게 전하고자 하는 비전을 가지고 있다.

변춘석, 심선숙 선교사는 서울대 치대 출신의 치과 의사이다. 광주 기독병원 치과에서 수련을 받는 도중에 나와 창세기를 공부하여 제자 훈련을 받은 것이 그로 하여금 선교사로 살도록 동기부여를 하였다. 그도 잘나가는 치과의원을 친구에게 양도하고 선교를 위한 치과 의원을 새로 개원하여 치과의사와 치위생사를 양성하여 선교사로 파송하였다. 그리고 본인도 1년에 2-3차례 단기 선교사로 현지에 가서 진료하며 복음을 전하였다. 진실로 예수님을 사랑하며 주님의 재림을 예비하는 학사이다. 그를 생각할 때마다 하나님 앞에 감사하지 않을 수 없다.

학생복음운동의 결과는 교회와 사회의 일꾼 양성 그리고 해외 선교이다. 젊은이들을 움직이는 것이 또한 선교이다. 복음의 본질 속에 선교가 핵심으로 들어 있다. 우주를 창조하신 하나님, 만민을 구원코자 하시는 하나님, 온 인류에게 복음 전파하라고 명하신 주님, 택하신 모든 족속에게 복음이 전파된 후에 주님이 재림하시고 종말이 오게 됨으로 주의 종들은 부지런히 복음을 전파해야 하는 것이다. 지구에 선교사로 오신 주님의 생애와 주님의 가르침이 선교를 하도록 만든다. 복음을 가진 젊은이들은 복음을 갖고 세계로 뻗어 나가야 한다. "가자, 세계로!" 학생복음운동은 선교사 후보를 양성하는 일로 귀한 선교 역사를 맡고 있다. 이 일을 주님께서는 매우 칭찬하시고 축복하시리라 믿는다.

제자양육의
비밀

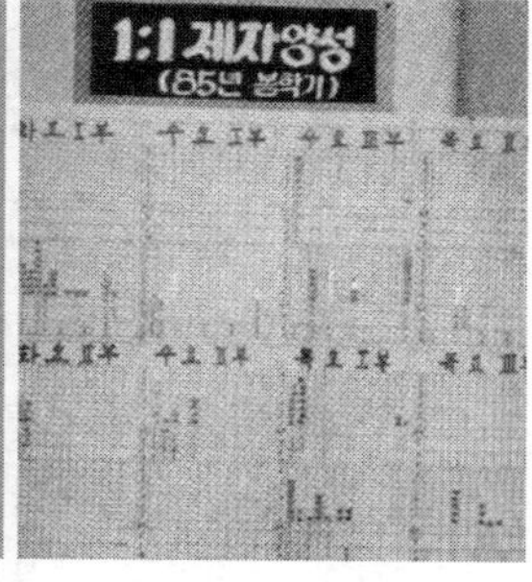

목사들 모임에 가면 나는 제자양육의 전문가로 인정을 받는다. 그래서 신학교에서도 '제자양육론' 강의를 부탁받아 몇 년째 강의해오고 있다. 아닌 게 아니라 지난 35년 동안 내가 온통 매달려 하는 일은 제자양육이었다. 학생 시절도 제자 양육, 군 3년 동안도 시간만 나면 제자양육에 힘썼다. ESF 간사로 전주에서 3년, 광주에서 25년 동안 오직 제자양육에 전념하였다. 나의 지도아래 제자 훈련을 받은 사람은 얼마나 될까? 정식 제자 훈련을 받은 사람은 약 500명 정도로 생각 된다. 그들은 평균 4년 이상 훈련을 받은 사람들이다. ESF에서 정식 제자 훈련을 받은 사람을 소기도위원회 위원이라 하는데 광주ESF에서만 약 500여명 쯤 된다. 제자 훈련을 받다 간 사람, 성경학교, 여름 수양회에 참석하고 간 사람까지 다

합치면 줄잡아 5,000여명은 되리라. 나는 왜 그렇게 제자양육에
매달렸는가? ESF의 정책이 그러하기도 했지만 보다 근본적인 이유
는 예수님을 본받고자 함이었다.

예수님의 제자 양육

예수님의 생애에서 돋보이는 것은 제자양육이었다. 그 제자 양육
속에 천국의 생명력이 있다. 그 제자양육의 비밀을 알 수 있다면
얼마나 좋을까? 예수님의 제자양육의 비밀은 무엇일까? 한마디로
말하면 거룩한 사랑이다. 하나님의 진리 속의 사랑이다. 하나님의
진리를 나누는 인격적 교제이다. 다른 말로 하면 성육신의 은혜이
다. 성육신의 사랑으로 섬길 때 사람들은 천국의 기쁨을 맛본다.
그리스도의 생명을 받아 천국의 삶을 누리게 된다. 그 천국의 맛을
볼 때 자기 존재 가치를 깨닫는다. 그리스도의 생명을 받아 충만하
게 누리게 될 때 "인생이란 바로 이것이야!"하는 감격을 체험하게
된다.

그러므로 제자양육의 핵심은 그리스도의 생명을 인격적으로 나
눔에 있다. 신앙 단체나 교회가 큰 규모로 확대되면 그리스도의 생
명보다는 외형적인 일에 치우치게 된다. 그리하다 보니 경건의 모
양은 있으나 경건의 능력은 없는 상태로 전락한다. 그리스도의 이
름으로 많은 종교적 행사는 하지만 정작 그리스도의 생명은 없고
그리스도를 만난 환희와 감격은 없다. 그리스도의 생명을 받아 천
국을 맛보는 환희와 감격은 그리스도의 생애인 그리스도의 제자양
육을 실천해 봄에 있다. 한편으로는 그리스도의 제자가 되어 그리

스도를 배우며 또 한편으로는 그리스도를 본받아 제자양육을 할 때에 그리스도를 진실로 배우게 된다. 제자양육을 해 보기 전에는 그리스도의 사랑과 인내, 아픔, 슬픔, 고뇌를 제대로 깨달을 수 없다. 그러나 그리스도의 입장에 서서 그 아픔과 고뇌를 감당해 볼 때 그리스도의 마음을 알게 되고 주님의 위대함을 깨닫게 된다.

제자양육은 개인적인 영혼의 자유와 환희에 일차적인 목적이 있다. 그 다음에는 신앙과 인격의 성장이다. 신앙의 성장, 인격의 성장은 매우 어렵다. 특히 사고방식이 바뀌어야 신앙과 인격이 성장하는데 스스로 사고방식이 바뀌기란 얼마나 어려운가? 자기를 버리고 그리스도를 모셔야 하는데 자기를 버린다는 것은 얼마나 어려운가? 인간적인 노력으로는 거의 불가능하다. 성령의 도우심과 인격적인 공동체와 성숙한 리더의 훈련이 필요하다. 한국 교회의 큰 문제점은 성숙한 리더의 부재이다. 성도들이 영적으로 초보적인 상태에 머물러 있고 성숙한 경지로 나아가지를 못하고 있다. 그래서 약간의 문제가 발생하면 큰 문제로 발전하고 만다. 약간의 신앙과 인격을 가지고도 쉽게 해결할 수 있는 일도 해결하지 못한다. 문제를 해결해야 할 위치에 있는 사람이 도리어 문제를 만들고 있으니 안타까운 일이 아닌가? 그러면 어떻게 성숙한 신앙 리더를 양성한단 말인가? 그 답은 제자양육이다. 장기적인 안목을 가지고 신앙과 인격을 갖춘 리더를 길러내야 한다. 제자양육을 잘 하면 참으로 훌륭한 영적 리더를 많이 길러낼 수 있다.

제자양육의 궁극적인 목적은 예수님처럼 그들을 세상으로 보내어 세상을 변혁시킴에 있다. 하나님께서 창조하신 세상이 너무나 죄악에 가득 차 있다. 하나님께서는 택하신 자들을 성숙하게 만들어 그들로 하여금 불신 세계에 나아가 빛을 비춤으로 그들을 감화시켜 온 세상을 하나님 나라로 만드시려는 계획 속에서 인류 구원 역사를 이끌어 가시고 있다. 그러므로 세상을 변혁시킬 수 있는 영의 사람들이 필요하다. 세상을 변혁시킬 사람은 무엇보다 하나님 뜻에 절대적으로 복종하는 사람이며 기독교적 사상, 인격, 삶으로 무장된 사람이다. 어떻게 그런 세상을 변혁시킬 수 있는 사람을 만들어낸단 말인가? 물론 하나님께서 만드시지만 제자양육으로 가능하다. 이런 이유로 예수님의 제자양육을 교과서 삼아 제자양육에 매달리게 된 것이다.

기독교 계통의 신문에서 '제자 양육의 글'을 연재해 주도록 부탁해서 글을 쓴 적이 있다. 신문에 실린 글 몇 편을 실어본다.

 이 생명 다 바쳐 복음운동을!

본문 : 마가복음 8:34

아무든지 나를 따라오려거든 자기를 부인하고 자기 십자가를 지고 나를
좇을 것이니라

현대 목회자들을 매료시킨 것은 교회성장론이었다. 너 나 할 것 없
이 교회성장론에 심취하여 교회 성장에 도움이 된다고 하면 진리이
거나 비진리이거나 물불을 가리지 않고 교회에 도입하였다. 진정한
교회의 성장이 무엇인지 생각해 볼 겨를도 없이 한 사람이라도 더 끌
어 모으기에 정신이 없었다. 교회성장론이 교회의 양적 성장에 기여
한 것은 틀림없으나 목회자의 영혼에 기쁨과 만족을 가져다주지는
못하였다. 도리어 교회성장론이 교회를 많이 세속화시켰으며 목회의
질을 떨어뜨렸고 때로는 목회의 환멸을 가져오게도 하였다. 그러나
그리스도와 생명의 연합을 체험하고 그리스도와의 인격적 만남을 경
험한 목회자들은 가슴 벅찬 감격을 맛보는 목회는 없을까 고뇌하며
진정한 목회를 찾는다.

진정한 목회는 성경에 있다. 사도행전에 나오는 사도들과 초대교회 성도들은 인격화된 진리이신 그리스도를 만난 감격을 체험하였다. 하나님의 독생자를 주신 사랑에 압도되었고 그 사랑에 감격하여 하나님께 경배드리며 온 몸을 바쳐 헌신하였다. 그곳에 인격이 변화되고 기적과, 하나님의 임재, 성령의 권능이 임하였다. 그들은 성령의 역사하심에 높은 가치를 두며 하나님께 영광을 돌렸다. 그들은 그리스도 중심의 절대적 신앙을 가르치고 배우면서 천국을 경험하였다. 하나님의 인류 구원을 자기들의 삶 속에서 체험하였다.

진정한 목회자들은 초대교회와 같은 그리스도의 진리와 생명이 충만한 아름다운 목회를 사모한다. 그리하여 여러 가지를 시도해 보나 시원치 않다. 그러나 분명 길이요 진리이신 그리스도 안에 참된 목회의 길이 있으리라 확신하며 다시 일어서고자 하는 목회자들에게 제자 양육을 통한 목회를 소개하고 싶다. 필자는 대학생 선교 단체인 한국기독대학인회(ESF)에서 21년간 제자 양육을 해왔고 교회를 개척해서 11년째 목회를 해오고 있다. 그리스도의 진리와 사랑이 사람을 완전히 변화시키는 능력을 체험하면서 주님을 섬기는 기쁨을 만끽하였다.

제자 양육을 통한 인격과 삶의 변화는 우리 주 예수님께서 택하신 사역방법이었다. 주님께서는 3년 동안 대부분의 시간과 정력을 소수의 12제자양육에 쏟으셨다. 그 엄청난 능력의 주님께서 탁월한 자도 아닌 시골 청년들에게 공생애를 다 쏟아 부으신 것은 낭비처럼 보였다. 교회성장론 이론으로 보면, 대단히 지혜롭지 못한 처사였다. 그러나 30년이 지난 후 또한 2000년이 지난 오늘날 주님이 택하신 사역

방법을 상고해 보면, 역시 주님은 진리라는 확신을 갖게 된다. 교회 성장 측면에서도 주님이 택하신 제자양육은 뛰어난 사역방법이었음을 알 수 있다.

제자양육이란 무엇인가? 인격적 교제 속에서 하나님의 진리인 성경진리를 가르치고 나누면서 인격과 삶의 변화를 도모하는 신앙교육 방식이다. 제자양육의 생명은 인격적 교제 속에서 성경진리를 심는 것이다. 성경진리는 이성으로 추론하는 자연과학적 진리나 철학적 진리가 아니라 인격적 체험으로 깨달아지는 영의 진리이다. 예수 그리스도는 인격화된 진리이다. 인격화된 진리이신 예수님을 깨닫고 그의 생명을 누리려면 인격적 교제 속에서 성경진리를 학습하며 깨달아야 되는 것이다.

인격적 만남 즉 그리스도의 사랑의 교제 속에서 마음을 열어놓고 하나님의 진리를 배우게 될 때 그 진리의 말씀은 생명이 없는 철학적 진리와는 전혀 다르게, 생명이 있는 하나님의 살아 있는 말씀으로 다가오게 된다. 사랑과 진리 이것이 제자양육의 기본 원리이다. 좀 더 깊이 들어가면 성육신, 십자가, 부활을 삶에 적용하여 한 영혼을 섬기는 것이 제자양육이다. 나를 위하여 성육신하시며 목숨을 바치신 그 놀라운 사랑에 감격하여 내가 받은 그 큰 은혜와 사랑을 한 영혼에게 쏟아 부어 그를 섬기고 깨우치고 훈련하며 도와주는 것이 제자 양육이다. 제자양육의 목표는 그리스도와의 연합과 주를 본받은 삶이다. 성경 진리에 따라 변화된 새 사람의 인격과 삶으로 하나님께 영광 돌리도록 그 영혼을 섬김이 제자양육이다. 그 영혼을 섬기며 주님을 새롭게 배우게 되고 주님을 만나게 된다. 또한 예수님을 알아가고 닮아

가는 제자의 영혼을 바라보며 형언할 수 없는 기쁨과 감격을 누리게
된다. 이것이 바로 참된 목회자의 기쁨이다.

제자 양육은 단숨에 되지 않는다. 많은 시간이 요한다. 그러므로
단숨에 교회의 큰 성장을 꿈꾸는 사람은 체질상 맞지 않는다. 진정
제자양육을 꿈꾸는 사람은 속히 부흥코자 하는 마음을 버리고 천하
보다 귀한 한 영혼을 온전히 돕는 사역에 큰 비중을 두어야 한다. 그
렇다고 제자 양육이 교회성장과 역행되는 것은 아니다. 장기적으로
10년, 30년, 100년 후에는 제자 양육의 생명력이 나타나 놀라운 교회
성장을 가져온다. 사도행전 19장에서 사도 바울은 선교방법을 제자
양육으로 바꾸어 우상의 소굴 에베소를 복음으로 정복하여 제자 양
육의 진가를 보여주고 있다.

제자 양육은 피상적인 목회를 탈피하여 인간을 복음으로 온전히
사로잡음이다. 예수님의 사랑과 진리로서 완전히 변화되도록 꾸준히
가르치고 훈련하고 섬기는 영적 교육방법이다. 변화된 한 영혼을 얻
었을 때의 기쁨과 만족감은 이 세상의 무엇으로도 얻을 수 없는 것이
다. 예수님의 제자 양육 방법을 목회 사역에 도입함은 각박한 목회
생활에 지친 목회자들에게 새로운 활로를 열어 줄 것이다.

제자양육의 원리

제자양육이란 사람을 키우는 사역이다. 하나님의 말씀으로 복음
적인 사람이 되도록 가르치고 훈련시키는, 사람을 키우는 사역이다.

 이 생명 다 바쳐 복음운동을!

그러므로 제자양육의 원리는 복음적인 사람을 길러내는 원리이다.
이 원리가 요한복음 17장에 잘 나타나 있다.

제자의 정의

제자란 어떤 사람인가? '아버지의 것'(17:6) '아버지께서 내게 맡겨주신 사람' 제자는 내 것이 아니라 하나님의 것이다. 그러므로 내 사람이 되도록 키워야 하는 것이 아니라 하나님의 사람이 되도록 키워야 한다. 그러나 그 제자는 하나님께서 나에게 맡겨주신 양이다. 내가 책임을 지고 그리스도를 대신하여 돌보고 가르치고 훈련시켜야 하는 사람이다. 제자란 그리스도의 제자이며 그리스도를 배우며 사는 사람, 평생 그리스도를 배우며 닮아 가는 사람이다. 곧 복음적인 사상과 예수님을 닮는 인격과 예수님의 구원사역을 자기의 사명으로 삼고 일하는 사람이다.

제자양육의 목표

교육에 중요한 것은 목표설정이다.

제자 양육의 목표는 중생, 신앙 인격의 성장, 성숙한 복음 전파자이다.

(1) 중생: 거듭남. 영원한 생명 곧 영생을 얻도록 함이 제자양육의 1차 목표이다. 이것은 제자양육의 기초이다. 중대한 문제를 일으킨 사람은 중생의 기초가 잘못된 자들이다. 중생뿐만 아니라 중생의 기초를 철저히 다지는 것이 필요하다. 영생은 성부 하나님과 성자 예수님을 인격적으로 알고 연합함이다(요 17:3).

(2) 신앙 인격 성장: 예수님과 생명의 연합을 체험한 사람은 예수님의 인격에 매료되고 그를 사모하며 그를 본받게 된다(요 17:5). "내가 사는 것은 내가 아니요 내 안에 사는 그리스도입니다."고 고백할 수 있는 사람이 참 그리스도의 제자이다(갈 2:20). 자기를 버리고 십자가의 도를 깨닫고 실천하며 진정 그리스도를 사랑하고 닮아 가는 사람이 참된 그리스도의 제자이다. 그들은 일평생동안 꾸준히 그리스도를 알아가며 성장한다.

(3) 성숙한 복음 전파자: 그리스도의 제자양육의 목표는 선교에 있었다. 제자양육의 초점은 선교에 있다. 복음증거하고 하나님 나라를 건설하는 데 헌신할 수 있는 사람 양성이 제자양육의 목표이다(마 28:19,20, 요17:4).

제자양육의 원리

예수님은 갈릴리 청년들을 어떻게 복음적인 사람들로 키웠는가? 어떻게 중생, 신앙 인격성장, 성숙한 복음 전파자 교육을 시켰는가?

(1) 말씀(요17:8): 성경은 하나님의 진리이다. 어둠 속에 거하는 인간 영혼에 비추는 빛의 계시이다. 권위 있는 하나님 말씀 선포, 인격적인 성경공부, 성경 진리에 의한 인생 문제 해결, 진리 묵상을 통한 그리스도와의 만남, 말씀 묵상 속에서 인격적으로 하나님을 만남, 인격 중심에 하나님의 말씀을 심음 등 성경이 아니고서는 중생, 신앙 인격 성장, 복음 전파자 양성은 불가능하다. 오직 성경으로 중생, 신앙 인격 성장, 복음 전파자 양성이 가능하다.

(2) 기도(요17:9): 말씀이 뿌리 내리고 자라게 하는 데 기도가 필수

적이다. 기도 속에 자기 아성이 깨어지고 자기중심의 영혼이 하나님 중심으로 변화된다. 기도 속에 영광의 하나님을 뵙게 되고 그리스도와 만나며, 기도로 성령의 능력을 체험하며 살아 계신 하나님을 만나게 된다. 기도로 내 안에 임재하신 하나님을 깨닫게 되고, 하나님 말씀이 살아있는 말씀으로 다가오게 된다.

(3) 보전(요17:12): 양을 지키기란 쉽지 않다. 타락한 본성인 육신적 욕구, 세상의 유혹, 간사한 사탄의 계교를 물리치고 그리스도의 제자로 성장하기에는 말씀, 기도, 카운셀링, 특별한 사랑이 필요하다.

(4) 성결(요17:17): 거룩하신 하나님 성품을 본받아 거룩한 삶을 살도록 일깨우고 인도함이 중요하다. 그래야 세상에 살면서도 세속화되지 않고 세상을 변화시킬 수 있는 능력이 생긴다. 여기엔 끊임없는 훈련이 필요하다.

(5) 파송(요17:18): 양들은 "여기가 좋사오니 여기에 초막 셋을 지읍시다"는 유혹을 받는다. 즉 말씀 공부, 사랑의 교제, 신앙 훈련 등을 좋아하고 항상 배우나 진리에 이르지 못하는 오류에 빠지기 쉽다. 그러나 제자 양육의 궁극적 목표는 성숙한 복음 전파자 양성이므로 양육 훈련 후에는 반드시 파송해야 한다. 세상으로 나가야 한다. 세상에 나가 그리스도의 빛을 비춰야 한다.

(6) 모범(요17:19): 제자양육 실제에 있어서 가장 중요한 것은 바로 이 모범이다. 특히 영의 세계는 보이지 않기 때문에 제자들은 눈에 보이는 모범을 찾는다. 여기에서 제자 양육의 성패가 판가름 난다. 주님은 항상 "나를 따르라"(막 1:17)는 말씀을 하셨고 이것이 예수님의 제자양육의 비밀이다. "내가 주와 선생이 되어 너희 발을 씻겼으

니 너희도 서로 발을 씻기는 것이 옳으니라. 내가 너희에게 행한 것 같이 너희도 행하게 하려 하여 본을 보였노라"(요 13:14,15). 모범은 제자양육의 가장 중요한 원리이다.

(7) 훈련(요17:6): 제자들이 말씀에 순종하고 말씀을 지키게 하기 위해서는 인격적이고 적절한 훈련이 필요하다. 주님은 요한복음 6장에서 ① 보여주시고 ② 믿음의 기초가 되는 이론을 제공하시고 ③ 실습 훈련을 시키심을 볼 수 있다. "와 보라" 체험하여 스스로 깨닫게 하셨던 것을 볼 수 있다.

예수님께서 갈길리 바다를 배경으로 갈릴리 청년들을 복음전파자로 양육하심을 사모하면서 제자양육의 환희를 맛보는 목회를 경험하면 오늘날 혼탁한 교회비리에서 초연할 수 있으리라.

제자양육의 위력

"바울이 그들을 떠나 제자들을 따로 세우고 두란노서원에서 날마다 강론하여 이같이 두해 동안을 하매 아시아에 사는 자는 유대인이나 헬라인이나 다 주의 말씀을 듣더라"(행19:9,10)

목회자들의 간절한 소원은 무엇인가? 교회의 부흥이다. 또한 교회의 질적 성장이다. 즉 교회의 질적, 양적 성장이 목회자들의 간절한 소원이다. 사도행전 19장에는 목회자들이 간절히 바라는 놀라운 영적 폭발의 역사가 기록되어 있다.

이 놀라운 영적 폭발(spiritual explosion)의 원동력은 제자훈련 (discipline)이었다.

바울 사도의 새로운 전도전략

사도 바울은 제3차 전도여행 시에 선교전략의 대전환을 모색하였다. 그 동안은 ① 대도시 중심 ② 회당 중심 ③ 강론 중심의 선교전략이었다. 즉 이곳저곳 돌아다니며 전도 집회 중심으로 구약 언약의 성취로 오신 예수그리스도와 하나님의 구원을 선포하여 결신자를 얻는 선교 방식이었다. 그런데 제3차 전도여행 시에는 ① 한 지역에 고정함 ② 장기간 사역함 ③ 장소에 제한 받지 않음 ④ 소수의 제자양육에 집중함으로 선교전략을 전환하였다. 이 새 선교전략이 적중하여 우상의 소굴 에베소를 복음으로 정복하게 되었다. 우상의 소굴 에베소를 복음으로 정복한 비결은 무엇인가?

제자양육이었다. 바울은 어떻게 제자양육하였는가?

바울 사도의 제자양육

바울 사도는 철학 강론 장소인 두란노 서원을 빌려 3년 동안 제자양육에 집중하여 영적 폭발의 역사를 이루었다.

(1) 제자를 따로 세움(19:9): 지금까지 단기간 결신 위주의 선교사역을 해오다가 진정한 크리스천 양육을 목표로 제자훈련을 시작하였다. 제자에 대한 구별, 특권 의식과 책임성 부여, 독특한 훈련 프로그램 실시로 교육 환경을 만들었다.

(2) 두란노 서원에서 강론(19:9): 장소에 제한 받지 않았다.

(3) 날마다 강론(19:9): 학자들에 의하면 날마다 5시간씩 훈련하였다고 한다. 인격화된 말씀을 인격적 교제 속에서 인격화될 때까지 심고 또 심었다. 말씀에 감화 감동되고 말씀에 푹 빠져 말씀의 사람, 진리의 사람, 그리스도의 사람이 되도록 훈련하였다. 훈련 기간은 2년 남짓이었으나 날마다 5시간임을 고려할 때 대단히 많은 시간과 깊은 인격적인 만남 속에서 고도의 영적 훈련을 집중하였다.

(4) 제자 양육하는 제자를 양육함(19:9, 딤후2:2): 9절과 딤후2:2절 말씀을 고려해 볼 때 전도 잘하는 제자, 제자양육 잘하는 제자를 양육하였다. 그리하여 바울과 같은 능력 있는 전도자가 수십 명 탄생되어 곳곳에서 복음 증거하게 되니 온 아시아에 사는 자는 헬라인이나 유대인이나 다 주의 복음을 듣게 되었다. 수준 높은 제자를 양육하면 양적 전도는 순간적으로 일어나게 된다.

(5) 제자 양육하는 바울의 자세(20:17-38):
① 성육신의 자세(20:18,19): 겸손과 눈물로써 각 사람에게 맞게 복음 증거하였다.
② 놀라운 열정과 사랑(20:19.20): 놀라운 예수님의 사랑으로 열정적으로 가르쳐 그 사랑과 그 열정에 다 감동되었다.
③ 복음적 메시지(20:21): 인간적인 사상이나 지식을 증거하지 아니하고 예수그리스도와 하나님의 구원을 선포하여 눈물의 회개와 감

동적인 결단의 역사가 있었다. 그의 메시지에는 복음의 능력이 있었으며 영혼을 뒤흔드는 감화력이 있었다.

④ 목숨을 바친 헌신(20:22-24): 자기 생명을 조금도 귀한 것으로 여기지 아니하며 복음 전파에 헌신하였다. 그 헌신은 살아 계신 주님을 보는 듯 하였다.

⑤ 양을 지킴(20:28-32): 양 무리를 끝까지 책임 있게 돌보았고 진정한 사랑으로 양 무리의 영혼을 지켰다.

⑥ 모범(20:33-35): 진리와 사랑으로 양들을 섬겼으며 모범을 보여 양들의 한없는 존경과 사랑을 받았다.

⑦ 주는 생활(20:35): '주는 생활'을 하였으며 '주는 생활'을 가르쳐서 생명력 넘치는 모임을 만들었다.

⑧ 감격이 넘치는 교제(20:36-38): 놀라운 성령의 감화와 주님의 사랑으로 그들은 울고 감격하며 천국의 환희를 체험하였다.

제자양육의 위력

바울 사도의 3년 동안의 제자양육 사역의 결과는 참으로 놀라웠다. 우상의 소굴 에베소가 복음으로 정복되는 경이적인 역사가 일어났다.

(1) 대대적인 전도운동과 교인수의 폭발적인 증가(19:10)

(2) 하나님의 살아 계심을 체험케 하는 능력의 역사(19:11-16)

(3) 개개인의 문제해결(19:11-12)

(4) 기적이 일어남(19:11-16)

(5) 대대적인 회개운동(19:17-19)

(6) 일반성도들도 느낄 수 있는 권세 있는 말씀의 역사(19:20)

(7) 세계선교의 비전과 선교 헌신자 속출(19:21)

(8) 복음의 권능을 체험한 후 갖는 큰 확신과 놀라운 자신감(19:21)

제자양육은 원자폭탄의 폭발과 같이 한 인간 영혼을 변화시켰고 변화된 영혼이 또 다른 영혼을 변화시키고 또 다른 영혼을 변화시켜서 핵폭발과 같은 위력을 발휘하게 되었다. 현대에도 이와 같은 영적 폭발을 일으키는 제자양육이 가능하다. 그리스도께서 오늘날도 우리와 함께 하시기 때문이다. 우리는 이 믿음을 가지고 다시 제자양육에 도전한다.

혈육보다 귀한
사랑

그리스도 안에서 나눈 형제애는 혈육 이상의 진한 사랑이었다. 이 세상에서 가장 가까운 인간관계는 가족이다. 혈육이다. 그런데 그 혈육보다 더 진하고 귀한 사랑을 나누었다고 한다면 인생의 최고 경지를 맛보았다고나 할까? 우리는 그리스도 안에서 혈육도 나눌 수 없는 귀하고 귀한 사랑을 경험하였다.

나는 형제들의 뜨거운 사랑 속에 안식년을 갖게 되었다. 비행기 안에서 사랑하는 형제, 자매들의 사랑을 생각하니 눈물이 솟아 나왔다. 뜨거운 눈물이 쏟아졌다. 아무리 억제하려고 해도 멈추지 않는 감사의 눈물이 나왔다.

먼저 안식년 이야기를 하는 것이 순서이겠다. 성경에 안식년 제도가 있다. 선진국 교회에서는 안식년을 지킨다. 한국 선교사들은 안식년을 지키나 한국의 목회자나 학생복음운동가는 지키지 않고 있다. 특히 가난한 학생복음운동가가 무슨 안식년인가? 성경의 교훈인데도 거부하고 있다. 마음은 원하나 현실적으로 불가능하게 보여 엄두를 내지 못한다. 그러나 몇몇 학생복음운동단체에서는 선진 문화를 도입하여 과감히 안식년을 찾기도 한다. ESF에서는 간사생활 7년차에 안식년으로 신학교육을 받을 기회를 주고 14년차, 21년차에 안식년을 가질 수도 있도록 규례를 정하고 있다. 그러나 경제적인 이유, 사역적인 이유 등으로 여건이 안되어 실행하지 못하고 있다.

십자가가 있는 곳을 택하라

나의 선배님들은 간사생활 5-10년차에 3년씩 미국, 영국에 가서 유학하였다. 내 차례가 되었다. 그런데 우리 모임은 너무 약하였다. 자칫 잘못하면 단체가 와해될지도 모르는 상황이었다. 그런 속에서 박차고 나간다는 것은 도리가 아니었다. 그래서 유학의 꿈을 접고 오로지 개척에 열중하였다. 하나님의 은혜로 개척이 순조로워 기초를 잡게 된 후에 다시 유학 혹은 세계적 안목, 성장 문제를 의논하였다. 유학은 아니더라도 1년만이라도 언어를 공부하며 눈을 넓히는 재충전의 시간을 바랐다. 그때에도 해외에서 공부를 별로 달갑지 않아하는 분위기였다. 한 사람이 공부하면 다 공부하러 해외에 나갈 것이고 그렇다면 그 비용은 어떻게 감당하고 복음운동은 누가하는가 하는 걱정에서였다. 공부를 원하면 책을 사다 읽으면 될 것이지 무슨 유학인가? 고비용의 해외 생활은 너무 부담이 큰 것이라는 것이었다. 우리를 사랑하는 분들의 마음을 모르는 바가 아니었다. 가난한 학생복음운동가들이 너나 할 것 없이 유학하면 누가 복음 운동할 것이며 그 비용은 누가 댈 것인가? 현실적으로 맞는 말이었다.

그러나 자신의 능력의 한계를 많이 느끼던 차라 서운하였다. 이보다 더 어려울 때도 뒷바라지 하며 감당해 왔는데 3년도 아닌 1년 정도의 재충전 시간도 외면하다니 너무 야속한 것이 아닌가 생각하였다. 그러나 그리스도 안에서 그 의견을 존중하고 유학의 꿈을 또 접어야 했다. 그로부터 시간이 많이 흘러갔다. 안식년도 머리 속에서 사라져 갔다. 그런데 동역자들이 하나 둘 학생복음운동을 떠나는 것이었다.

그리하여 나도 계속 학생복음운동을 할 것인지 목회를 해야 할 것인지 갈림길에 서게 되었다. 하나님 앞에서 평생을 학생복음운동하기로 서원하고 출발하였는데 몹시 고민이 되었다. 동역자들이 사직하고 공부하러 갈 때도 자리를 지키는 것이 충성의 길이었고 미덕이었는데 어느덧 그런 미덕은 오히려 부담으로 바뀌고 있었다. 나는 몹시 당황하였다. 지금까지 고생하고 충성을 다한 것에 대한 이해 부족 때문이 아니었다. 누가 압력을 행사한 것이 아니었다.

크게 당황한 이유는 세월 때문이었다. 그저 앞만 향해 달려왔는데 내가 어느덧 50을 넘어 환갑을 바라보고 있는 것이었다. 어느 시점이든지 아름답게 유종의 미를 거두고 물러가야 하는 그 현실 앞에 당황한 것이었다. "오 하나님, 언제 이렇게 시간이 많이 흘러갔습니까? 하나님 제 남은 인생 어떻게 살다가 가야 합니까?" 기도를 해도 앞이 잘 보이지 않았다. 오직 복음 운동만 생각하고 달려왔기 때문이다. 물론 100년이 넘도록 영원토록 학생복음운동한다고는 생각 안했어도 막상 진로를 결정하려 하니 도무지 갈피를 잡을 수 없었다. 청춘을 다 바쳐 오직 이 길을 달려왔는데 남은 생 이일을 위해 다 바칠 것인가? 아니면 목회를 개척자의 마음으로 새롭게 시작할 것인가?

이러한 결정 앞에 "십자가가 있는 곳을 택하라"와 "나의 유익보다 하나님의 유익, 다른 이의 유익을 더 생각하라"는 명언을 씹으면서 좋을 때 아름답게 끝마무리하는 것이 좋겠다는 생각이 마음속에 들어왔다. 그러나 소명 문제나 복음 사역의 장래, 나의 장래는 어떻게 될지, 당장 두 아이의 학비 문제 등을 생각하니 또다시 생각이 복잡해졌다. 이런 가운데 생각을 정리하고 하나님의 인도하심을 받기 위해 안식년을 갖기로 하였다. 광주 학사들과 이사들이 도와주지 않으면 안식년의 비용은 감당할 수 없었다. 간사들과 학사들이 적극적으로 후원한다는 말에 용기를 내어 추진하였다. 특히 김규현 목사, 유정훈, 김쌍중, 박귀진 간사와 정일선, 임영국, 황규진, 송호준, 윤태용 등 많은 학사들의 헌신적인 노력으로 후원금이 모아졌다. 그리하여 2003년 8월 19일부터 2004년 9월 13일까지 시카고에서 안식년을 갖게 되었다.

이틀 동안을 꼬박 밤을 새워 짐을 꾸렸기에 비행기 안에 들어가자마자 쓰러져 버릴 지경이었으나 이상하게 정신은 더욱 맑아졌다. 사랑하는 간사님들과 학사님들 나의 형제, 나의 자매들의 그 사랑에 감동되어서였다. 나의 친형제들도 이렇게 사랑을 쏟을 수 있겠는가? 다들 이제 삶의 기반 잡느라 얼마나 어려울 터인데 이렇게 사랑을 한단 말인가? 친 형제 혈육도 돕고 싶어도 여러 사정상 돕지 못한데 예수님의 생명을 나눈 우리 형제자매들이 이렇게도 사랑을 담아 후원하다니 그 사랑에 감동되어 자꾸만 눈물이 나왔다. 아직 해외여행을 한 번도 못한 형제자매들도 '100불의 향기'를 드린 사랑에 미안하고 감사하였다. 어려운 가운데 백만원을 후원한 학사도 있었고 이천만원을 헌금한 학사도 있었다. 친 형제 혈육도 할 수 없는 일을 우리 형제자매들이 하였다.

"오 하나님. 이 사랑을 무엇으로 감사하오리이까? 하나님 정말 감사합니다. 혈육보다 귀한 이 사랑 감사합니다. 아버지여, 저들의 사랑은 아버지를 향한 사랑이옵니다. 받아주시고 한없이 축복하여 주소서! 몇십 배 몇백 배로 갚아주소서! 주님, 정말 남은 인생 더욱 복음을 위해 힘쓰겠습니다. 어떻게 이 은혜에 보답하리이까? 능력 있는 복음 사역이 아니니이까? 복음의 능력을 덧입게 해 주옵소서! 저 아름다운 영혼들에게 영적인 은혜로 이 사랑의 빚을 갚게 하소서! 아멘."

메시지 : 안식년을 다녀와서

본문 : 데살로니가전서 2:19,20
우리의 소망이나 기쁨이나 자랑의 면류관이 무엇이냐 그의 강림하실 때
우리 주 예수 앞에 너희가 아니냐 너희는 우리의 영광이요 기쁨이니라

사랑하는 학사님, 형제자매님!

먼저 우리를 구원하신 하나님을 찬양하며 영광 돌립니다. 또한 이종이 미국 시카고에서 1년 동안 안식년 쉼을 갖도록 기도하며 후원해 주신 간사님, 학사님, 형제자매님들께 지면을 통해 심심한 감사를 드립니다. 학사님들의 기도와 사랑의 후원이 없었다면 안식할 수도 없었고 중간에 돌아와야 했을 터인데 정성을 다하여 후원해 주셔서 안식년을 갖게 해 주심 진심으로 감사드립니다. 이 사랑의 빚을 갚기 위해 남은 인생 더욱 주님을 위해 헌신하며 님들을 위한 기도를 쉬지 않겠습니다. 바울 사도는 자신의 기쁨이나 자랑이 무엇인가? 바로 사역의 열매인 양들이라고 고백합니다. 양들만 생각하면 기쁨이 샘솟

듯 하고 누구 앞에서든지 자랑이 되고 큰상을 받음 같은 뿌듯함이 있었는데 저의 심정이 그와 같습니다. 혈육보다 더 귀한 사랑으로 섬겨주신 모든 분들께 다시 한 번 깊이 감사드립니다. 우리 하나님의 은혜와 축복이 님들 영혼 가득히 임하시기를 기도합니다.

안식년 동안의 활동

2003년 8월 19일 출국하여 2004년 9월 13일 귀국하기까지 활동을 간단하게 보고합니다. 출국 전 1개월을 사역 정리 및 인계, 집 문제 해결, 살림 짐 처리, 미국 생활 준비 여행 짐 꾸리기 등으로 심히 바쁘게 보냈습니다. 비행기를 탄 순간 기절할 정도로 고단하였습니다. 미국에 도착하여 1개월 반 동안 심한 무더위 속에서 살림도구 장만, 소셜넘버 받기, 운전면허증 발급 받기, 자동차 구입, 전화 가설, 전기, 가스 신청, TV 인터넷 신청 등 출국 전처럼 바쁘고 힘들었습니다. 특히 언어의 불통으로 겪는 고통은 언어 장애인들의 고통과 슬픔을 이해할 수 있을 만큼 심하였습니다. 2개월이 지나서야 정상적인 생활에 돌입할 수 있었습니다.

저는 APCC와 Truman College에서 6개월 동안 영어 공부, 아내는 APCC에서 8개월 동안 영어공부, 요셉과 지현은 2학기 동안 North Park University와 University of Illinois at Chicago(UIC)에서 어학연수를 하였습니다. 온 집안이 학구적인 분위기가 가득하였습니다. 저는 영어공부로 안식년을 보낼 수 없어서 숙원 사업의 하나인 로마서

집필에 들어갔습니다. 200페이지 정도 진척을 보였습니다. 요셉, 지현의 3학기 등록을 하기에 물질적으로 부담되어 조기 귀국하기로 하고 1개월 동안 미국 IVY 리그대학 탐방과 동부 지역 여행을 하기로 하여 작은 승용차에 온 가족을 싣고 모험을 감행하였습니다. Harvard, MIT, Yale, Princeton, Chicago, North Western 대학 탐방은 매우 유익하였습니다. 요셉, 지현 귀국 후에는 시카고를 떠나 LA와 서부를 여행하며 여러 교회를 탐방하였습니다.

미국에서 배운 점

왜 안식년을 미국으로 갔는가 하면 홍귀표 목사님의 전화를 받고 나서 하나님의 뜻이 거기 있음을 깨닫고서입니다. 아이들 어학연수를 할 수 있는 곳, 영국, 뉴질랜드, 캐나다 등도 알아보았으나 비용이 만만찮고 선진 문화, 신학을 배울 수 있는 교육기관, 교회, 도서관등이 시카고가 좋아 미국으로 결정하게 된 것입니다.

선진 문화를 가진 미국의 장점을 배움

어느 나라나 장단점이 있고 개성 있는 문화가 있지마는 미국에서는 배울 것이 의외로 많았습니다. 미국의 단점으로는 절대 신앙을 버리고 물질주의로 돌아서는 경향이 있음, 세계 경찰국가라는 미명하에 약소국들의 주권을 침해하는 일, 일방주의, 인종차별, 죄인들에게 지나친 자유를 주어 타락문화를 양산함, 동성애자들의 결혼을 합법화 하는 도시가 생기기 시작함, 총기를 휴대하도록 하여 밤거리를 다닐 수 없는 치안 공백 상태, 세금이 너무 비쌈, 의료비 등 생활비가 많이 드는 것, 일을 빨리 처리하지 못함 등 단점이 있습니다. 그러나 나는 단점을 보기보다는 좋은 점을 배우기에 힘썼습니다.

질서 의식. 미국은 여러 인종이 모여 사는 나라이면서도 그 사회가 대단히 안정되어 있는 것은 법을 존중하고 질서를 지키는 것이었습니다. 교통문화, 거리 간판, 공연장 입장 질서, 건물, 사회 질서 등이 잘 갖춰져 있었습니다. 공권력에 대항한다는 것은 생각하기도 어려울 정도였습니다.

남을 배려하는 문화. 문에 들어갈 때 뒤따라오는 사람을 생각하며 문을 잡고 기다리는 것이나 자동차 문을 열어주는 것에서 시작하여 남을 배려하는 것이 몸에 배어 있었습니다. 이것이 발전하여 다음 세대를 위하여 자연을 보호하고 가꾸는 것은 정말로 고개가 숙여질 정도로 잘하고 있었습니다.

공공시설. Public 정신이 잘 발달되어 있는데 도서관, 박물관, 공원 등 시설을 수준급으로 잘해놓고 모두 즐거이 사용하도록 하여 모든 국민들이 아주 편리하고 유익하게 잘 사용함은 본받을 만한 것이었습니다.

약한 자를 보호함. 미국은 여성 천국, 야생 동물 천국, 어린이 천국, 장애인 천국이란 말을 들을 정도로 약한 자를 잘 보호하고 있었습니다.

광활한 땅과 도로망, 도로 표지. 미국은 북미 대륙이 노른자위 땅을 고스란히 차지하여 없는 것이 없을 정도로 좋은 땅이었습니다. 미국을 기회의 땅, 축복의 땅이라고 부를 만한 이유가 있었습니다. 그 광활한 땅을 짧은 시일에 거미줄 같은 도로망으로 구축함에 놀랐습니다.

영웅을 만드는 사회. 미국에는 산 사람이든 죽은 사람이든 훌륭한 사람은 영웅으로 만들어 사람들의 귀감으로 삼는 것이 부러웠습니다. 그리하여 많은 교육적 효과를 거두고 있었습니다. 정년 제도가 있는 곳도 있었지만 능력에 따라서 나이 성별 차별 없이 일할 수 있는 기회를 주는 나라였습니다.

애국심. 미국 사람들은 이상하게도 나라를 사랑하고 나라를 위해 헌신하는 일을 큰 자랑으로 여기고 있었습니다. 여러 나라에서 온 다양한 인종들이 모여 살기 때문에 민족애도 없고 이기주의만 난무할 사람들로 보였는데 실제로는 우리나라 사람 못지않게 애국심이 대단하였습니다. 미국 성조기를 자랑스럽게 집에나 자동차에 꽂고 다니는 사람을 많이 보았습니다.

Chicago ESF를 배움

미국 Chicago에서 11개월을 머무는 동안 Chicago ESF에 금요 예배, 주일 예배를 한 번도 빠지지 않고 참석하였습니다. Chicago는 우리와 똑같이 학생 복음운동으로 시작하였는데 우여곡절을 거쳐 현재는 다국적 선교 공동체로 바뀌어 있습니다. 50명 정도의 17개국 출신의 미국인들로서 필리핀계, 남미 히스패닉계, 한국계로 3구분됩니다. 처음에는 어리둥절했으나 역사 과정과 현재 하는 일들을 살펴보니 이해가 되었습니다. 홍 목사 부부는 복음 정신을 가지고 열심히 전도하고 선교하고 있었습니다. 그래서 거의 매주 신입 회원들이 등록하고 있었습니다. 어려운 미국에서 거의 100만 불짜리 회관을 소유하기까지 얼마나 애썼을까? 영어로 설교하여 영어로 예배드림도 큰 장점이었습니다. 남미의 페루, 과테말라, 파나마, 도미니크 공화국 등으로 선교의 길이 열려 열심히 선교함도 고무적이었습니다. 그러나 양육이 잘 되지 않아 정착하는 사람이 적고 원래의 목적하는바 학생 운동이 약해짐과 한국인 사역이 약화됨은 큰 기도제목이었습니다. 홍 목사님은 한국에서 헌신적이고 유능한 간사가 와서 학생복음운동을 일으키기를 바라고 있습니다.

미국 복음운동과 교회를 배움

안식년 기간 동안 미국의 복음 운동과 교회를 배우리라는 것이 큰 기도 제목이었습니다. 그러나 물질부족, 언어 부족, 지역의 광대함 등으로 계획한 만큼 큰 수확을 올리지 못했습니다. 그러나 하나님 은혜로 의외로 많은 곳을 방문하게 되었습니다.

03 Urbana Convention. 3년마다 열리는 수양회가 마침 내가 방문하는 해 12월말에 Chicago에서 자동차로 3시간 거리의 Urbana Illinois 대학교에서 열려 참석하였습니다. 회비가 너무 비싸(650불, 약 80만원) 몹시 망설이다가 송종록 선교사의 강권과 이때 아니면 언제 참석하겠는가 반문하며 참석하였습니다. 2만명 수용의 Convention Center에서 질서 있게 대규모의 수양회를 잘 진행하고 있었습니다. 미국 학생 복음 운동도 살아 있음을 목격할 수 있는 현장이었습니다.

Trinity Theological Seminary, Calvin Theological Seminary, Moody Bible Institute를 방문하여 시설, 역사, 도서관, Admission등

을 살펴보았습니다. 시설이 좋아 공부하고픈 생각이 들었습니다. 또한 Zondervan, Eerdmans, Baker등의 유수한 출판사가 시카고에서 3시간 거리의 Grand Rapids 시에 있기에 방문해 보았습니다.

Chicago의 Willow Creek Church, Fort Lauderdale의 Coral Ridge Presbyterian Church, LA의 Saddleback Church, Robert Schuller의 Crystal Cathedral(수정교회), 남가주 사랑의 교회, 오렌지카운티 제일장로교회, 버뱅크 한인교회 등을 방문하여 교회의 시설, 역사, 특징 등을 살펴보고 자료를 구해 가지고 돌아 왔습니다.

한인 세계 선교사 대회. Chicago에서 가까운 Wheaton College에서 3년마다 열리는 대회여서 참석하여 선교에 헌신하는 많은 선교사들의 간증과 선교에 헌신하는 많은 사람들의 모습을 보고 와서 흐뭇하였습니다.

역시 복음이 살아 있는 교회는 어디서나 부흥하고 있었습니다. 그리고 대중에 접근하는 교회들이 성장하고 있음을 확인하였습니다.

나의 진로

안식년 기간 동안 가장 큰 기도 제목은 진로 문제였습니다. 출국할 때 학생운동이든 교회든 안식년 후에는 하나만 하리라는 결심을 하고 떠났기 때문에 안식년 후 어떤 진로를 택할지를 놓고 기도하였습니다. 학생 운동을 그만 두고 교회 사역을 하려 하니 하나님 앞에서 평생 사역하겠다는 결심과 소명이 걸렸습니다. ESF 특히 광주 ESF

 이 생명 다 바쳐 복음운동을!

는 31세에서 55세까지 나의 청춘이 고스란히 바쳐져 있고 나의 생명을 다해 헌신하였던 곳이어서 마음에서 도무지 허락되지를 않았습니다.

광주 ESF는 나이며 내 인생은 곧 광주 ESF라 할 만큼 나의 온 생이 다 쏟아져 있는데 중도에서 그만 둔다하니 여러 생각이 스쳐 지나갔습니다. 몇 사람은 전국 ESF 대표를 맡아 강력한 복음 운동을 하도록 권했습니다. 그러나 나의 생각은 점점 좋을 때 물려주는 것이 좋겠고 나는 십자가가 있는 곳을 결단하고 나감이 좋겠다고 생각이 되었습니다. 그리고 하나님 앞에 소명 문제를 가지고 기도하였습니다. 여러 곳을 다니며 기도할 때 하나님께서 마음을 열어 주셨습니다.

주님 곁을 떠난 것이 아니며, 다른 형태로 주님의 일을 하는 것이므로 소명과 처음 결단에서 자유롭도록 마음을 열어주셨습니다. 그러나 지금까지 앞만 향해 달려오던 내가 학생복음운동을 그만 둔다하니 꿈을 꾸는 것 같았습니다. 실감이 나지 않았습니다. 웬일인지 허전함과 서글픔도 몰려옴은 어찌할 수 없었습니다. 인생무상 같은 생각도 몰려왔습니다. 그러나 곧 마음을 추스렸습니다. 하나님 앞에 헌신적으로 살면 지금까지 큰 은혜를 베풀어주신 하나님께서 어찌 은혜를 베풀어주시지 않겠는가 생각하며 마음 정리를 하였습니다.

귀국하여 광주지구 이사회를 몇 차례 열어 학사님들의 의견을 청취한 결과 Camp를 활성화하고 분할 리더십의 형태로 방향을 정함이 좋겠다는 의견을 받아들여 5개의 Camp(신안, 무등, 풍향, 누가, 송정)로 나누고 후임 책임 간사로는 내년도 간사 10년차이며, 신학교를 졸업하게 되는 유정훈 간사를 정하였습니다. 이사 전원이 기쁘게 동의하고 간사들 전원이 기쁘게 동의하여 전국 운영위원회에 보고하였습니다.

사랑하는 동역자님들!

그동안 이 종을 위해 기도해 주고 함께 울며, 웃으며, 고생하며 동역하였던 님들을 인하여 감사 드립니다. 나의 기쁨이요 자랑의 면류관은 바로 당신들임을 고백합니다. 나는 내년 홈커밍데이에 퇴임하고자 합니다. 그러나 금년 말까지만 회관에 출근하고 뒷일은 후배들에게 맡기고자 합니다. 지금 제 심정은 무거운 짐을 벗은 홀가분함과 후배들이 복음운동을 크게 성장시킬 것을 기대함과, 형언키 어려운 아쉬움이 뒤섞여 있습니다. 저와 제 아내를 위해서 기도해주시면 고맙겠습니다. 요셉이와 지현이가 어려움 없이 대학을 졸업하고 유학할 수 있도록 기도 바랍니다. 제가 하나님의 위로를 받아 새롭게 제 2의 인생을 시작하도록 기도 부탁합니다.

"나의 기쁨이요 자랑의 면류관인 믿음의 형제자매 여러분을 진실로 사랑합니다."

2004년 11월 18일
주안에서 사랑하는 이로부터

나의 기쁨,
나의 면류관

안식년을 다녀온 후 마음을 정하였다. 좋을 때 후배들에게 사역을 물려주고 나는 새로운 개척의 땅을 향해 나가는 것이 여러모로 좋겠다고 생각했다. 누구를 후계자로 세울지가 고민이었다. 너무나 훌륭한 후배들이 여럿이었기 때문이었다. 마침 그때 의료계통의 학사들이 의대가 대학원대학이 되는 시점에서 종전과 같은 형태의 전도는 어렵고 새로운 패러다임으로 학생복음운동을 해야 하는데 그것은 학사들과 함께 예배드리는 것이며, 학사들이 주인의식을 가지고 참여하도록 기회를 달라는 것이었다. 학사운동 때문에 어려움을 겪고 있는 터에 매우 반가운 의견이 아닐 수 없었다. 또 그 때 성서교육의 꿈을 가진 김규현 목사가 목회보다 성서교육을 위한 복음운동을 하기를 원하는 메일을 보내왔다. 그때 송정캠프의 어떤 형제가 28페이지의 장문의 메일을 보내왔는데 내용인즉 호남대, 광주여대 송정캠프가 너무 멀어 복음운동의 한계가 있으니 따로 예배를 드리게 해달라는 내용이었다. 3년 전부터 광주에서는 한 지구가 아닌 4개 지구를 목표로 캠프 헌금을 하며 준비해 왔고 여러 학사들도 단일 리더십보다는 멀티 리더십이 좋지 않겠는가 하는 의견을 피력해 왔다.

이런 여러 의견을 놓고 하나님 앞에 기도하였다. 무엇보다 광주지구 복음역사가 더욱 성장 발전하여 지금까지 쌓아온 기초 위에 꽃이 피고 열매를 맺는 사역이 될 구도를 갈망하였다. 여러 차례 간사회, 이사회를 소집하여 대화를 나누고 학사들, 학생 리더들의 의견을 청취하며 기도하였다.

그리하여 전국 ESF 정책과 전통을 벗어나지 않는 범위 안에서 한 지구 안에 복수의 캠프를 두어 장차 광주에 4-5개의 지구가 하나로 연합하여 사역하는 구도로 방향을 정하였다. 이미 부산 지구에서 시도했던 제도였다. 그런 방향 속에서 신안 무등 캠프는 유정훈 간사, 풍향캠프는 김규현 간사, 누가캠프는 김쌍중 간사, 송정 캠프는 윤서약 간사, 학사회는 박귀진 간사 중심으로 사역하고 책임간사는 유정훈 간사로 이사회에서 선임하였다. 이노호, 최승범, 유영철, 정규성, 정한수, 임영국, 정일선 학사들이 책임간사 물망에 오르기도 하였다. 그러나 역사의 계승, 발전, 전국 간사회와의 원만한 동역, 10년 후의 광주 등을 고려하여 젊고 유능한 유정훈 간사가 선임되었다.

이노호, 최승범과 같은 귀한 인물들이 광주에 와서 봉사할 기회를 제공 못한 것이 아비된 자의 마음에 짐이 되었다. 그들에게 더 큰 은혜와 복을 주시도록 기도하였다. 하나님의 은혜로 모든 마무리 사역이 물흐르듯 잘 진행되었다. 역사의 계승에서 항상 많은 문제점이 노출되는데 하나님의 도우심으로 은혜롭게 잘 진행되었다. 역시 지성인답고 그리스도의 제자다웠다. 감사하였다.

오직 감사한 마음뿐

4월 30일 홈커밍데이가 다가왔다. 나의 ESF 간사생활을 공식적으로 끝내는 날이 다가오는 것이었다. 모든 하나님의 은혜에 감사하면서도 형언키 어려운 복합적인 감정이 뒤엉켰다. 인생무상도 느껴졌다. 얼마 전 퇴임예배를 드렸던 조완철 목사가 퇴임사를 하면서 인생 퇴임을 연습하는 심정으로 간사 퇴임한다는 말이 새삼 마음 깊이 느껴졌다. 임종학 목사가 퇴임할 때 학교를 빌려 크게 환갑잔치를 하고 싶었는데 아쉽게도 떠난다는 말이 내 심정이었다. 김육진, 박환규 목사들이 이런 심정이었겠구나 싶을 때 좀 더 많이 위로하지 못하였던 부덕함을 깨닫고 회개하고 그들을 위해 기도하였다. 모든 인생은 시간과 함께 다 지나가는 것이구나! 마치 연극무대에서 자기 역이 끝나면 무대에서 사라지듯이 이제 나의 역은 끝나고 내려가는구나! 명예 퇴직하는 사람들의 허무한 심정이 이해되었다. 나는 얼마나 많은 은혜를 누렸으며 얼마나 영광스러운 하나님의 사역에 쓰임 받았는가? 얼마나 자랑스러운 열매들을 많이 맺었는가? 너무나 감사하고 뿌듯한 일이다. 세상 그 어디서도 맛볼 수 없는 뿌듯한 은혜를 풍성하게 누렸다. 그 감사와 함께 사랑하는 이들을 남겨두고 가야 하는 현실 앞에서의 아쉬움이 뒤엉켜 눈물이 나왔다. 후배들이 더 잘 해주리라는 기대 속에서 기도하면서 위로를 받았다.

모든 형제자매와 간사들, 학사들이 퇴임예배를 정성스럽게 준비하였다. 특히 유정훈 간사가 은사를 살려 섬세하게 잘 준비하였다. 학생들과 학사들이 퇴직금과 퇴임예배 준비를 위해 헌금한다는 소식을 듣고 매우 감사하면서 송구스런 마음이었다. 지금까지 누구에게도 폐 끼치지 않으려는 소신 속에서 살아왔는데 폐 끼치는 것 같아 마음이 아팠다. 마지막까지 이 종을 위하여 사랑을 다한 귀한 님들에게 한없이 감사를 드리며 하나님의 복주시기를 간구하였다.

2005년 4월 30일

28년의 간사 사역을 마무리하고 은혜롭게 후배들에게 물려주는 퇴임예배를 드렸다. 예배가 너무 은혜롭고 성대하여 먼저 퇴임했던 동역자들에게 미안한 심정이었다. 그리고 사랑하는 학생들과 학사들에게 한없이 많은 말을 하고 싶었다. 감사하다는 말, 우리는 영광스러운 하나님의 가족이 되었다는 말, 하나님은 우리 가운데 위대한 생명의 역사를 이루셨다는 말, 위대한 역사의 물줄기에 들어왔으니 생명을 다하여 일하자는 부탁 등 한없이 하고 싶은 말이 많았다. 그 간절한 심정을 담아 고별 메시지를 썼다.

메시지 : 고별메시지

본문 :사도행전 20:17-38
나의 달려갈 길과 주 예수께 받은 사명 곧 하나님의 은혜의 복음 증거하
는 일을 마치려 함에는 나의 생명을 조금도 귀한 것으로 여기지 아니하
노라 (24)

나의 사랑, 나의 꿈, 나의 형제자매들이여!

"청년이 살아야 민족이 산다!"
"젊음, 지성, 복음!"
"한 손엔 성경을, 한 손엔 전공을!"
고별 메시지를 전하면서 늘 외쳤던 구호를 외쳐봅니다.

고별 메시지를 전하려니 눈물이 앞을 가립니다. 내가 죽는 것도
아니요, 멀리 타국으로 떠나 영영 다시 보지 못할 것도 아닌데 고별
메시지를 전하려니 자꾸만 눈물이 솟아납니다. 슬퍼서가 아니요, 사
랑 때문입니다. 사랑하는 형제자매님, 학사님, 간사님! 진심으로 여

러분들은 나의 사랑이었으며, 나의 꿈이며, 나의 자랑입니다. 이제 저는 사랑하는 여러 님들을 섬기는 간사직을 마치려 합니다. 온 청춘을 바쳐 섬겼던 ESF 간사직을 그만둔다하니 눈물이 앞을 가립니다. 1970년 ESF를 안 지 35년, 1977년부터 전주ESF에서 목자 생활을 시작하여 3년, 1980년부터 광주ESF에서 목자 생활 25년, 합 28년의 세월은 한 편의 드라마요, 축복과 영광의 시간이었습니다. "아--, 그 아름다운 님들과 함께 울고 웃던 시간들이여!"

바울 사도의 고별사를 생각하며 간사로서 마지막 메시지를 전하고자 합니다.

우리의 만남은 하나님 안에서의 만남이었습니다.

바울 사도는 그리스도 안에서 형제 자매된 성도들을 혈육 이상의 관계로 보았습니다. 그리스도의 피를 나눈 형제, 영원한 하나님 나라의 상속을 같이 받은 영원한 하나님의 가족으로 생각한 것입니다. 그래서 바쁜 와중에도 에베소 교회 장로들을 초청하여 석별의 정을 나누고자 하였습니다. "바울이 밀레도에서 사람을 에베소로 보내어 교회 장로들을 청하니"(17) "하나님이 자기 피로 사신 교회..."(28)

사랑하는 형제자매님, 학사님, 간사님. 우리는 그리스도의 피를 나눈 형제자매요, 하나님의 가족입니다. 천국에 가서 영원토록 성부 하나님을 섬기며 그리스도와 함께 영원토록 왕노릇할 하나님의 권속(가족)입니다. 우리의 만남은 하나님 안에서의 거룩한 만남, 의미 있는 만남입니다.

우리는 복음의 일꾼으로 양육 받았습니다.

바울 사도는 복음을 생명보다 더 귀한 것으로 생각했습니다. "하나님의 은혜의 복음 증거하는 일을 마치려 함에는 나의 생명을 조금도 귀한 것으로 여기지 아니하노라"(24) 복음이 얼마나 귀한 것이기에 목숨보다 더 귀하단 말인가? 로마서 16장 25,26절에 바울은 복음을 1) 영세 전부터 감취었다가 이제 나타난 복음, 2) 영원하신 하나님이 선지자들에게 수천 년 동안 명하사 예언케 하신 복음, 3) 모든 민족을 구원하시어 믿어 순종케 할 비밀의 계시로 설명합니다. 본문에서는 짧게 '은혜의 복음'(24,32)이라 표현합니다. 하나님의 은혜를 깨닫고 받은 자는 감격하게 됩니다.

바울 사도는 그 '은혜의 복음'을 전하여 먼저 구원받게 하였습니다. 그리고 '은혜의 복음'의 일꾼으로 성장하게 하였습니다. 바울 사도께서 에베소 성도들을 어떻게 복음의 일꾼으로 양육하였습니까? 1) 겸손과 눈물로(19a), 2) 많은 시험을 참고(19b), 3) 장소에 구애 받지 아니하고 부지런히 가르쳐서(20), 4) 하나님 앞에서의 회개와 예수 그리스도에 대한 절대적 믿음 훈련을 통해(21), 5) 하나님 뜻을 분별하고 순종하도록(27), 6) 범사에 모범을 보임으로(34,35a), 7) 구체적인 도움과 주는 생활, 곧 넘치는 사랑으로(35b) 바울 사도는 에베소 성도님들을 복음의 일꾼으로 양육하였습니다.

우리들은 그리스도의 제자양육과 사도들의 전도와 제자양육을 본받아 복음 일꾼으로 양육 받았습니다. 개인전도 받음, 그룹으로 성경공부함, 1:1로 성경공부하며 제자 훈련을 받음, 예배, 신록수양회, 여름수양회, 리더수양회, 겨울수양회, 성경학교, 길, 창세기, 로마서 워크샵, 전도, 기도, 큐티, 소감쓰기, 수양회 준비, 등산, 캠핑, 운동, 연극, 찬양발표회, 독후감 발표회, 양치기 훈련, 졸업반 여행 등으로 복음의 일꾼 훈련을 받았습니다. 우리가 받은 이 복음의 일꾼 훈련이 얼마나 귀하고 유익한 지를 나이가 들수록 깊이 깨닫게 됩니다. 이 귀한 노하우를 썩혀 버리지 아니하고 다섯 달란트를 받아 다섯 달란트를 남긴 사람처럼 잘 활용하여 많은 열매를 맺기 바랍니다.

하나님께서는 참으로 우리에게 귀한 '은혜의 복음'을 주셨고 귀한 복음의 일꾼으로 훈련시켜 주셨습니다. 우리가 배운 성경 진리는 돈으로 계산할 수 없는 값진 우리의 영적 자산이며, 우리가 받은 신앙 훈련, 목자 훈련은 그 어떤 물질적인 축복과 바꿀 수 없는 소중한 축복입니다. 우리의 성경 노트는 우리 가문의 가보가 될 것이며 우리가 얻은 양은 천국에 가서 깨닫게 될 우리의 면류관이요 상급입니다.

변춘석 학사님은 저와 창세기 성경 한권을 공부했을 뿐입니다. 그런데 그 씨앗이 자라나서 수억의 연봉을 버리고 선교 치과 의원을 세워 선교사들을 양성하여 중앙아시아 여러 지역에 파송하고 자신도 매년 수차례 단기 선교로 봉사하며 어엿한 복음의 일꾼으로 서서 열매를 맺는 것을 보고 찬양을 드렸습니다. 그리고 저희 가정을 여러 번 감동적으로 섬겨 주어 감격하였습니다.

우리는 더욱 예수님을 사랑하는 길로 나아가고자 합니다.

바울 사도께서 왜 에베소를 떠났습니까? 에베소가 싫어서? 에베소 성도들이 배척을 해서? 에베소보다 더 좋은 사역지가 있어서? 아닙니다. 오직 주님을 더욱 사랑하기 위해서입니다. 하나님 나라 건설을 하기 위해서입니다. 바울 사도는 "땅 끝까지 이르러 내 증인이 되리라"는 주님의 말씀을 가슴 깊이 새기고 있었습니다. 로마를 거쳐서 땅 끝 서바나까지 복음을 전하고자 에베소를 떠난 것입니다. 땅 끝까지 복음 전하기 전 이방교회와 예루살렘 교회의 일치를 위하여 이방 교회의 구제 헌금을 모아 예루살렘에 전달하고 교리의 일치와 화합을 이룬 후 땅 끝으로 나아가 복음 전하고 순교하고자 하는 생각을 하고 있었던 것입니다.

우리는 항상 더욱 주님을 사랑하고 더욱 하나님 나라 건설을 위한 자리로 나아가 충성을 다해야 합니다. 광주 ESF는 제가 할 만큼 다하였습니다. 광주 ESF를 막상 그만 두려하니 눈물이 앞을 가립니다. 나의 청춘이 다 바쳐진 곳, 31세에 와서 56세인 지금, 온 나의 사랑 나의 젊음, 내 에너지가 다 바쳐진 곳입니다. 너무나 깊이 뿌리가 박혀 1,000명 정도 모인 교회에 갈 세 번의 기회를 거절한 것도 오직 광주 ESF를 사랑해서였습니다. 그런데 왜 지금은 그만 두려하는가? 광주 ESF가 한창 솟아오르고 있는데 왜 그만 두려고 하는가? 오직 후배들에게 길을 열어 주고 나는 새로운 개척의 땅을 향하여 나아가고자 한 것입니다. 주님을 더욱 사랑하고 하나님 나라를 더 넓게 확장하려는 것입니다. 나의 마지막 고민은 소명 문제였습니다. 분명히 하나님의 부르심을 받고 하나님 앞에서 평생 학생 복음운동하리라고 선서하고 간사 생활을 시작하였는데 그 소명은 어찌하란 말인가? 하나님께서는 교회에서 복음운동하도록 새로운 차원의 복음운동으로 방향을 주시고 넓은 길로 인도해 주셨습니다. 오직 나는 주님을 더욱 사랑하는 길로 나아갑니다. 오직 하나님 나라 건설을 위한 길로 나아갑니다.

지금은 두렵습니다. 앞이 잘 보이지 않습니다. 답답합니다. 그러나 주님을 믿고 순종하며 나아갑니다. 주님께서 인도해 주시리라 믿습니다.

나의 사랑, 나의 꿈, 나의 형제자매들이여!

복음 안에서 우리를 만나게 하신 하나님께 진정 감사드립니다. 우리를 복음의 일꾼으로 훈련시켜 주신 하나님께 영광을 돌립니다. 진실로 형제자매님, 학사님, 간사님, 여러분은 나의 사랑이요, 나의 꿈이요, 나의 영적 가족입니다. 사랑하는 나의 사랑, 나의 면류관인 형제자매님들이여!

우리 주이신 예수님을 진실로 사랑합시다.

예수님을 진실로 사랑하면 인생의 문제가 다 해결됩니다. 신앙이 성장합니다. 영향력 있는 인물로 성장합니다. 하나님께서 주신 사명의 가치를 깨닫고 훌륭한 사명인으로 서게 됩니다. 예수님을 진실로 사랑하면 자기 부인을 배우고 그리스도를 닮아감으로 진정 성장하게 됩니다. 부부간에 깊은 사랑의 동역을 할 수 있으며, 자녀들의 본이 되는 부모가 되며, 교회나 직장에서 빛이 될 수 있습니다. 자기보다 예수님을 더 사랑하는 법을 배웁시다. 그리스도를 절대적으로 사랑하는 법을 배웁시다. 고난 속에서도 주님을 더욱 사랑하는 법을 배워 성숙한 신자가 됩시다. 풍부 속에서도 세상적인 가치를 상대시 하며 그리스도를 절대적으로 사랑하는 법을 배워 영향력 있는 신자가 됩시다. 그 길이 신앙인의 길이요, 그리스도 제자의 길이며, 참 행복의 길입니다.

어떻게 그리스도에 대한 절대적인 사랑을 배울 수 있습니까? 첫째는 성경을 공부하며 아브라함처럼 하나님 앞에서 순종하는 삶을 통해서 가능합니다. 큐티와 성경 공부, 평생 놓아서는 안 되는 평생 공부 과목입니다. 둘째는 양치는 생활입니다. 양을 치지 않은 사람은 10년, 20년 신앙생활했으면서도 생각이 자기중심성을 벗어나지 못하고 그리스도의 인격을 닮지 못한 것을 보아 왔습니다. 그러나 양을 치는 사람은 2-3년 신앙생활했음에도 불구하고 예수님 마음을 갖고 다른 영혼을 돌보는 성숙한 모습을 보았습니다. 자기중심성을 극복하고 예수님의 마음을 배운 것을 보았습니다. 양을 치는 삶은 곧 나를 살리고 나를 성장시키는 삶인 것을 깨닫습니다. 양을 치는 목자의 삶에 헌신. 그것이 우리가 걸어가야 할 길입니다. 사랑하는 학사님! 평생 양치는 목자로 사시기 바랍니다. 그 속에 우리의 행복이 있고 우리의 꿈이 이루어지며, 우리가 성장합니다.

ESF를 사랑합시다.

ESF를 대학생 시절 즐겁게 보냈던 동아리 정도로 생각하면 그 정도 수준에 머무르고 맙니다. 추억 정도에서 그치고 말 것입니다. 그러나 ESF를 하나님 나라 건설을 위한 소망스러운 하나님의 도구로 생각하고 지속적인 관계를 가지며 활동하면 하나님께서 우리의 작은 활동을 통하여 캠퍼스 복음화, 성서한국, 세계선교를 이루실 것입니다. 우리가 외면해 버리면 하나님께서는 다른 사람을 통해서 이루시겠지만 천국에서의 우리의 상은 없어져 버리고 우리는 소망스런 복음운동에서 소외될 것입니다. 한국에 소망스런 복음 운동이 일어나야 합니다. "청년이 살아야 민족이 삽니다." 한국의 젊은이들이 귀한 젊은 시절에 타락 문화와 불건전한 사상의 유혹을 받고 있습니다. 젊은이들이 병들어 가고 있습니다. 그들이 젊은 시절 우리가 받은 것처럼 하나님의 진리와 사랑으로 훈련 받는다면 얼마나 좋겠습니까? 얼마나 좋은 일이 일어나겠습니까?

젊은이들을 복음의 일꾼으로 키워 교회와 사회로 배출함으로 하나님께서는 성서한국 세계선교를 이루고 있습니다. 벌써 우리 ESF 출신들이 전국과 세계로 나아가 빛을 발하고 있는 것을 보지 않습니까? 얼마 전 신학교 교수 한 분이 '조선회상' 책을 읽으며 이 책이 대단히 좋은 책이라고 나에게 소개하는 것이었습니다. 그리고 여러 목사님들에게 좋은 씨앗에서 나온 좋은 책이라고 소개하는 것이었습니다. 저는 빙그레 웃었습니다. 그 책은 우리 임영국 학사님이 세운 좋은 씨앗 출판사에서 나온 책이기 때문입니다. 벌써 좋은 책을 100권이 넘게 출간하였습니다. 참으로 기쁜 일이 아닙니까? 얼마나 많은 학사님들이 교회를 잘 섬기며 직장에서 크리스천으로 선한 영향력을 발휘하여 성서한국을 이루고 있습니까? 각 가정에서 장차 성서한국의 꿈을 이룰 꿈나무들이 자라고 있지 않습니까? 우리 ESF 운동이 활발하게 일어나야 합니다. 학사님들이 선교 헌금 동참, 수양회 참석, 모임에 참여 등으로 ESF 복음운동에 동참하시기를 바랍니다.

저와 저의 가정을 위해 기도바랍니다.

저는 한동안 정신적 공황을 겪기도 하였습니다. 사랑하는 이를 잃어버린 것 같은 허전함이 밀려왔습니다. 사랑하는 이 없이 내가 무엇을 할 수 있단 말인가? 내 청춘을 바쳐 여기까지 왔는데 왜 그들을 남겨두고 떠나야 한단 말인가? 잠시 힘들었지만 일어섰습니다. 더 성숙한 만남을 위해 우리는 잠시 헤어지는 것이며 더 큰 하나님 나라 건설을 위하여 새로운 땅을 향하여 나아갑니다. 문흥장로교회 성도님들은 저를 오랫동안 기다려 왔습니다. 이제 저들을 사랑하고 섬기고자 합니다. 교회 안에서 새로운 영적 도전장을 쓰고 위대한 영적 혁명을 이뤄보고자 합니다. 아직도 마음은 40대 초반입니다. 얼마큼 체력이 따를지 모르나 개척자의 심정으로 출발합니다. 하나님께서 기뻐하시는 아름다운 교회를 이룰 수 있도록 기도 부탁드립니다.

사랑하는 님들이여!

그대들은 나의 사랑이었으며, 나의 꿈이며, 나의 자랑이요, 면류관입니다. 나의 영적 가족입니다. 훌륭한 복음의 일꾼이 되십시오. 하나님 영광을 위하여 헌신합시다. 그리하여 다음 만날 때 아주 성숙한 모습으로 만납시다!

감사의 편지

붓을 놓으면서 다시 한번 형제자매님, 학사님, 간사님들께 한없는 감사를 표하지 않을 수 없다. 마지막까지 온 정성을 다해 사랑을 베푼 님들의 사랑을 내 어찌 잊으리오. 내 그대들을 위해 기도하리이다.

사랑하는 나의 누이, 나의 형제들이여!

내가 가장 기뻤던 때는 님들이 말씀을 받고 변화되었을 때였습니다. 신안동 회관에서 대 로마서 성경학교, 보길도 여름수양회에서 말씀 받고 변화되어 기쁨이 충만했을 때입니다. 말씀을 받고 은혜 충만하여 "목사님, 고마워요. 정말 우리 목자님이 정말 위대한 말씀의 종인 줄 새삼 깨달았습니다. 목자님 사랑해요" 고백할 때 꼭 껴안아주고 싶도록 사랑스럽고 아름다웠습니다. 남도예술회관에서 '주님만 섬기리' 찬송 불렀던 그 감격을 잊을 수 없습니다. 차인숙 간사의 지휘로 입당 예배 때 '아름답다 저동산' 찬양 부르던 그 감격을 잊을 수 없습니다.

그 많은 수양회, 성경학교, 그 길고 긴 소기도회, 졸업예배, 연극, 체육대회 모두 아름다운 추억의 박물관에 간직되어 있습니다. 우리는 등산도 참 많이 했습니다. 무등산, 월출산, 덕유산, 추월산, 지리산, 내장산, 한라산, 백두산 정상 기도회 모두 아름다운 추억입니다.

하나님의 은혜가 충만하였음을 고백합니다. 하나님께 깊이 머리 숙여 감사드립니다. 하나님을 찬양합니다.

사랑하는 님들이여!

우리 모두 각 처소에서 하나님께 영광 돌리며 믿음으로 승리하며 사는 줄 믿습니다. 각기 처소에서 흩어진 초대 교회 성도들처럼 예수님의 빛을 발하며 그리스도의 깃발을 들고 힘찬 영적 전투를 벌이는 줄 믿습니다. 현재 어려움 속에서 분투하는 지체들도 있는 줄 압니다. 어려움 속에서도 그리스도 안에서 믿음으로 감당하면 그 어려움도 큰 은혜가 됩니다.

"낙망하지 마십시오. 예수님을 바라보고 힘내십시오. 산 믿음으로 어려움을 물리치고 믿음의 승리를 거두시기 바랍니다. 악에게 지지 말고 선으로 악을 이기십시오."

세상 사람들은 가난하면 불행, 부자이면 행복이라는 공식을 가지고 삽니다. 그러나 우리는 전혀 다른 공식을 가지고 삽니다. 하나님과 멀어지면 불행, 하나님과 동행하면 행복입니다. 말씀이 없으면 불행, 생명의 말씀이 충만하면 행복이며, 예수님 없으면 불행, 예수님과 동행하면 행복이라는 공식을 가지고 삽니다. 부자일 때보다 가난할 때 예수님을 만나기 더 좋으며, 지위가 낮을 때가 높을 때 보다 성경공부하기 더 좋습니다. 그러므로 우리 신자들은 언제나 은혜 충만하게 살 수 있습니다.

사랑하는 학사님들!

우리들은 큰 그림 속에서 서로 만나고 연결되어야 합니다. 그리스도 제자 훈련을 받은 사람이 의미 없게 살 수는 없습니다. 우리가 학생 때 꾸었던 그 꿈, 캠퍼스 복음화의 꿈, 성서한국의 꿈, 세계선교의 꿈을 꾸며 우리 서로 연결합시다. 그리할 때 하나님께서 우리를 쓰셔서 이 시대의 하나님의 일을 이루실 것입니다. 사랑하는 학사님들! 건강하고 자녀들 많이 사랑해 주시고 믿음교육 잘 시키시기 바랍니다. 미혼 학사님들은 적령기에 결혼하시고 믿음의 가정을 이루시기 바랍니다. 결혼해야 할 학사님들을 위해 진심으로 기도합니다. 우리 서로 연락하여 중매하여 좋은 일합시다. 학사님들에게 부탁이 있습니다. 꼭 자기 분야에서 책을 쓰십시오. 45세 되기 전에 꼭 책 1권 이상 쓰시기 바랍니다. 그것이 성서한국의 길입니다.

우리 학생들은 "한손엔 성경을, 한손엔 전공을!" 구호를 외치며 신앙 훈련과 전공공부에 매달리시기 바랍니다. 학생 때는 TV와 담쌓고 촌음을 아껴 훗날을 대비해야겠습니다. 간사님들을 사랑하시고 함께 상의하며 젊은 날을 다윗처럼, 모세처럼, 바울처럼 보내시기 바랍니다.

세월이 정말 빠릅니다. 5년 후면 환갑입니다. 그 때 한번 만나서 인생살이 나누면 재미있겠지요? '세월을 아끼라'는 말씀으로 글을 마칩니다.

사랑하는 간사님들에게!

간사는 미래 사업에 뛰어든 사람입니다. 먼 미래를 바라보며 많은 씨앗을 뿌린 것에 자부심을 느끼며 사는 사람입니다. 현재의 노동은 미래의 씨앗입니다. 현재에 충성을 다하면 미래의 열매로 나타나는 것은 만고불변의 진리이지요. "눈물을 흘리며 씨를 뿌리는 자는 기쁨으로 단을 거두리로다!" 당장의 열매에 연연하지 말고 미래의 큰 열매가 될 씨앗을 심기에 게으르지 맙시다. 우리의 진가는 현재가 아니라 미래이지요? 그래서 우리는 현재의 무명의 설움에 아랑곳하지 않을 수 있는 것이 아닙니까?

간사는 고독을 음식으로 삼고 살아가는 사람입니다. 광야에서 외치는 자의 소리로 살았던 선지자들의 고독, 미디안 광야에서 영광의 상처와 뼈아픈 고통 속에 보낸 40년의 고독의 시간 속에서 영글어진 위대한 리더십, 5,000명의 대 수양회 후에 양들을 생각하며 홀로 밤을 새우는 예수님의 고독, 십자가에서 인류 속죄를 위한 처절한 고독. 하나님께서는 감히 우리에게도 그 영광의 고독을 선물로 주십니다. 고독 속에서 주님의 세미한 음성을 듣습니다. 고독 속에서 성육신의 사랑을 배웁니다. 고독 속에서 진리의 깊이를 들여다보고 예수님의 위대함을 깨닫지요. 고독 속에서 믿음의 선진들과의 대화를 배우며 과거와 미래를 넘나드는 영적 세계를 활보하지요. 고독의 아픔이 절절이 파고드는 메시지로 변하여 생명의 역사를 창조합니다. 고독 후에 위로와 평화가 옵니다. 고독은 밤하늘의 별과 같이 목자를 사명인으로 살게 합니다.

학생복음운동가의 생명은 학생들과 뒹굴며 그들에게 생명을 주는 것 아닙니까? 동고동락하며 그리스도의 생명을 나누십시오. 그것이 학생복음운동가의 매력입니다. 우리는 사랑의 혁명을 꿈꾸는 사람, 양들을 한없이 사랑하며 갈릴리 해변에서의 그리스도의 사랑의 혁명을 재현하시기를 바랍니다. 나도 내 분야에서 힘차게 달려가겠습니다. "이 생명 다 바쳐 복음운동을!" 귀한 복음의 일꾼들에게 인턴 간사 때 쓴 시를 선물로 드립니다.

목자는 꿈을 꾼다

한의수

목자는 꿈을 꾼다
사랑하는 양떼의 얼굴을 그리며
목자는 꿈을 꾼다

십자가의 고통 중에서도
뼈를 깎는 배신의 아픔 속에서도
숨통을 막는 고독이 밀려와도
목자는 꿈을 꾼다

갈릴리 호숫가
젊은이들의 감격어린 눈동자들
골고다 언덕
십자가 위의 주님의 얼굴, 눈빛
목자는 또 꿈을 꾼다

양들은 목자의 꿈을 먹고 자란다
그들도 민족을 품에 안고
세계를 부둥켜 안고
꿈을 꾼다

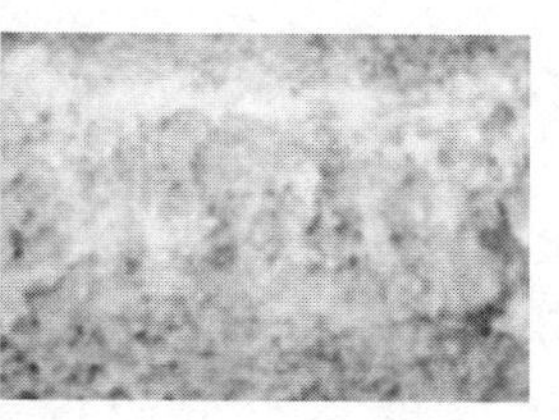

목자님, 한의수 목자님, 사랑합니다. 사랑합니다. 목자님을 사랑합니다.

목자님을 사랑했습니다.

"사랑해요"라고 말할 때는 모릅니다.

"사랑했어요"라고 말할 때야 알 수 있습니다.

하늘이 내려앉은 다음에야 사랑 그 크기를 알 수 있습니다.

1978년 늦은 봄, 오늘과 같은 날에 목자님은 "나룻배 작전"을 통하여 광주에 오셨습니다. 26년 전 광주의 민주화 운동의 계엄령이 해제되자 결혼한 지 얼마 후에 13평짜리 회관을 전남대 앞에 얻으시고

"황무지가 장미 꽃밭으로!"라는 표어로 예배를 드리며 13명으로 출발하셨다고 들었습니다.

지금보니 과연 장미 꽃밭이 되었음을 고백하지 않을 수 없습니다. 하나님은 헌신하는 한 사람의 열정을 사용하셔서 큰 일을 이루어 가심을 느낄 수 있습니다. 저희들, 목자님 사모님의 그 헌신을 본받겠습니다. 목자님은 열정이 넘치셨습니다. 익히 아는 바이지만 형제, 자매들과 지리산을 자주 가곤 하였는데 한번은 등반하다가 일기가 좋지 않아 산행을 강행하던 중 한 자매님이 저혈당에 빠져서 의식을 잃기도 하였고, 또 자매님은 병에 든 석유를 잘못 마셔 토하기도 했지만 그 일로 인하여 더욱 끈끈한 사랑이 되어 그 때의 리더들이 더욱 헌신하게 되었음을 들었습니다.

저도 소위원 선서하기 며칠 전에 저녁 12시에 저와 몇 사람을 데리고 무등산에 가신 일이 눈앞에 선합니다. 그때 5분 스피치를 하면서 예수님의 제자로 살겠노라고 목자님을 따라 외쳤던 일을 항상 기억합니다. "나는 예수님의 제자로 살겠습니다. 어떠한 십자가도 즐거이 지고 가겠습니다." 라고 외쳤던 그 때를 생각하면 이 귀한 복음의 진수를 목자님에게서 전수받음은 제게는 하나님의 큰 은혜였습니다. 목자님을 따라 그때 했던 그 소원이 이제 제게 이루어지고 있음을 고백합니다.

저희들, 목자님 사모님의 그 열정을 사랑하겠습니다. 잊을 수 없는 목자님의 많은 가르침과 말씀이 저희의 삶에 큰 기둥이 되었음을 감사드립니다. 1985년 32평 밖에 안되는 회관에서 139명의 형제자매들이 들었던 "대 로마서 성경학교"를 생생한 영화처럼 기억합니다. 많은 영혼들이 울며 회개하며 하나님께 결단하였던 그때 일을 기억합니다. 하나님의 말씀이 저희들의 골수를 쪼개어 저희를 하나님 앞에 세웠던 그 수많은 주옥같은 말씀을 지금도 다시 듣고 싶습니다.

창세기 성경학교를 통하여 기독교세계관, 하나님 구원의 역사를 깨닫게 한 출애굽기, 열왕기상하, 느헤미야 , 다니엘, 사도행전, 고린도, 갈라디아서, 에베소서, 빌립보서, 요한일서 성경학교, 4복음서 강의 등 이루말할 수 없을 정도로 많은 하나님의 말씀으로 저희들을 하나님께로 인도하였음을 머리 숙여 깊이 감사드립니다.

너무 말씀을 공부하고 싶어 몰래 목자님의 하박국서 노트를 훔쳐 복사했던 일을 이제야 고백합니다. 돌아보니 하나님이 목자님을 통하여 저희들에게 얼마나 귀한 말씀으로 저희들을 사랑하고 양육하시기를 원했는지를 이제야 더욱 알게 되었습니다. 저히 ESF맨들은 하나님의 말씀에 의지하여 사는 존재라는 것을 다시 고백합니다.

목자님의 그 말씀으로 인하여 저희들의 신앙 기초와 뼈대가 이루어졌음을 감사드립니다. 저희들 목자님을 통하여 주신 그 말씀을 지금도 더욱 사모합니다. 1995년 지금의 회관을 건축하기에 그 많은 어려움들이 지금에는 가물가물거리지만 매일같이 목자님이 직접 물주며, 건축을 위해 합심기도하던 일이 생각납니다. 모든 학생, 학사들이 동참하여 이루었던 건축, ESF 형제, 자매님들, 학사님들이야말로 예수님의 피로 새롭게 이루어진 목자님의 형제요 자매임을 고백합니다. 저희들에게 매일 물 주듯이 뿌려주신 그 넉넉한 사랑과 관심에 저희들은 늘 채우지 못한 부족한 사랑을 목자님께 드렸습니다.

　며칠 전에 지나간 생일조차 기억하지 못한 것 지금에야 사과를 드립니다. 저희들의 부족함에 용서를 구합니다. 그러나 목자님의 가르침에 많은 목회자, 선교사들이 배출이 되었으며, 많은 훌륭한 학사들이 세워져 각자 맡은 바 사명에 충성을 다 하고 있으므로 위로 받으시기를 부탁드립니다.

　저희들 하나님의 자녀요, 예수 그리스도의 제자된 삶에서 떠나지 않고 살겠습니다. 목자님의 삶에서 ESF는 지워지지 않을 돌에 새긴 삶이었음을 저희들은 압니다. 목자님이 1980년 7월 17일 개관예배를 드리고 지나온 26년의 삶이 앞으로 남은 사역기간보다 긴 시간이었다는 것을 저희들은 압니다. 그러기에 정든, 아니 정이 새겨진, 젊음을 다 바친 ESF를 떠나신다는 것은 정말 어려운 결단이었습니다.

　국적을 바꾼 사람처럼 아직도 실감이 나지 않은 여행을 하시리라 생각이 됩니다. 사랑하는 한의수 목자님, 저희들은 목자님이 ESF를 영원히 사랑하리라 믿습니다. 저희들도 목자님을 영원한 저희들의 이름과 음성을 아는 목자님으로 기억하렵니다. 한번 목자는 영원한 목자인 것처럼 목자님은 영원한 저희들의 멘토임을 고백합니다. 목자님, 한의수 목자님, 이 시간 목자님은 여기 모인 많은 양들과 동역자들의 사랑과 존경을 받는 목자요 목사님으로 기억이 될겁니다. 목자님이 어디 계시든, 주님을 저희가 따르는 한, 저희를 주님께로 인도하신 선한 목자로 항상 목자님을 기억하겠습니다. 목자님이 예수님의 제자로 한 평생을 살아 오셨듯이 "저희들도 예수님의 제자로 살겠습니다. 어떠한 십자가도 즐거이 지고 가겠습니다."

그리고 허영애 사모님 존경하고 사랑합니다. 26년의 세월이면 사모님의 말도 구설수에 한번이라도 나와야 하는 세월인데도 사모님은 한번도 구설수에 오르지 않은 사모이셨습니다. 사모님은 그런 분이셨습니다. 천사같은 마음을 가지셔서 누구 하나 사모님에게 평안을 얻지 못한 사람이 없습니다.

사모님 이제는 멋도 부리시기를 부탁드립니다.

사모님 같은 분을 저희가 모신 것은 저희들에게 하나님의 큰 선물이었습니다.

사모님 사랑 잊지 않겠습니다.

목자님 이제 저희들 소원이 있습니다. 이제까지 저희들에게 주셨던 그 헌신, 열정, 능력의 말씀, 제자의 삶, 사랑을 기다리는 곳이 있습니다. 저희는 점점 잊어주시고 문흥장로교회에 온전한 정을 붙이시기를 감히 부탁드립니다. 문흥장로교회에도 목자님이 돌비에 새긴 사랑처럼 더욱 부흥하여 목자님의 제 2의 인생이 펼쳐지시길 기도합니다. 목사님의 사랑과 열정이 쏟아져 큰 부흥을 이루시기를 저희들 간절히 기도합니다. 새로운 시작을 위한 아쉬움을 겪어 더욱 곱게 빛나는 목사님의 마음 되시길 기도드립니다.

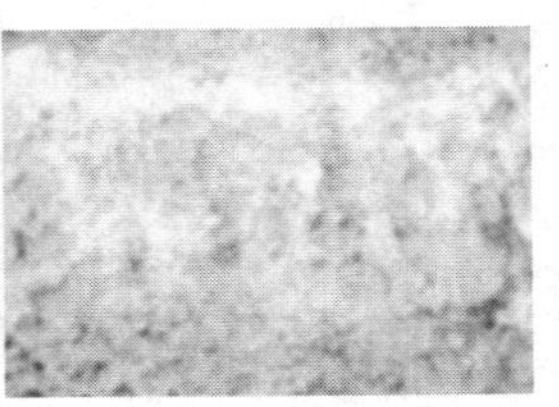

지금부터 22년 전 그러니까 제 나이 스무살 시절 대학에 갓들어와 촌
티나고 어설픈 모습에 교회를 통해 이름을 들어본 선배님이 있어 찾았
던 ESF. 전남대 앞 용봉동 13평의 사진관 건물 2층 당시 30대의 젊
고 잘 생긴 목자님과 갓난 아이 요셉이를 업은 지극히 여성스러운 사
모님의 모습, 막걸리집 같은 나무 의자가 놓여 있고 플라스틱 컵에 라
면을 먹으면서도 무엇이 그리도 좋았고 행복했는지 학교엔 출석을 하
지 않은 날이 있어도 회관은 거의 매일 들러야 했었던 그저 즐거웠고
가고 싶었던 곳, 그곳에 복음이 있고 목자님이 계셨기 때문이겠지요.

당시 캠퍼스는 5·18직후여서 최루탄의 폭음소리와 노란 가스와
전경들의 모습, 늘 쫓겨 다니던 운동권 학생들을 흔히 볼 수 있는 분
위기. 우리는 복음운동의 기수로 캠퍼스를 누볐었지요. 5분 speech를

하면서 캠퍼스 강의실에서 예수님과 ESF를 소개하며 못해도 잘 한다고, 글씨를 잘 쓴다고 늘 인정해 주시고 잠재 능력을 일깨워 주시고 열정 없는 저희들에게 열정을 심어주시고 사랑해 주셨기에 진짜 잘 하는 줄 알고 갈릴리 등불 필경사로, 데코레이션으로 쓰임 받아 역사는 흘렀어도, 젊음은 가버렸어도 그때의 필적은 그대로 남아 그 날을 얘기하는 듯 합니다.

목자님의 인정해주심 속에서 자아 존중감을 갖게 되었고 발령 받아 아이들 앞에서도 부끄럽지 않고 당당하게 설 수 있었습니다. 매년 8월 15일은 리더등반일로 억수같이 폭우 쏟아지는 지리산 계곡물 곧 쓰러져 내릴 것 같은 절벽속에서 빗물에 미역국 말아먹으며 내려왔던 일, 체계적이고 감칠맛 나는 성경공부에 반해 다윗의 말씀의 맛이 송이꿀보다 달다고 고백한 심정을 나도 느끼게 한 성경공부, 울리고 웃기고 뜨거웠던 열기의 성경강좌, 한 자매를 입신의 도가니까지 들어가게 했던 로마서 말씀잔치, 아침 8시 캠퍼스 식당 일용할 양식 먹는 시간, 생명의 양식으로 대학의 소중한 날들을 시작케 하고 "광주는 내밥이다" 광주 시가지의 야경을 바라보며 무등산에 올라가 복음의 원대한 기상을 심어주시던 일, "비전은 크게, 행동은 구체적으로!" "인간의 이성이 끝나는 곳에 하나님의 역사는 시작된다." 등 그때 목자님께 들은 말씀들이 지금도 잊혀지지 않고 삶의 순간에 튀어 나올 때가 있습니다.

맞지 않은 음정에도, 말도 안되는 소리를 해도 발표를 잘 한다고,

은혜가 되었다고 용기를 북돋아주고 리더십을 키워주시며 복음을 나눔
으로 진정 행복했던 곳, 아무리 사랑해 주어도 깨닫지 못하고 지극히
이기적이며 자신밖에 생각지 못하는 양들을 만날 때면 오히려 목자님
의 심정을 느낄 수 있었고 예수님을 배울 수 있었던 곳, ESF와 목자
님, 동역자들…

늘 저희와 동고동락하시어 항상 젊은이처럼 뛰시기를 좋아하셨고,
대통령하면 박정희, 목자님하면 한의수 목자님밖에 감히 생각할 수 없
을 줄 알았는데 이젠 등에 업힌 젖먹이 요셉이는 대학생이 되어 서울
대의 믿음의 주역이 되었고, 생각해 보면 엊그제 같은데 벌써 많은 시
간들이 흘러 당시 20대의 청춘인 저희들마저도 40대 중반을 향하여
가고 목자님은 더 큰 믿음의 사역을 꿈꾸며 그토록 애정 바쳤던 저희
들과 이곳 ESF를 잠시 떠나시려 합니다.

내 인생의 좋은 스승 목자님을 만남으로 움츠렸고 자신감 없었던 시
절, 자아존중감을 배웠고 하나님을 알고 복음을 알고 인생의 좌표를
바로 세우고 많은 믿음의 좋은 친구, 동역자들 만나 정말 인생이 복되
고 행복했음을 많은 연단 속에서도 감사하기만 합니다.

결혼하고 이불 속에서도 늘 화제의 주가 되었고 자랑하던 목자님과
ESF. 그래서 강제로 끌려 수양회에 참석, 성경학교에 참석한 남편이
이젠 목자님의 팬이요, ESF 마음의 지원자요, 복음의 정병이 되어 교
회를 개척, 목자님처럼 말씀을 전하고 있는 모습을 보며 하나님 앞에
감사하지 않을 수 없습니다.

그리고 그 길이 너무 값진 길이라는 걸 알기에 그리고 목자님 걸으

신 목회의 길을 부족하지만 주의 은혜로 걸어가는 사모가 되었습니다. 목자님께로 나온 복음의 생명력이 싹이 나고 줄기가 돋고 꽃을 피워 많은 열매로 목자님의 그 30대의 나이도 훌쩍 넘어버린 40대의 교회의 장로로서, 목사로서, 선교사로, 충성된 집사로, 병원 원장으로, 교사로, 교수로, 사업가로 지도층인사로 각지에서 흩어져서 사회 각계각층에 박혀 이제는 성서한국의 씨앗들이 되었습니다.

목자님이 그토록 생명처럼 여기며 외치시던 지성인 복음운동의 중요성, "성서한국, 세계선교"의 꿈이 완전히는 아니라 하더라도 명실상부하게 실현되고 있음을 보며 목자님의 그 젊은 날의 기도와 눈물과 수고와 헌신이 얼마나 귀한 것인지 다시금 느낍니다.

이제 저희들 오래토록 못했던 말 "감사합니다. 사랑합니다. 존경합니다." 목자님을 향한 감사와 존경의 사랑의 마음과 석별의 아쉬움을 느끼지만 아주 멀리 가시는 것 아니요, 그 젊은 날의 열정과 양들을 사랑하심과 하나님을 사랑하시는 모습과 숭고한 비전으로 타올랐던 그 시간들이 밑거름이 되고 그 경륜과 경험은 완숙미를 더 하시어 이제는 한국교회사를 더욱 빛나게 하시는데 크게 쓰시리라 확신하고 기도합니다. 우리 사랑하는 목자님, 더욱 건강하시고 풍성하시어 많은 영혼 섬기시다가 하나님께 최후 칭찬받는 주님의 종으로, 우리들의 영원한 존경받는 인생의 스승, 목자로 남으시기를 기도합니다.

광주 개척의 감격

아내 허영애

'광주 개척', '5 • 18', 'ESF' …

이러한 단어들을 머릿속에 떠올리는 것만으로도 벌써 내눈에는 눈물이 고입니다. 아마도 개척하면서 가장 크게 십자가와 부활의 감격을 맛보았기 때문일 것입니다. 25년이란 세월이 너무 빨리 지나가버린 것에 대한 아쉬움, ESF에 대한 깊은 애정 때문이겠지요. 아무튼 저희 가정을 광주ESF 개척 역사에 써주신 하나님께 눈물로 감사하오며 찬송과 영광을 돌립니다.

저는 지금도 생생하게 기억이 납니다. 78년도 전주ESF 회관 벽에 붙어 있던 "개척, 개척, 또 개척!"이란 차트를… 그 당시 전주회관도 힘든 상황이었기에 다른지구를 개척한다는 것은 큰 모험이었습니다.

전주회관마저도 흔들리면 안된다는 생각에 반대도 있었지만 개척해야 산다고 외치며 광주개척자로 나선 한의수 목자님. 저는 이분과 결혼이 약속된 관계였기에 내 의지와는 상관없이 개척지구 사모가 되어야 했습니다. 저는 당시에 무척 부담되고 두려웠습니다. 한때는 선교사로 가겠다고 구체적으로 준비하기도 했던 내가 막상 결혼을 통해 목자 사모로 부르시는 하나님의 부르심에 왜 그렇게도 순종하기 힘들었는지? 그때 초등학교 교사이던 저는 많이 기도하고 갈등한 끝에 결국 "죽으면 죽으리라" 주님 위해 이 생명 드리기로 결단하고 결혼하고 남편을 따라나섰습니다.

1980년 6월 10일 나의 영적 고향 전주를 떠나 난생 처음 광주라는 낯선 땅에 첫 발을 내디뎠습니다. 5·18직후라 도시는 어수선하였고 각 대학들은 문이 닫혀 학생들을 만날 수가 없었습니다. 78년부터 전주의 형제자매님들이 '나룻배 작전'을 통해 관계성을 맺어온 전남대의 몇 영혼을 은밀히 연락하여 만났습니다. 처음엔 회관이 없었으므로 우리집에서 모여 성경공부하고 예배를 드렸습니다. 환란과 핍박 속에 신앙이 더욱 뜨거워지듯 어려운 환경 속에 싹이 난 복음 역사는 힘있게 시작되었습니다. 개척 때는 먹는 교제가 모임의 큰 비중을 차지했습니다. 저는 이 음식을 준비하는 일로 분주했고 생활비도 얼마 못 가서 동이 났습니다. 정말이지 "내일 일은 난몰라요 하루 하루 살아요"의 심정이었습니다. 때로는 가게에 가서 외상으로 사다가 만들어 주기도 하였는데 맛있게 먹고 접시가 다 비는 걸 보면 무척 기쁘고 행복했습니다. 개척 때는 한 영혼이 얼마나 귀한지 우리집에 와서 먹어만 주어도 고맙고 사랑스러웠습니다.

처음엔 남편은 형제중심으로 저는 자매중심으로 일대일 성경공부를 하였습니다. 한 영혼이 회개하고 하나님 품에 돌아오면 어찌 그리 기쁘던지? 온 천하를 얻은 듯 기뻤고 한 영혼이 힘들어져 모임을 떠나면 곧 ESF가 무너져버릴 것 같은 절망감이 들었습니다. 정말 한 영혼이 천하보다 귀하다 하신 주님의 말씀이 실감났습니다.

이렇듯 한참 개척의 기쁨이 충만해 있을 때 느닷없이 저희 가정에 고난이 닥쳐왔습니다. 임신 8개월 된 태아를 잃어버리는 충격적인 사건이었습니다. 그렇지 않아도 늦게 결혼하여 무척 기다리던 아이였는데 까닭없이 첫 아이를 잃은 것은 저에게 하늘이 무너지는 것 같은 충격이었습니다. 앞으로 우리 가정에 아이가 없을 수도 있다는 생각마저 들었습니다. 이제 우리의 소망은 우리집을 드나들며 함께 성경공부하는 몇 명의 양들 뿐, 아무것도 가진 것 없고 아는 이도 없는, 누가 알아주지도 않는 가난하고 고독한 목자의 삶이었습니다. 저는 전주의 사랑하는 목자님 학사님 동역자님들을 떠나 개척지구 광주를 향해 파송되어오면서 찬송가 492장을 즐겨 불렀습니다. "나의 영원하신 기업 생명보다 귀하다. 세상 부귀 안일함과 모든 명예 버리고 험한 길을 가는 동안 나와 동행하소서." 이때도 이 찬송을 부르고 또 부르며 사명을 새롭게 하였습니다. 우리 가정에 자녀를 아니주셔도 허락하시는 양들을 영적 자녀 삼고 평생토록 사랑하며 살겠습니다고 고백했던 기억이 납니다.

전주와 광주는 고속도로로 한 시간 남짓 걸리는 가까운 거리였지만 다른 점이 많았습니다. 우선 사람들의 기질이 달랐고 말씨가 달랐습니다. "워매, 이거 머당가, 앗따, 해뿌러" 등 사투리가 아주 강했습니다. 특히 토박이 아주머니 할머니들이 더욱 그랬습니다. 전주는 은근 온화하다면 광주는 화끈하였습니다. 양들도 문제가 생기면 전주는 모임에 드물게 나오다가 조용히 사라지는데 광주는 폭탄선언(?)을 하고 그 자리에서 뒤도 돌아보지 않고 떠나 갔습니다. 떠나가는 양의 뒷모습을 보면서 쓰라린 가슴을 안고 눈물 흘리던 밤이 얼마나 많았던고? 이렇게 강한 광주의 기질이 처음엔 싫었습니다. 그러나 양을 사랑하다 보니 나중에는 광주의 화끈한 기질이 정겹게 느껴졌고 매력적으로 보였습니다.

어느날 남편은 축쳐진 모습으로 집에 돌아와 덜썩 주저 앉으며 "그래도 나에게는 아내가 있지."라고 중얼거렸습니다. 그때는 그 말이 무슨 뜻인지 잘 몰랐으나 나중에 알고 보니 양들에게 상처를 받고 온 것이었습니다. 또 캠퍼스에 나가 전도하다 사복 경찰이나 외판원 아저씨로 오인 받아 낙심이 되어 위로 받을 곳을 찾던 독백이었습니다. 남편은 아내인 나보다 강하여 평소에 나의 도움이 필요 없는 사람처럼 느껴졌는데 그게 아니었습니다. 강한 그에게도 위로가 필요함을 깨달았습니다. 언젠가 생일 선물로 받은 신앙서적에 이렇게 쓰여 있었습니다.

"목자의 아내는 목자의 목자입니다."

맥아더 장군은 전쟁터에 나와 위로하는 아내에게 "장군의 아내는 장군의 장군이요."라고 말했다고 하는데 영혼을 구원하기 위해 영적 전쟁을 벌이고 있는 캠퍼스의 목자의 아내는 목자의 목자란 말의 의미를 깨닫게 되었습니다.

한의수 목자님은 계속 일을 벌여 나갔습니다. 마치 학생 복음운동을 위해 태어난 사람처럼⋯ '성서한국 세계선교', '젊음, 지성, 복음', '청년이 살아야 민족이 산다'고 외치며 인간이성으로 도저히 불가능해 보이는 일들을 오직 믿음으로 도전하고 밀고 나갔습니다. 저는 정말 따라다니기도 벅찰 때가 많았습니다. 그래서 무슨 일이든 처음에는 반대하다가도 남편의 말씀이 주님의 말씀이다 생각하고 일단 순종하고 보면 매번 기적을 체험하곤 하였습니다. 정말 남편에게 ESF는 인생의 모든 가치, 목표, 존재 의미였습니다.

우리집에서 예배를 드리던 ESF모임은 성장하여 회관에서 갖게 되었습니다. 13평짜리 회관을 어렵게 마련하여 개관예배를 드렸습니다. 개척 역사는 점점 불이 붙기 시작하여 13평짜리 회관에서는 용신할 수 없어서 신안동 32평짜리로 이사하였습니다. 신안동으로 옮긴 후 85년 "오직 의인은 믿음으로!" 대 로마서 성경학교가 있었는데 이때 놀라운 말씀의 능력이 나타났습니다. 우리 ESF 역사상 처음으로 방언도 터져 나와 많은 형제 자매님들이 영의 세계를 체험 하기도 하였습니다. 몇 번 이사를 거처 현재 회관을 짓기까지 하나님께서는 놀라운 은혜의 역사를 이루어오셨습니다.

첫 아이를 잃은지 3개월만에 하나님은 우리 가정에 새생명을 주셨습니다. 첫 아이를 잃은 터라 이 아이도 어찌 될까 많은 염려가 내 마음을 어둡게 하였기에 날마다 일대일 성경공부, 요회와 예배 참석, 심방 등으로 적극 역사에 동참하면서 이겨 나갔습니다. 드디어 하나님은 우리 가정에 아들 요셉을 주셨습니다. 아들 요셉의 탄생은 하나님께서 우리 가정에 주신 최고의 선물이요 위로였습니다. 그동안의 모든 아픔 고통 눈물을 씻어주셨습니다. 저는 아들 요셉과 딸 지현이를 낳고 기르면서 마음만 간절할 뿐 이전처럼 적극 역사에 동참할 수는 없었습니다. 하지만 하나님께서는 해를 거듭할수록 훌륭한 동역자들을 세우셔서 역사를 섬기게 하셨습니다. 이제 우리 아이들이 커서 둘다 대학생이 되었고 ESF 형제자매가 되었습니다. 이전까지는 잘 느끼지 못했는데 우리 아이들이 ESF 형제님, 자매님이 되고 보니 한 세대가 가고 한 세대가 오는 세월의 흐름을 느낄수 있었습니다. 남편은 항상 젊은이들과 함께 활동하다 보니 언제나 청년인 줄 착각한 것 같았습니다.

　광주 개척 25년의 역사를 돌아보니 힘들고 어려울 때도 많이 있었지만 하나님께서 주신 축복이 얼마나 큰지 눈물이 납니다. 우리의 기쁨이 되고 자랑이 되는 학사님들! 학생시절 ESF를 통해 신앙 훈련 받은 학사님들이 각계각층에서 훌륭한 일꾼이 되어 하나님을 잘 섬기며, 영향력 있는 삶을 살고 있는 모습을 보면 큰 위로와 상급이 됩니다. 저희 가정이 가장 젊고 힘있는 온 청춘을 광주 ESF를 위해 보내게 하신 하나님! 보잘 것 없고 평범한 삶을 살았을 나를 큰 비전을 가진 주의 종과 결혼하게 하시고 제 인생을 값지게 하신 하나님! 성서한국 세계선교를 꿈꾸며 캠퍼스의 영혼들을 위해 기도하고 섬기는 의미있는 인생을 살게하신 하나님! 그 높으신 하나님을 찬양합니다. 이 시간 개척 때 함께 울고 웃으며 동역하였던 사랑하는 님들의 이름을 불러봅니다. 25년이 지난 지금도 내 마음 속에 줄줄이 아로새겨져 있습니다. 벌써 50을 바라보는 개척자들로부터 시작하여 각 기수마다 충성을 다하며 예수님을 닮아가던 역사의 주역들! 육신의 형제보다 더 진한 사랑을 나누었던 님들을 잊을 수가 없습니다.

이제 광주 ESF는 이 역사를 이어갈 젊고 헌신적이고 능력있는 주의 종들이 세워졌습니다. 앞으로 선배들이 닦아놓은 이 터위에 더욱 찬란한 복음역사를 꽃피울 것을 생각하니 마음든든하고 기대가 됩니다. 생명과도 같은 광주ESF를 통해 장차 수많은 영혼들이 구원을 받고 예수님의 제자로 양육되어져 성서한국 세계선교의 소망이 이루어질 그날을 바라보며 계속 기도하고자 합니다.

저희 가정은 교회에 두신 하나님의 뜻을 깨닫고 개척의 심정으로 제2의 인생을 새출발합니다. 남은 인생 주님의 품에 가는 그날까지 영혼구원, 제자 양육에 힘써서 하나님이 기뻐하시는 아름다운 교회를 이루기 원합니다.

저희 가정을 광주ESF 개척 역사에 쓰신 하나님을 찬양합니다.

아, 슈퍼맨 같은 우리 아버지!

아들 요셉

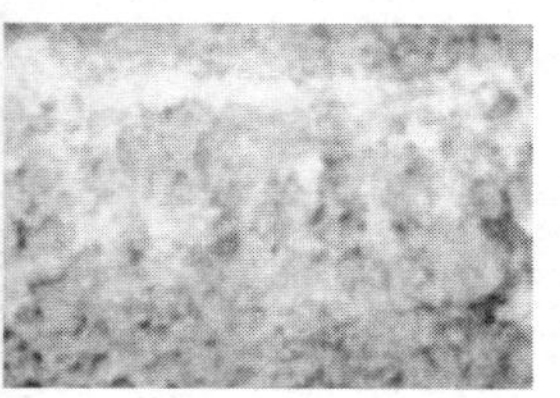

어느 누구나 자기 아버지를 존경합니다. 아버지는 나의 존재를 이 세상에 있게 하시는 분이며 보호자, 인도자이시기에 하나님의 그림자라 불리웁니다. 예수님께서 하나님을 아버지라 부르도록 가르치신 뜻을 어렴풋이 알 것 같습니다.

아버지에 대한 기억은 너무나 많지만 몇가지를 기억해 봅니다. 어렸을 적... 몇 살쯤이었을까? 평소에 자주 그랬듯 "회관에 가자!"는 말씀에 아빠 자전거 뒤에 타고 광주 ESF회관에 갔었습니다. 도로변을 따라 신나게 쌩쌩 달리던 중 내 왼쪽 발이 자전거 뒷바퀴 안으로 들어가는 사고가 발생했고 나는 땅에 넘어졌습니다. 아빠는 내 상태를 확인하고 나서 곧 다시 출발해서 금방 회관에 도착하여 치료를 받았습니다. 어려서부터 하나님 말씀과 영적 분위기가 있는 회관에서 자라는 축복을 받았습니다. 먼후일에야 깨달았지만 이것이 얼마나 큰 메리트인지요?

아빠는 참 검소하게 사셨습니다. 늘 자전거를 타고 회관에 가시는 모습이 머리 속에 박혀 있습니다. 아빠는 드라이브를 좋아하셔서 자가용을 종종 '애마'라고 부릅니다. 과거에는 학동에서 용봉동까지 10여년이나 자전거를 타고 회관에 출퇴근하셨습니다. 근검 절약하시며 우리 남매를 가르치신 아빠 엄마를 생각하며 눈물로 감사하곤 합니다. 우리집 가훈은 "근면, 정직, 창조"임을 상기시키시며 항상 부지런히 공부하며, 늘 연구하며 창조적으로 살고, 가난할수록 저축하며 살아야 한다는 말씀을 가슴에 간직합니다. 아버지는 늘 바쁘셔서 가정을 소홀히 하신 줄 알았는데 아빠 엄마와 동생과 함께 시카고에서 주말마다 가진 가족의 시간을 통해 아빠는 누구보다도 가정적인 분이심을 새롭게 깨달았습니다. 아버지는 나에게 창세기 말씀을 일대일로 가르쳐 주셨습니다.

아버지 서재에 최근 찍은 사진과 젊은 시절에 찍은 사진이 있습니다. 그 사진들을 보면서 이런저런 생각들을 하게 되었습니다. 비장해 보이는(?) 젊은 아버지 사진에서 하나님의 비전에 사로잡혀 헌신하는 한 젊은 사역자의 모습을 그려보게 됩니다.

아마 중학교 때였던 것 같습니다. 여름만 되면 아빠 엄마 따라서 여러 번 수양회에 따라가고는 했지만, 특별히 기억에 남는 수양회가 있습니다. 아마 신록수양회가 아닐까 싶은데, 본문 말씀은 '룻기'로 기억 됩니다. 보통 수양회에 가면 아이들끼리 따로 놀곤 했는데 그때는 나도 대학생들 틈에 끼어 말씀을 들었습니다. 의자도 없이 바닥에 앉아서 말씀을 들었는데, 2시간이 되고 3시간이 되어도 끝날 줄을 몰랐습니다. 계속 앉아있다 보니 허리가 아파서 아빠에게 불만을 토로했습니다. 그랬더니 그 다음 설교 시간에 아빠가 "우리 아들이 '아빠! 허리가 뿌러질 것 같아요' 했다"고 하시는 바람에 사람들이 다 나를 보고 와르르 웃어서 완전 홍당무가 되었던 기억이 있습니다. 아버지는 말씀에 사로잡힌 열정적인 설교가였습니다.

중학교 때입니다. 방학이 되어 학교도 안가고 해서 아침에 맘껏 자고 있었는데 아빠가 날 깨우더니 어디 가자고 하셨습니다. 더 자고 싶은데 잔뜩 볼이 부어서 대강 체육복 차림으로 따라나섰습니다. 잠이 덜 깨서 몽롱한 상태로 그냥 따라가다가 한참 뒤 잠이 깨고 정신을 차려보니 삼촌, 이모들 사이에 둘러싸여 있었습니다. 다들 큰 등산 가방을 메고 등산복장으로 관광버스를 타고 어디론가 가는데, 알고 보니 지리산에 가는 것이었습니다. 지리산에 도착해서 2박 3일 종주코스를 출발했습니다. 나는 무슨 오기가 발동했는지 맨 앞에 선봉대에 서서 갔습니다. 많은 학생들이 입시 지옥에서 헤맬 때 텐트를 치고 야영하는 것은 신나는 일이었습니다. 그 높은 산을 정복하는 기쁨, 삼촌 이모들에게 황태자 대접받는 즐거움, 장엄한 산야를 바라보며 넓은 시야를 갖는 일 등은 참으로 즐거운 추억이 아닐 수 없습니다. 지리산 천왕봉 바로 밑에 텐트를 쳐놓고, 아빠와 함께 바깥에 나와 광활한 하늘을 보면서, 도시에서는 볼 수 없었던 그 많은 별들을 세면서 별 꿈을 가슴에 간직했던 그 밤, 아브라함이 별을 바라보며 하나님의 음성을 듣는 것 같은 잊을 수 없는 소중한 추억입니다.

그렇게 아빠를 따라다니기도 하고, 때로는 무턱대고 반항하기도 하

고, 또 아빠와 가까이 지낼 시간을 가지면서 아빠를 이해하고 신앙과
삶을 훈련받기도 하면서, 나는 어느덧 25살의 고민 많은 대학 졸업반
이 되었고, 아버지는 어느새 쉰이 넘어 환갑을 바라보는 나이가 되셨
습니다. 지금도 나보다 생각이 앞서 가시고, 신세대 감각에 뒤떨어질
라 싸이홈피까지 가지고 계신 아버지께서 28년의 ESF 간사생활을 마
무리하시게 되었습니다. ESF를 그렇게도 사랑하셨던 어버지께서 간사
직을 그만 두신 기분이 어떠한지 나는 잘 모르겠지만, 집에 내려갔을
때 간사직을 그만 두신 실감이 나지 않는다고 말씀하시는 걸 보면 많
이 아쉽고 섭섭한 마음을 어렵잖게 짐작할 수 있습니다.

　얼마전에 관악회관에 새로 부임한 이 간사님이 다른 간사님에게 나
의 어렸을 적 이야기를 듣고 배꼽잡고 웃었다고 하였습니다. 도대체
무슨 이야기냐고 물었습니다. 어떤 간사님이 어린 나를 데리고 놀면서
신나게 골려주었는데, 내가 그만 화가 나서 그 간사님한테 이렇게 외
쳤다는 것입니다. "야! 너 우리 아빠가 누군지 알아?" 내가 어렸을 때
우리 아버지는 정말 슈퍼맨 같았습니다. 지금은 아주 가끔씩이긴 하지
만 아버지도 힘든 때가 있었다는 사실을 알게 되었습니다. 주님의 길
을 묵묵히 걸어가시는 아버지가 자랑스럽습니다. 이제 젊음을 다 바쳤
던 ESF 사역은 후배 간사님들에게 맡기고 하나님의 부르심에 따라 새
로운 비전가운데 새로운 사역으로 나가는 아버지를 위하여 기도합니
다. 개척정신이 뛰어나셨던 아버지께서 지금까지 그래왔듯이 앞으로도
하나님의 동행하심 가운데서 새 분야를 개척해 나가실 것을 믿습니다.

자랑스런 나의 아빠

딸 지현

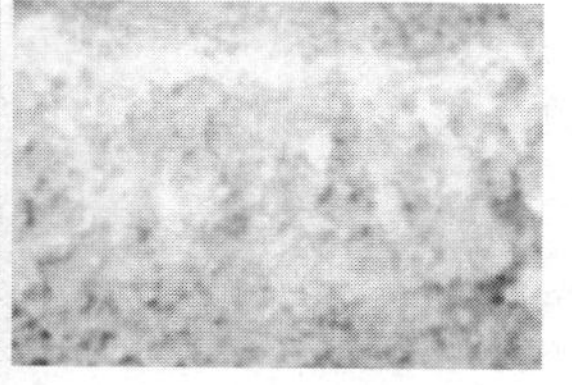

어느 딸이 자기 아빠를 자랑치 않으리요마는 나의 아빠 자랑은 그만한 이유가 있습니다. 아빠는 예수님을 진실로 사랑하셨고 지금도 진실로 주님을 사랑하는 분이시기에 아빠를 더욱 존경하고 자랑합니다. 요즘 아빠 생각을 하면 기분이 참 좋아집니다. 아빠가 얼마나 귀한 일에 몸 담고 계셨는지, 얼마나 열정적이셨는지, 또 얼마나 어려운 과정들을 잘 이겨내 오셨는지가 ESF 훈련을 받으면서 점점 깨닫게 되었습니다. 물론 아빠가 사랑 많으시고, 박학다식하시고, 손재주, 글재주가 탁월하시고, 깔끔하시고, 핸섬하시고 훤칠하신 사실들(^^)만으로도 나의 아빠를 자랑할 이유는 넘쳐납니다. 그렇지만 무엇보다도 한창 젊으신 나이에 예수님을 위해서 한 평생 살고자 결단하셨던 아빠의 용기와 그 좁은 길을 지금까지 변함없이 기쁘고 열정적으로 감당하시고 계시는 사실이 너무나 감사가 됩니다. 내가 그 아빠의 딸이라는 사실이 너무나 큰 감사가 됩니다.

그런데 하나님께서 이렇게 훌륭하신 분을 나의 아버지로 허락해주셨는데, 나는 오랜 세월동안 얼마나 귀한 복이 내게 주어졌는지를 깨닫지 못해서, 감사할 줄 몰랐고 하루하루를 귀하게 살지 못했습니다. 아빠에게 속을 썩혀드린 적도 있었습니다. 내 모습에 나 자신도 실망할 때가 많았는데 아빠는 이런 내 부족한 모습에도 나를 향한 기대를 접지 않으셨고, 끊임없이 비전을 제시해 주시고, 또다시 일어서게 해주시는 분이셨습니다. 아빠는 어렸을 때부터 똑똑하지 않은 나를 "똑순이"라고 부르시곤 하셔서 늘 긍정적으로 사고하도록 도와주셨습니다.

얼마 전에 아빠가 미국에 계셨을 때 보내주셨던 메일에 "나의 희망이요, 기쁨이요, 생명인 요셉, 지현아"라고 쓰셨던 것 기억이 납니다. 그 때 학교 전산실에서 이메일을 열어 봤었는데, 어찌나 눈물이 나던지 한 20분은 그 자리에서 울었던 것 같습니다. 지금까지 별로 자랑할 것 없는 나인데도 너무나 아껴주시고 끊임없이 응원해 주신 아빠는 내가 늘 기댈 수 있는 든든한 큰 힘입니다. 그리고 아빠의 안식년으로 가게 된 미국에서의 1년은 나에게 큰 축복이요 새로운 깨달음의 시간이었습니다. 한국에서는 아빠를 잘 몰랐었는데 미국에 가서야 알게 된 아빠의 모습은 너무나 새로웠습니다. 아빠는 참 가정적이신 분이셨고 인생을 즐길 줄 아셨던 분이셨고, 또 얼마나 유머러스하시던지 참 많이 놀랐었습니다(신세대인 오빠와 나의 감각을 초월하신다!).

아빠 퇴임식 때 울음이 너무 많이 나서 제대로 불러드리지 못한 노래,「또 하나의 열매를 바라시며」가사가 생각납니다.

> "감사해요 깨닫지 못했었는데,
> 내가 얼마나 소중한 존재라는 걸
> 태초부터 지금까지 하나님의 사랑은
> 항상 날 향하고 있었다는 걸
> 고마워요 그 사랑을 가르쳐 준 당신께
> 주께서 허락하신 당신께
> 그리스도의 사랑으로 더욱 섬기며
> 이제 나도 세상에 전하리라
> 당신은 사랑 받기위해 그리고 그 사랑 전하기 위해
> 주께서 택하시고 이 땅에 심으셨네
> 또 하나의 열매를 바라시며"

이 곡은 오빠가 골랐지만, 나의 마음 역시 잘 표현해 줍니다. 그런데 이 곡에서 중요한 것은 이 곡의 제목에서 알 수 있듯이 예수님의 사랑이 나를 통해서도 흘러가야 한다는 것입니다. 나는 아직도 너무 부족합니다. 내가 하나님의 사랑을 받는 존재란 것을 조금씩 깨달아가는 정도이어서 남을 섬기거나 양을 치는 것이 아직 서툽니다. 그렇지만 나는 아빠가 기도하시고 기대하시는 것만큼, 아니 그 이상으로 다른 사람들을 사랑하고 섬기는 사람이 될 수 있을 것으로 확신합니다. 왜냐하면 아빠 엄마로부터 넘치는 사랑을 받아서 아빠 엄마처럼 사람들을 사랑하고 세워줄 수 있는 힘이 이미 내안에 내재되어 있기 때문입니다. 참, 아빠가 설교하셨던 말씀 중에 아빠가 모세 80세의 때인 것 같다고 말씀하신 것이 생각납니다. "나는 여기에 올인했다. 지금까지의 시간들이 기나긴 훈련이었다면 지금은 하나님께서 나를 제대로 쓰시려는 때인 것이다." 나는 믿습니다. 하나님께서 아빠를 도와주시므로 아빠의 개척정신을 마음껏 발휘하실 때라 믿습니다. 아빠가 앞으로 하나님 역사에 더욱더 크게 쓰임 받게 되시기를 기도합니다.

아빠! 힘내세요. 너무나 멋지신 우리 아빠, 팟팅입니다~~^^*

광주ESF 약사(略史)

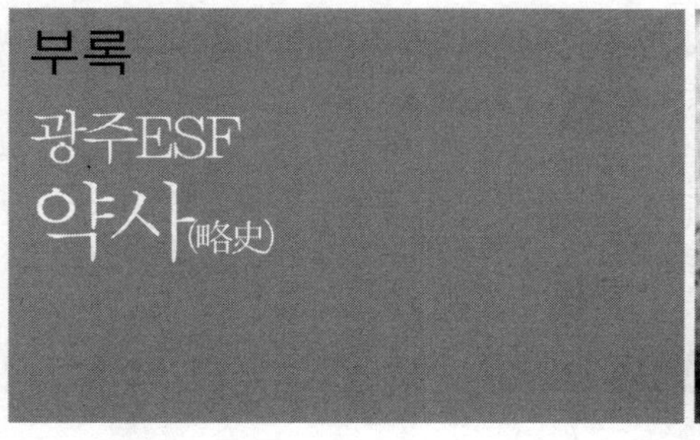

이 부분은 한의수목사의 목회학 박사(D.Min) 논문 '바람직한 학원선교' (Campus Ministry As It Should Be)의 179-208페이지에서 인용한 것임.

필자는 1978년부터 1998년 5월 현재까지 20년 동안 광주ESF를 개척하여 사역해 오고 있다. 동시에 1988년 1월부터 1998년 3월 현재까지 10년 동안 대한예수교장로회 문흥장로교회를 개척하여 섬겨오고 있다. 광주ESF와 문흥장로교회 모두 아무 기초가 없는 가운데 개척하였다. 하나만 감당하기도 힘든데 하나님께서는 이 둘을 다 개척하게 하셨고 동시에 두 곳을 다 섬기게 하셨다. 필자는 이것을 학원 선교와 교회의 일치와 연합을 위한 하나님의 섭리 속에서 이해하고 있다.

광주ESF (Gwangju Evangelical Student Fellowship)

광주ESF의 역사와 사역, 교회와의 관계성, 그리고 성장 원인을 고찰해 보고자 한다.

광주ESF의 역사

광주ESF는 1978년부터 광주 5·18 민주 항쟁이 한창이던 80년까지 개척 준비 기간을 거쳐 1980년 7월 17일 개관예배(설립예배)를 드림으로 시작되었다. 1980년부터 1983년 말까지 개척 기반을 잡고 1983년부터 1994년 말까지 성장기를 거쳐 1995년 1월 14일 새 회관을 건축하여 입당예배를 드리게 되었다.

개척 준비기 (1978년 4월 ~ 1980년 7월)

1978년 4월부터 1980년 7월까지는 개척을 위한 준비 기간이었다.

광주ESF 개척 결정은 1978년 봄학기 전국 간사 수양회에서 결정되었다. 필자는 전주지구 소속 간사였으므로 매주 1회 '나룻배 작전' 이라는 명칭으로 전주에서 광주 전남대학교에 와서 전도하였다. 그리하여 이기철, 백현순 등 4~5명을 얻었다. 1981년에는 전남대학교 써클 등록을 하였고 신입생 전도에 힘써서 윤치근, 김현주, 홍금란, 박희자 등

10여명을 얻게 되었다. 이때 전주지구 학생들이 철야 기도회를 하고 '나룻배 작전'에 자원하여 동참하는 헌신을 다하였다. 필자가 학생들에게 약속한 시간, 약속한 장소로 사람들을 데리고 오도록 하여 데리고 오면 빈 강의실에서 간단한 성경 공부 혹은 신앙적 권면을 하는 전도 방식을 사용하였다. 이때 시국 상황이 심히 좋지 않아 학생들로부터 '짭새'(학원 사찰 형사를 가리킴)의 오해를 받기도 하였다. 학생들도 데모에 가담하여 도청 앞 광장에까지 가서 찾아내어 도청 앞 전일빌딩 전일다방에서 요회(성경 공부)를 하기도 하였다.

개관 설립 예배 (1980. 7. 17)

계엄령이 선포되어 이사를 하지 못하고 집 없이 전주에서 대기하고 있었다. 계엄령이 해제되자마자 6월 10일 갓 결혼한 아내에게 교사 사표를 쓰도록 하고 함께 광주로 이사했다. 13평짜리 회관을 전세 얻어 1980년 7월 17일 "황무지를 장미꽃밭으로"라는 캐치프레이즈 아래 찬송가 233장 "황무지가 장미꽃같이 피는 것을 볼 때에"를 부르며 개관예배(설립예배)를 드렸다. 이때 예배에 참석한 40여명 가운데 광주지구 학생들은 13명 참석하였다.

개척기 (1980년 7월 ~ 1983년 11월)

이렇게 전담 사역자와 회관, 개척 일꾼 등 개척 조건이 갖춰지자 개척의 불이 붙게 되었다. 1980년 8월 5~9일의 무주 구천동 여름수양회 25명, 10월 1~3일 지리산 가을 등반에 17명, 10월 6~10일 사도행전 성경학교에 29명 참석하였고, 12월 22일 성탄예배시에 광주시민 학생 450명 참석, 1981년 부천 서울신대 전국여름수양회에 47명 참석, 1982년 7월 27~31일 고창 아산국교 여름수양회에 62명, 1983년 7월 26~30일 무주 국교 여름수양회에 79명이 참석하였다. 그래서 13평 회관에서는 용신할 수 없어서 신안동 32평짜리 회관으로 1983년 11월 20일 이사하게 되었다. 이때까지 주요 Program은 예배, 요회 GBS, 캠퍼스 아침기도회, 전도, 1:1 제자양육이었다. 그리고 신입생 전도 대회, 신입생 환영 예배, 체육대회, 신록 수양회, 여름수양회, 등산, 수영, 가을 성경학교 등의 Program을 학생들의 학사 일정에 맞춰 진행하였다. 조직은 학생회장, 부회장과 각 캠퍼스 성경공부 인도자, 선교, 문서, 찬양, 교육, 편집부를 두어 운영했고 졸업생들은 학사회로 따로 조직하였다.

성장기 (1983 11월~1989년 5월)

1988년 신안동 회관으로 옮긴 후 복음 역사는 더욱 활성화 되어서 1985년 11월 11~17일 "오직 의인은 믿음으로"의 '대로마서 성경학교'에서는 139명이 참석하여 용신할 수 없을 정도였으며 말씀의 권세가 나타나 큰 회개와 결단의 역사가 있었다. 그 후에 학생 복음 운동의 신선한 생명력을 불어넣기 위한 Program이 도입되었다. 그것은 은혜 받은 결과이기도 했다. 버려진 고아, 정신지체아를 수용하고 있는 행복재활원을 찾아가 제자들의 발을 씻기시는 예수님의 거룩한 사랑을 체험하는 훈련, 영어 TOEFL 공부, 개관기념일을 전후하여 3일 동안 예술제, 학술제, 체육대회를 하였다. 개척 정신이 부족하던 한국역사를 공부하고 개척 정신을 갖기로 하여 캠퍼스 개척, 목포 개척을 시도하였다.

요회별 찬양 발표회를 하여 캠퍼스 회원들의 단합을 도모하였다. 새신자들인 1학년들을 세우기 위한 Freshman Summer Camping은 잊지 못할 추억들을 가슴 속에 새기게 하였다. 또한 여름 수양회 이후 의대생들을 중심으로 한 의료팀과 전도팀을 구성하여 지역 교회와 연합하여 봉사 활동을 벌였다. 지리산 등반 훈련은 리더와 Key member의 공동체 훈련에 매우 적절하였다. 성탄절을 앞두고, 남도 예술회관, 전남대 대강당에서 가졌던 성탄 축하 연극 공연은 홍보, 복음 전도 외에 기독교 문화 창조의 기쁨을 맛보는 의미있는 시간이 되었다. 이리하여 1988년 8월 1~4일 장성영생수양관에서 "젖과 꿀이 흐르는 가나안 땅" 주제로 가진 여름수양회에 학생 95, 학사 43, 총 138명이 참석하였다. 이 기간에 박환규, 이민홍, 김정숙, 허미경 간사가 복음역사에 동참하여 봉사하였다.

이와 같이 신안동 회관에서 3년 동안 양적, 질적 성장을 하면서 좀더 넓은 공간을 사모하게 되어 회관 이전을 하게 되었다. 회관 이전 때마다 심각하게 대두되는 것은 물질이었다. 외부의 지원이 전혀 없는고로 소수의 졸업생들과 가난한 대학생들의 헌금으로 전세금을 마련해야 했다. 어떤 졸업생(학사)은 결혼패물을 다 내놓으며 분에 넘치도록 헌금하였다. 당시 학생이던 정규성은 200만원 헌금을 하여 감격의 눈물을 흘리게도 하였다. 학생들은 여러 모양으로 아르바이트 하기도 하였는데 김인숙은 "100평짜리 작은 공간"이라는 이름의 포장마차 호떡 집을 하여 헌금하기도 하였다. 이렇게 하여 약 4천만원이 모아져서 1989년 2월 19일 광주시 중앙에 위치한 궁동회관으로 이전하게 되었다. 그러나 건물주의 개인 사정으로 3개월 후인 1989년 5월 28일 다시 평화시장 옆 중흥동 회관으로 옮기게 되었다.

학사운동과 학생회 (1989년 5월 ~1995년 1월)

1989년 5월 28일 이후 1994년 말까지 5년반 동안 중흥동 회관 사역 시기는 침체한 학사운동을 일으키고 회관 건축을 준비하는 기간이었다.

1989년 1월 25일에는 광주ESF성서교육회(ETF), 1989년 1월 28일에는 광주의료인선교회(EMF), 1990년 1월 20일에는 광주ESF가정선교회(EFF)가 창립되었다. 광주는 경제적으로 낙후되어서 대학을 졸업한 후 졸업생들이 서울,경기 지역으로 흩어지게 되었다. 그리하여 광주 지역 졸업생 모임(학사회)이 거의 이루어지지 못하였다. 학사회의 약화의 원인은 지역적 특성 외에도 교회에 대한 개방화로 졸업생들이 identity를 상실한 것이었다.

졸업생 모임의 약화는 재정 약화로 이어져 복음 역사를 힘들게 하였다. 외부의 아무런 보조 없이 자립하고 있는 상황에서 재정 약화는 광주 ESF 존립자체를 위협하게 되었다. 학원 선교 단체는 교회로 사람을 보냈는데 교회에서는 학원 선교 단체에 아무 물질 지원이 없었다. 그러나 학원 선교 단체는 심히 궁핍한 가운데 연명하면서 다시 회원들을 교회로 보내는 일을 계속해야만 했다.

이러한 가운데 학사운동을 활성화해야 하는 절박한 필요를 느끼고 노력하였지만 결과는 미약하였다. 1989년부터 졸업생들이 1년에 한 번씩 회관을 찾는 학사 Home Coming Day를 4월 둘째주에 가졌고 매월 월례회를 가졌다. 이 월례회를 나중에는 코이노니아 (Koinonia)로 불렀다. 매주 GBS와 예배를 드렸으나 참여자가 많지 않았다. 그러나 남는 자들을 남겨두셨다. 윤치근, 정일선, 김성열, 이용호, 김정숙, 최정희, 송호준, 임영국, 정우성 등 광주ESF 이사들을 중심으로 회관 건축 사업을 하게 하셨다. 1992년 1월 회관 건축에 대한 Vision 발표회와 기도회를 갖고 건축 헌금을 작정하였다. 학생회에서는 철야 기도하고 헌금을 작정하며 1992년 6월 5일, 1993년 5월 13일, 1994년 4월 29일 등 거의 매년 회관 건축을 위한 일일찻집을 경영하였다. 일일찻집 경영은 수익금이 100만원 내외의 금액이었으나 건축을 위한 마음을 한곳으로 모으는데 유익하였다. 회관 건축은 학사회가 주도하였는데 학사회는 주로 헌금에 의존하였다. 3년 동안 학생 3천만원, 학사 3억 헌금이 모아져 1994년 2월 28일 회관 건축 부지(118평)를 마련하였고, 3월 13일 건축공청회를 거쳐 설계도가 그려지고, 5월 10일 건축 시공자와 계약이 이루어지고, 7월 10일 건축이 시작되어 12월 말 완공되었다. 건축 허가 과정에서 복잡한 건축 규제로 인하여 40일동안 허가를 받지 못하고 있다가 하나님의 기적적인 도우심으로 건축 허가를 받게 되었다. 처음엔 인근 주민들의 반대도 있었으나 그것도 하나님의 도우심으로 해결되어 오히려 건축을 도와주기까지 하였다.

이렇게 건축 역사가 완공되어 1995년 1월 14일 전국의 간사님들을 초청한 가운데 차인숙 간사 지휘로 '아름답다 저 동산'을 대 합창대가 감격적으로 부르며 감격적 입당예배를 드렸다. 연약해 보이기만 하였던 학사회가 이용호 건축부장을 비롯한 200여명의 헌신으로 기적적인 건축 역사를 이루게 되었을 때 모두 "하나님은 과연 살아계십니다. 하나님께서는 우리와 함께 하시어 큰일을 이루셨습니다"하며 감격어린 신앙

고백과 감사 기도를 드렸다. 1989년 5월에서 1994년 말까지 중흥동 회관 시대에 학사 운동과 건축 역사가 진행하는 동안 해외 선교 훈련이 일어났다. 1986년 12월 이민홍 선교사 훈련, 1990년 8월 대만 기독 정병훈련 (조혜정, 정대진, 김주현), 일본 선교여행 (김자경), 1993년 황혜숙을 케냐 선교사로 파송하였고, 1994년 최명심, 정은주를 중국 선교사로 파송하였다. 개척 초기부터 외지 개척 역사를 시도하였다. 그러나 개척 역사가 잘 이루어지지 못했다. 그런데 뒤늦게 시작한 순천에 개척 역사가 일어났다. 김인숙 간사를 보내었는데 20여명이 성경 공부 모임에 나와서 1994년 4월 25일에는 이노호 간사를 파송하여 순천회관 개관예배를 드렸다.

이 시기에 조혜정, 김자경, 이노호, 최승범, 신철호, 정한수, 차인숙, 김인숙, 유영철, 채미나, 박미화, 유정훈, 김형재 간사들이 서게 되어 학원 선교에 헌신하였다. 또한 신종필, 신철호, 배만주, 김광덕 목회자들과 김명호 신학교 교수가 탄생된 것이 이때였다.

중흥기 (1995년 ∼ 현재)

1995년 1월 14일 두암동 회관 건축 완공과 입당예배는 학원 선교의 가시적 열매였으며 학생 복음 운동에 대한 하나님의 은총의 표적이었다. 여기까지가 학원 선교를 할 수 있는 기반 형성이라고 할 수 있다. 이제 이 기반 위에서 찬란한 학원 선교의 새 역사를 펼쳐나가야 한다는 인식 속에서 1995년을 "영혼 구원의 새역사"라는 표어를 걸고 출발하였다. 학원 선교의 기본 방향이 대학생 영혼 구원과 교회, 사회 지도자 양성이므로 전도와 제자양육의 전문화를 이루고자 간사들의 연구 세미

 이 생명 다 바쳐 복음운동을!

나를 갖기 시작하였다. 학생들은 DTC, LTC를 통하여 성경선생 세우기와 성경 공부 노트만들기 Workshop을 강화하였다. 1995년 11월 6-10일 대로마서성경학교(강사: 한의수 목사)에는 총 292명(평균 176명)이 참석하였고 1996년 11월 14-19일 사도행전성경학교(강사: 한의수 목사)에는 212명이 참석하였다. 1997년 학생,학사연합 해남 여름수양회는 '새사람의 새로운 삶'의 주제로 광주지구만 260명 (학생 134, 학사70, 어린이22)이 참석하였다.

오랫동안 기도하고 시도되어 왔던 목포 개척이 열매를 맺게 되어 1997년 5월 19일 정한수 간사를 파송하여 개관예배를 드렸다.

1997년 2월 1일에는 학사운동의 한 열매로 선교 병원이 세워지게 되었다. 내과 전문의 임영국(최정희), 정규성(박혜정) 부부가 영광복음내과 병원을 개원하였다. 1997년 9월 6일 학생회 제200차 정기소기도회에서 앞으로 나아갈 방향을 사람 키우는 운동 방향으로 정하고 ① 기본 선교사역의 전문화 (성경공부, 전도, 일대일 제자양육, 예배, 헌신사역) ② 학사운동의 활성화 ③ 통일 한국을 위한 선교적 준비 ④ 세계선교의 헌신 ⑤ 정보 통신 시대에 대한 선교적 적응 ⑥ 사회 문화 개혁운동 ⑦ 재정의 확보 등의 기도 제목으로 간절히 기도하였다. 1998년은 연초에 가진 전국ESF 겨울수양회 때 받은 말씀을 붙들고 '부흥 개척 폭발'의 역사를 이루고자 기도하고 있다. 새롭게 간사로 헌신한 박귀진, 정수동, 송나영, 김쌍중, 김현정, 정경미 간사와 함께 13명의 간사들이 '내 어린양을 먹이라'(요21:15)는 말씀을 붙들고 제자양육에 매진하고 있다.

개척

　많은 사람들이 개척을 원하면서도 두려워한다. 실패의 부담감 때문이다. 또한 개척의 비밀을 알고 싶어 한다. 특별히 개척의 비밀이란 것이 있을까? 필자는 "개척은 하나님의 은혜이다"라는 생각을 가지고 있다.　하나님께서 베푸신 은혜를 정리해 본다면 개척자의 믿음과 준비, 첫 개척, 개척 전략, 동역자 얻기 등이 중요하다고 본다

개척자의 믿음과 준비

　하나님께서는 개척자의 믿음과 준비를 쓰셔서 개척 역사를 이루신다. 준비된 그릇이었던 사도 바울을 쓰셔서 이방 선교 사역을 이루시듯이 오늘날도 하나님께서는 준비된 일꾼을 쓰신다. 하나님께서는 필자를 1970년 6월 대학 1학년때 친구 강기봉을 통하여 ESF의 성경공부 모임으로 부르셨다. 1학년 겨울 방학 때 장창식 목사께서 창세기를 가르쳐 주셨는데 이때 중생을 확신하였다. 학생 때 말씀의 능력, 하나님의 은혜를 깊이 체험하였고 전도, 제자양육 훈련을 강도 높게 받았다. 군생활 3년은 모세의 미디안 광야 생활처럼 자신을 버리고 하나님을 의지케 하는 훈련 기간이었다.　군대에서 박용석, 박상동 등 제자 양육은 잊을 수 없는 사건이었다. 전역 후 6개월의 회사 생활은 세상에 대한 미련을 정리하는 시간이 되었다. 1977년 10월 1일 직장을 정리하고 ESF 간사로 부름 받았다. 뜨거운 정열과 큰 기쁨을 가지고 학원 선교에 전념하였다. ESF 전주 지구에서 3년간 성경 선생으로 기초를 닦았다. 첫 로마서 성경강의는 말씀의 권세를 깨닫는 귀중한 체험을 갖게 하였다. 군

사 독재 정치와 대학생 탄압 정책은 학원 선교의 사명을 더욱 고취시켰
다. 하나님께서는 1980년 1월 15일 교사인 허영애와 결혼하게 하셨
고, 그해 교사를 그만두고 6월에 광주로 파송하셨다. 믿음의 아내는 개
척자에게 백만대군과 같다.

하나님께서는 개척자에게 필요한 중생의 확신, 말씀의 능력, 체험적
인 제자양육의 노하우(KnowHow), 영혼을 사랑하는 마음, 체력과 열
정, 불타는 사명감, 믿음의 가정 등을 충만히 허락하여 주셨다.

개척 동역자 얻기

개척 초기에 순풍에 돛단 듯 순조로운 출발인가 아니면 역풍 속에 고
전인가의 결정은 초기에 어떻게 좋은 믿음의 동역자를 얻는가에 달려있
다. 성실하고 열정적이며 믿음 좋은 동역자 몇 명만 얻는다면 출발은 더
없이 좋은 것이다. 그렇다면 이런 사람을 어떻게 얻을 수 있는가?

많이 기도하고 많은 사람 만나고 많이 도우면 (3많이), 하나님께서
이 문제를 해결해 주신다. 적게 기도하고 적게 사람 만나고 적게 도우면
좋은 동역자 얻기가 매우 힘들다. 힘든 사람을 붙들고 계속 고전을 면치
못한다.

필자는 광주 개척하라는 사명을 받고 개인적으로 기도할 뿐 아니라
전주ESF 소기도회를 열어 40여명이 7시간 온 밤을 꼬박 새우며 합심
기도하였다. 광주에 와서도 제일기도원, 헐몬수양관, 신림교회 등에서
철야기도회를 수없이 가졌다. 아는 사람이 전혀 없기 때문에 관계 전도
에 힘썼다. 이렇게 해서 얻은 사람이 이기철, 오인제, 김혜자였다. 학생
들의 선입관때문에 학생들에게 쉽게 접근하기 어려우므로 전주ESF 학

생들을 동원하여 '나룻배 작전'을 벌여 많은 학생들을 만났다. 100명을 만나 2-3명을 얻게 되었다. 그 가운데 매우 좋은 사람들을 만나게 되었다. 백현순, 김현주, 윤치근, 홍금란, 박희자, 박혜정, 이경춘, 신경재, 김동선, 이길호, 배만주, 김천갑, 신형주, 이선옥, 김성열, 이노호, 이민홍, 정일선 등이었다. 처음에 이들은 거칠었고 심히 자기중심적이어서 동역할 수 없었다. 그러나 성경공부, 기도, 수없는 eating fellowship, 개인적인 대화 및 권면, 새로운 일거리를 만들어 동역함, 권한, 의무를 주면서 조금씩 훈련을 시작함, 즐겁고 신나는 만남과 교제 등으로 이들을 내 사람으로 얻게 되었다. 그 기간은 짧게는 6개월 힘든 사람은 3년이 걸렸다. 친 형제보다 더 가까운 사이가 되어 동역하게 되니 무서운 파워를 가지게 되었다. 불가능하게 보이는 일도 계획하고 동역하면 성취되는 기적을 체험하니 하나님의 살아계심을 믿으며 신나게 신앙생활을 하게 되었다. 신나게 어울려 다니다 보니 어느새 깊은 신앙생활을 하고있는 사람들이 되었다. 사람을 얻는 비밀은 사랑과 진리였다. 가슴에 감동을 주는 사랑으로 마음을 열고 혼과 골수를 쪼개는 말씀으로 영혼을 인도하면 거의 모두 새사람이 되었다. 사람을 얻으려면 그리스도안에서 기도하며 하나님의 은혜를 덧입어 말씀을 증거해야한다. 또한 사람을 얻는 과정에서 아내의 밥지어 먹임, 섬세한 사랑의 동역은 큰 도움이었다.

개척 전략

개척 전략은 개척자의 은사와 특징, 첫 개척 동역자들의 성향, 개척지의 특성과 상황 등을 고려하여 적절하게 짜여져야 한다. 복잡하고 정교한 개척 전략은 좋지 않다. 단순하고 열정적인 전략을 세워나가다 보면 새로운 전략의 필요가 나타나서 더 좋은 전략을 세워나가게 되는 것이다. 필자는 개척 전략이라고 할 수 있는 명확한 것은 없었다. 그러나 개척하면서 보니 몇가지 전략속에서 행하고 있었다. 주력 캠퍼스 주력 학과가 있었다. 관심의 분산이 아닌 관심의 집중전략이었다. 전남대학교를 주력 캠퍼스로 삼았다. 이기철을 중심한 상대 경영학과, 백현순을 중심한 농대 농학과, 오인제를 중심으로한 공대 기계공학과를 개척하다 보니 상대, 농대, 공대생들이 많았고 나중에는 홍금란, 김현주를 중심하여 사대를 개척하였다. 또 후에 깨달은 사실은 상대, 공대, 농대생들이 졸업 후 외지로 다 나가버려 복음 역사에 큰 힘이 되지 못하여 그 후에는 전략 캠퍼스를 사범, 의, 치, 약, 간호대로 수정하기도 하였다.

처음에는 먹는 일이 많았다. 성경 공부후나 예배후 간식, 식사 등 수도 없이 먹고 기도하고 웃고 놀았다. 광주는 예향의 도시여서 예술 애호가들이 많았고 필자가 연극에 약간 소질이 있어서 개척부터 10년 동안은 매년 3-4회 이상 연극 공연을 하였고 매년 1회씩은 연극 동아리보다 규모도 더 크게 수준 높은 연극을 하여 신앙, 문화, 젊음이라는 1석 3조의 효과를 얻고자 하였다. 지역적 특성, 구성원들의 은사와 특성을 고려한 전략이었다. 그러나 가장 중심 전략은 성경 공부였다. 인간이 지닌 매력은 어느 선에서 한계가 주어지고 성경 진리의 매력은 무궁무진하다는 전제 아래 재미있게 놀면서도 항상 핵심 program은 성경공부였다. 체육대회를 하면서도 시작 전 끝난 후 말씀 한마디를 가슴 속에 심으려고 노력하였고 지리산 천왕봉에 올라갈 때도 Big size 관주성경을 들고 가서 말씀을 붙들고 기도하였다. 대상이 젊은이들이기 때문에 젊은이들의 신바람나는 Program을 많이 개발하였다. 등산을 통한 공동체 훈련, 체육 대회를 통한 벽깨기 훈련, folk dance를 통한 교제, 유격 훈련, 무등산속의 철야 기도 훈련, 무등산, 내장산 눈싸움 등 학생들이 신바람나고 정신을 차릴 수 없도록 늘 새롭고 신선한 Program을 만들어 갔다. 그런데 가장 중심 전략 중 하나는 학생들을 '배우는 위치'에서 '가르치는 위치'로 전환 전략이 매우 성공적이었다. '배우는 위치'에서 인간은 오래 배우지 못하고 탈락해 버리고 만다. 인간은 배우기는 적게 하고 많이 가르치고자 한다. 그래서 가르치면서 배우도록 전략을 세웠다. 1년만 지나면 '리더'라는 칭호를 주고 세워서 전도하고 가르치게 하였다. 성실하고 믿음있는 사람은 한 캠퍼스를 책임지도록 했다. 놀라운 사실은 학생들이 인턴 간사 이상의 몫을 한다는 것이었다.

또한 '전도는 누구에게나, 제자 양육은 선택해서'의 전략도 있었다. 리더로 세우기에는 여러 가지로 어려운 점이 많은 사람을 붙들고 계속 제자 양육을 시도하는 학생들이 많았다. 그래서 전도는 누구에게나 하되 제자 양육은 선별해서 하도록 주문하였다. 또한 사람을 세우고 키우기 위해서 일을 벌이기도 하였다. 성경 공부에는 빛을 발하지 못하던 학생이 연극, 등산, 체육대회, folk dance, 일일찻집 Serving에는 실력 발휘를 하곤 하였다.

개척 전략이란 열심히 뭔가를 해야 하는 것이다. 뜨거운 열정을 가지고 열심히 일하고 있으면 사람들이 몰려들고 그들을 열심히 도우면 열매가 하나 둘 맺혀가는 것이다. ESF 개척 초기에 가장 열심인 것은 역시 성경 공부였다. 백현순 학생 하숙방에서 벽에 데코레이션을 해 놓고 날마다 15명이 창세기 성경학교를 하다가 하숙집에서 쫓겨난 것은 한

마디로 개척이 무엇인지를 웅변적으로 말해 준 사건이었다.

광주ESF 성장

개척 기반을 잡으면 성장기에 접어들게 되는데, 이 때 필요한 것은 리더십, 새로운 일 (New Project), 조직력을 갖춘 교육, 학사 운동과의 연계, Vision 제시와 개척, 교회와의 좋은 관계, 간사들의 헌신 등이다.

리더십

리더십이란 사람을 움직이는 능력이다. 또한 사람, 물질 관리와 일 계획을 통하여 목표를 성취시키는 능력을 말한다. 작은 모임에서는 리더십이 그다지 중요하지 않을지 모른다. 그러나 모임이 커지면서 리더십의 중요성은 절대적이다. 어느 모임이든지 최고 리더의 리더십의 정도에 따라 모임 성장의 한계가 주어져 버리고 만다. 많은 자매 간사들이 개척지에 가서 사람을 20명 정도까지 모으는 일은 잘한다. 그런데 그 이상 나가지를 못하는 경우는 리더십 개발이 되지 못하기 때문이다.

리더십을 개발하기란 쉽지 않다. 그러나 불가능한 것은 아니다. 끊임없이 연구하는 자세를 가지면서 특히 목표를 성취하고자 하는 강한 목표의식을 가지고 헌신하면 하나님께서 리더십을 주시는 것이다.

어느 정도 모임이 성장하면 거기에 알맞게 일을 벌여야 되고, 일꾼을 세워야 된다. 거기에 필요한 재정 조달 능력이 있어야 한다. 이것에 대한 판단력, 아이디어, 추진력이 곧 리더십이다.

새로운 일을 벌임

광주 ESF 역사는 회관 이전과 상당히 밀접한 관계를 갖고 있다. 복음 역사의 성장, 리더의 믿음과 자질, 현실적인 필요성을 감안해서 몇년 주기로 회관 이전이 이루어졌음을 알 수 있다.

복음역사의 성장에 따라서 새로운 일을 벌이는 것은 너무나 당연한 일이고 역사 성장에 있어서 중요하다. 역사가 성장했는데 새로운 일에 착수하지 못하면 그 열매가 흩어져 버리기 쉽다.

또한 복음 역사는 보이지 않는 영적 역사인데 가시적인 결과로 전환시킴이 역사 성장의 한 방법이다.

	이전년도	거주기간	평수	예배 참석자	위치	전세금	비고
개척준비	78.04.-80.07	2년	.	13명	전남대 강의실	.	
중흥동 회관(1)	80.07.17	3년 4개월	13평	30명	전남대 앞	210만원	전국 100만원 지원 받음
신안동 회관	83.11.20	5년 3개월	32평	70명	전남대 정문 앞	1,300만원	자체 헌금으로 감당
궁 동 회관	89.02.19	3개월	80평	70명	광주 중심부	3,800만원	자체 헌금으로 감당
중흥동 회관(2)	89.05.28	5년 7개월	60평	100명	전남대 앞	3,800만원	자체 헌금으로 감당
두암동 회관	95.01.14		150평	150명	전남대,조선대,교육대 중간지점	4억 2천만원	건축
한나의 방	97.12.28		20평		두암동 회관 옆	1,500만원	EMF에서 헌금 -자매간사숙소

표 1. 광주ESF 회관 이전

교육 프로그램

주님께서 제자 양육하시는 것을 보면 선택, 교제, 훈련, 파송의 단계를 거치셨다. 광주ESF에서도 주님의 제자양육을 본받아 신자, 제자, 일군, 지도자 제자양육 훈련을 시킨다.

	대상	기간	목표	훈련과목	비고
신자	1학년	1년	신앙기초 적응	복음제시, 길, 복음서, 창세기 공부, ESF 소개, DTC1 (예배, QT, 헌금, 예절, 청소, 자기관리, 성경전독 1회)	초신자와 기신자와 구분
제자	2학년	1년	제자교육 공동체의식 주인의식	제자도, 제자의 길, 복음서, 로마서, ESF 주인의식, DTC2 (제자양육, 전도폭발, GBS 인도, 전도, 성경해석학, 동역, 기독교인생관, 성경전독2회)	배우는 교육, 가르치는 교육
일군	3학년	1년	전도 제자양육 헌신교육	구원계시의 발전사, 복음서, 사도행전, ESF일꾼교육 LTC1(제자배가, 선교, 교회사, 섬김, 청지기론, 사무엘서, 열왕기, 역대기서, 성경전독 3회)	배우는 교육, 가르치는 교육
지도자	4학년	1년	사상교육 리더십 사회적응훈련	기독교신학개론, 복음서, 베드로전후서, 학사운동, ESF 학사상, LTC2 (직업관, 결혼관, 교회관, 기독교 세계관, 기독교 문화관 등)	사회교육

표2 . 광주ESF 교육

목표와 교육 과정

모든 교육은 간사들이 학생 리더를 세워 학생이 학생을 가르치는 체제 속에서 교육한다. 즉 Staff worker leadership과 학생 leadership의

조화 속에 복음운동을 이루어 나간다. 간사 (Staff worker)는 정책과 방향제시, 학생 leader 훈련과 현장 지원에 주력하고, 학생 리더들도 실제적인 복음운동인 전도, 제자양육, 행사들을 추진해 나간다. 이런 계획을 간사회의, 간사와 학생 리더들의 모임인 소기도회, 동역자 기도회, GBS 준비모임, 회장단 회의 등 모임을 통하여 이루어 나간다.

이런 계획과 모임을 이루어 나가는 1년 연중 프로그램은 다음과 같다.

	목표	주요 프로그램	비고
1-2월	역사 준비기	신년예배 (1년목표제시), 공동체훈련 (1주간),Leader 세우기, DTC・LTC훈련 (1-2주간), 조직개편, 성령의 그릇 만들기, 새학기 전도계획 및 준비(신입생전도, 신입생초청의 날, 포스터, 현수막, 전도지 준비), 철야 기도회, 해외 어학연수, 졸업 여행, 겨울 수양회	방학훈련체제로 전환
3-4월	전도	개강예배 간사수양회, 전도대회, 캠퍼스 성경학교, 아침 캠퍼스 기도회, 캠퍼스 전도 모임, 신입생환영예배, 체육대회, 고난 금식 훈련, 부활 심포지움, 캠퍼스별 찬양 발표회, 벽깨기 훈련, GBS, 금요예배.	프로그램 정상가동
5-6월	양육	공동체의식훈련(등반, 신앙유적지 여행, 기도회 등), 신록수양회, 성경학교, 1:1매치, 제자양육, 여름수양회 준비	
7-8월	수양회	여름수양회, Freshman Summer Camping, 등반을 통한 공동체훈련, 농어촌 봉사활동, 의료봉사전도, 제자 훈련, 가을 학기 준비 철야기도회, DTC・LTC훈련	여름수양회로 봄학기 총결산
9-10월	전도	새학기전도, Campus 전도대회, 1:1제자양육 알곡 수양회, campus서적 전시 및 판매, campus 성경강의, 꿈꾸는 밤, 성경학교 준비.	
11-12월	성경학교	성경학교(1주간, 성경 한 과목), 추수감사예배, Freshman의 밤, 1:1제자양육, Leader세우기, 성탄 축하예배, 구제활동, Leader 수양회, 새해 활동계획, 송년의 밤	리더수양회로 가을학기 총결산

표3 연중 활동 계획

연중 활동 계획은 2개월 단위로 짜여져 있으며 약 2개월 주기로 큰 행사가 있어, 행사를 계획하고 준비하면서 학생들을 세우며 적절한 훈련을 시킨다. 그렇게 함으로서 자연스럽게 목표와 방향 제시가 되며 추진력이 생긴다. 또한 훈련을 시킬 대의명분이 생겨 물 흐르듯 훈련이 이루어진다.

이렇게 하여 훈련 과정을 마친 사람은 엄격한 심사를 거쳐 소기도회 리더로 추천된다. 소위원 리더 추천을 받은 후 1개월간 다시 리더 훈련을 받게 된다. 이 훈련을 통과한 사람은 소위원 선서를 하며 캠퍼스 복음화의 사명을 받아 Campus 리더로 활동한다.

한국기독대학인회

EVANGELICAL STUDENTS FELLOWSHIP

"오직 성령이 너희에게 임하시면 너희가 권능을 받고 예루살렘과
온 유대와 사마리아와 땅 끝까지 이르러 내 증인이 되리라 하시니라"

(사도행전1:8)

선　서

하나님의 은혜로 새 생명을 얻어 이제 소위원으로 부름받은 나
_____ 는(은) 이 시대의 사명인으로 살게 된 것을 무한한 영광으로
생각하며

첫째　예수 그리스도를 주로 모시고 하나님의 말씀인 성경의 가
　　　르침에 따라 기독교 인생관을 확립하겠습니다.

둘째　십자가의 군사로서 긍지를 지키며 성서한국과 세계선교의
　　　소망가운데 캠퍼스 영혼의 목자로 살겠습니다.

셋째　성령안에서 동역자들을 존경하고 섬기며 사랑하여 거룩하
　　　고 아름다운 그리스도의 공동체의 일원이 될것을

　　　　　창조주 하나님 앞과 선배 소위원 앞에
　　　　　엄숙히 선서 합니다.

　　　　　1998년　월　일
　　　　　제　　　차　정기소기도회
　　　　　소위원　　　　서명

◎평생요절

표4 . 소위원 선서문

 이 생명 다 바쳐 복음운동을!

그 소위원 명단은 아래와 같다.

명예 소위원 : 이기철, 박종숙, 백현순, 정일선, 반홍순, 이민홍

1981. 7. 10
1차 윤치근, 김현주, 박희자, 신형주, 박혜정, 홍금란, 신경재, 배만주, 이형근
2차 차주봉

1982. 2. 22
8차 김명호, 김동선, 김성옥, 위영숙, 황규진, 김성렬, 이노호, 김광덕, 김재준,
장혜욱, 박미애
10차 이경숙 14차 김명희 15차 전남렬

1983. 1.
18차 신애경, 남순자, 안희영 19차 박경희 20차 반경자
21차 강문석, 이문욱, 이선옥 23차 조미영 27차 박인숙, 윤숙자

1984. 1. 10
28차 신종필, 허미경, 이용호, 강미숙, 이철웅, 박현숙, 최영석, 권정자, 최승범
29차 최승일, 김정숙 35차 심해경, 신용근, 정천, 주소연

1985. 1.

37차 김자경, 최정희, 송호준, 고인숙, 이금초, 유종갑, 신철호

38차 백형엽, 장종숙 39차 백광식, 이술희 43차 이영순   45차 임영국

47차 최경이, 김기범

1986. 2. 1

50차 정규성 51차 정유식, 박명수 53차 김정균, 이화신, 정한수, 윤문식

54차 김창수, 이인숙 55차 김현우, 양창규, 문영천 57차 박은애, 조혜정

59차 박명자, 박미숙

1987. 2. 7

63차 신동필, 김미, 유영철, 윤태용, 이은영, 송미영, 김세훈

65차 허혜련, 양선아 68차 강순례 72차 이승희

1988. 1. 8

75차 최순남, 조성관, 김미라, 김기만, 김정애, 오선정, 이종래, 이중화, 정상진

76차 정대봉 77차 이은식, 임진 79차 박현숙, 차인숙 80차 송영문

82차 박혜정, 조유선 83차 최상호 85차 한광옥

1989. 1. 21

87차 김규현, 박순심 89차 황선엽 90차 박혜주 91차 김인숙, 김영곤, 김주현

92차 고경옥, 송미영, 박부현 94차 조미순 95차 최경희, 오소운

96차 최하영, 김미영, 박장웅 97차 오복열, 정경애

98차 임형주, 박근미, 선신규, 박종근, 김영희, 이동규, 지정식, 정내혁, 김창

규, 김남조, 김경식, 안혜진, 박윤희, 노숙현, 김희진, 김현정

99차 최은숙, 이광정, 류희선, 성진아, 백명주, 송미경, 정대진, 박미향

1990. 2. 10

101차 강은주 102차 박경미, 이승현, 박유정, 이혜원 103차 안재홍

104차 조상훈 111차 김용안

1991. 2. 9

113차 유정훈, 김미연, 김형재, 임은희 114차 김기연,

117차 배진, 박진양, 김성이 118차 진영희 120차 김범수

123차 고정민, 채미나, 김쌍중 124차 정병관, 박재형

1992. 1. 11

125차 이기채, 박현숙, 김재숙 126차 박은순, 범희숙, 김혜경, 박수진

127차 이춘이, 박귀진, 이덕인, 조정미, 이현주

128차 서영윤, 박영란, 황형금, 손양숙 129차 오기창, 서미경, 백형주

132차 문영심, 정일로 134차 오은영 135차 송신화

136차 강호림, 황용재

1993. 2.

139차 최태홍, 이춘자 141차 임지연 143차 김영수, 서가연

144차 이금미, 문효숙, 정철훈, 이광숙

146차 백지수, 심왕근, 김미영, 반봉신

147차 박도원, 김만수, 강성우, 이미라, 정민희, 심의을

148차 이지영, 박은지, 양륜영 150차 임동준, 김해숙 151차 송은영

1994. 4. 1

152차 손혜경, 임호상, 김은지

153차 김명주, 송나영, 윤양하, 강영애, 이미경, 최길수, 박열, 서거정

155차 주정미, 임은진, 박연희, 정순임 156차 이신혜, 김미라

157차 양기준, 정수동, 박영배, 송혜신 160차 이영평 162차 변준희

163차 안지영, 허성백, 천숙형, 이계욱 164차 홍영경

1995. 1. 27

165차 이은혜 166차 위광호, 주정은, 최경임, 주행진, 주요섭, 이대훈

167차 강의원, 송효선, 나명희, 장석호, 정윤희

168차 김윤선, 이지혜, 안정숙, 유영민 170차 박중철, 반화영

173차 김정현 175차 장연정, 양진영 177차 신덕호

1996. 1. 13

178차 선민두, 김현정 179차 김희한, 정선지, 백지명, 박병도

180차 임병을, 이상현 182차 김상훈, 최선미 183차 최은수, 김대현

184차 김희성, 이소영 185차 이종혁, 허승윤

190차 김영진, 이미영, 정경미, 신대호, 김양원, 정성미

1997. 1. 18

191차 김선희, 이명선, 박정수   192차 이민영

194차 이상훈, 이연화, 주영남, 송승현, 이윤정

197차 박현순, 김아라, 박명주, 권해택

200차 이혜란, 강금남, 최규하, 여운근, 김희순, 최창옥, 김혜연, 최수경, 강주영

204차 김하경, 김명애, 윤상보, 강경희, 박동선, 정재훈, 강은주, 송주현, 박재석, 이은정

1998. 2. 14

206차 정영순 207차 고경진, 박미향, 임미선, 장성종

명예 소위원: 변춘석, 김선아, 조기현, 정진아, 박미화, 정은주, 윤화식, 정우성, 박용석, 조형식, 정해광, 최명심, 양명희, 김정희, 황선우

학사 운동

ESF에서는 졸업생 회원을 '학사' 라 부른다. 학사들은 교회와 사회로 나가서 활동한다. 그러나 ESF Man으로서 강한 identity를 갖고 있다. 이들은 선교 헌금을 매월하고 성서 한국, 세계 선교의 목표 속에서 여러 가지로 활동하고 있다. 학사 운동은 2원적으로 하고 있다. 회장단, 학사소기도회, 각 기수별조직을 중심으로 하여 학사 운동을 전개하고 있으며 이 조직과는 별개로 직업별 선교회 조직을 중심으로 학사운동을 동시에 전개하고 있다. 주로 매월 1회의 코이노니아, 매주 1회의 GBS, 금요 Chapel을 정기 모임으로 하고 있고 여름 수양회, 성경학교, 각 지역 순회 성경학교등의 Program을 갖고 있다.

직업별선교회는, 성서교육회, 의료선교회 (EMF), 가정선교회, 직장

인 선교회, 교수 선교회 등이 있는데 모두 독자적인 조직과 목표를 가지고 활동하고 있다. 성서교육회는 정일선, 서성길 등 초·중·고 교사들을 중심으로 기독교 세계관에 입각한 교육원리, 학급운영, 학교교육, 신앙교육 등을 연구하며 활동하고 있다. 의료인 선교회는 임영국, 정규성, 황선엽, 정대봉, 윤태용, 최하영, 최정희, 정진아, 박혜정 등을 중심으로 ① 해외 선교사 지원 (매월 200만원 이상 7명의 선교사를 후원함) ② 해외 선교 연구 ③ 선교 병원 설립 ④ 질높은 의료 서비스 ⑤ 문서운동을 목표로 활동하고 있다. 영광복음내과의원을 세워 vision을 구체화하고 있다. 또한 '의의 나무'를 발간하며 해외 선교에 쓰임받고자 진력하고 있다.

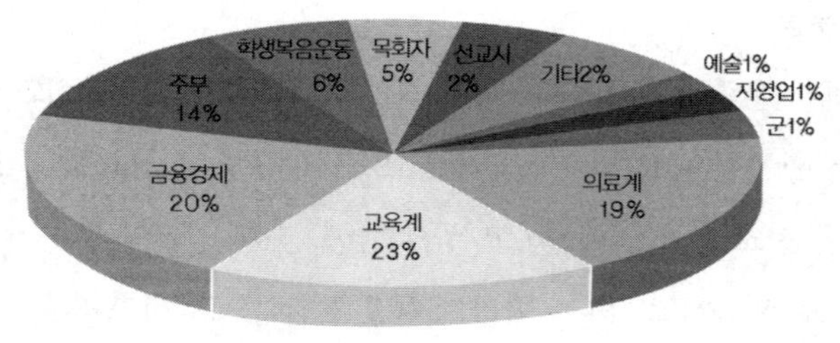

도표 . 학사 직업별 분포

1980년 이후 배출된 졸업생은 360여명이다. 그 분포는 교육계, 금융경제계, 의료계, 가정 주부 순이다.

 이 생명 다 바쳐 복음운동을!

학원 선교에서 졸업생의 위치는 매우 중요하다. 학생 복음 운동의 열매는 학사들의 활동에 있다. 학사들은 학생 복음 운동의 정신적 지주이다. 실제적으로 기도 지원, 물질 지원, 전도 지원 등 필수적 임무를 수행하고 있다. 그러므로 학사운동은 좀더 연구되고 좀더 강력하게 이루어져야 한다. 학생 복음 운동과 학사 운동은 긴밀한 관계가 있으며 상호 상승 효과의 영향을 미친다.

Vision 제시와 개척 역사

ESF에서는 3대 기본 전략 속에서 복음 운동을 전개하고 있다. ① campus 복음 운동을 통한 예수님의 제자화 ② 예수님의 제자들을 통한 성서 한국 ③ 예수님의 제자들을 통한 세계 선교 등이다. 이러한 비전제시는 너무 멀게 느껴지기도 한다. 그래서 좀더 구체적으로 캠퍼스 개척과 제자 양육 목표 제시와 전도, 제자양육 활동을 동시에 진행하며 새 지구 개척에 힘쓰고 있다.

	개척시작 년도	첫 개척의 열매	
전남대 개척	1978	이기철,백현순,윤치근,홍금란,김현주	
조선대 개척	1981	이노호,전남열,임영국,정규성	
교육대 개척	1982	박경희,이영순,박명수,심해경,김 미	
목포대 개척	1982	박장웅,박귀진,이덕인	1997년 5월 19일 개관예 배
호남대 개척	1984	백형엽,김현우	
전문대 개척 (동신,송원,서 강,보건기독간 전,조대공전, 조대간전)	1986	박혜주,김인숙,강호림,송은영,홍영 경,김해숙,송혜신,김미영	
순천대 개척	1987	박도원,서미경,백형주,정일로,김만수	1994년 4월 25일 개관예 배
제주대 개척	1990	문길선,고형표	
광주여대 개척	1993	이미경,김현정,정선지	
광주대 • 동신대 개척	1995	조상훈,박미향,오성은	

표 5. 개척과 열매

    1994년에는 개척한 지 7년만에 순천 지구를 독립 지구로 개척하는 기쁨을 맛보았다. 1997년에는 개척을 시작한 지 15년만에 목포 지구를 독립 지구로 개척하는 감격을 맛보았다. 현재는 광주시내 대학 외에 나주 동신대와 제주대학을 개척중에 있다. vision 제시, 개척은 성장과 밀접한 관계가 있다.

교회와의 좋은 관계

ESF의 교회와의 관계는 매우 좋다는 평을 받고 있다. ESF는 모든 회원들을 여러 교파 각 교회에 출석하도록 권면하고 있다. 주로 보수 계통의 교회에 많이 출석하고 있으나 이단이 아닌 한 자유롭게 선택하도록 하고 있다. 졸업생 중에는 신학교 교수, 목회자, 장로, 집사, 교사, 성가대 등 교회에서 중요 직분을 맡아 섬기고 있다. 여기에서 더 적극적으로 나아가 교회를 개척하고 있다. 이것에 대해서는 문흥장로교회 항목에서 자세히 다루기로 한다. 교회와의 좋은 관계는 관심의 분산, 단체정신의 약화등 약점도 있지만 학원 선교의 건전하고 안정된 사역을 하도록 크게 기여하고 있다.

간사들의 헌신

광주ESF 사역의 중심에는 간사들의 헌신이 있다. 간사들은 동기생들의 1/4도 못 미치는 박봉을 받고서도 하루 10-16시간의 중노동을 하며 젊음을 불태워 헌신하고 있다. 이들의 믿음과 기도, 헌신, 열정에 감동되어 학생들도 그리스도의 사랑과 진리에 눈을 뜬다. 광주ESF 간사는 지금까지 29명이 배출되었다. 16명은 타지역 개척을 위하여 파송되기도 하였고 선교사, 목회자, 사모, 평신도 성경선생 등으로 진출하기도 하였다. 현재는 13명의 간사가 광주ESF를 섬기고 있다. 필자는 전체 총책임을 맡고 있고 학사회는 유정훈(성서교육회, 학사 15부), 차인숙(가정선교회, 직장선교회, 학사 1-10부), 박귀진(의료선교회, 학사 11-14부) 간사가 담당하고 있다. 매일 학사들을 위하여 기도하며 전화, 편지, 심방을 통하여 개인적으로 학사들을 돕는다. GBS, 코이노니아, 예배 등 월별 계획을 세워 모임과 행사를 추진한다. 학생회는 이노호(전남대), 박미화(조선대,기독간전), 김인숙(교육대,동강대), 김현정(호남대, 송원대), 송나영(광주여대), 정수동(광주대), 김쌍중(동신대,제주대), 정경미(보건대, 서강정보대) 간사가 담당하고 있다. 이들은 아침 campus 기도회, Q.T., 전도, 1:1 성경공부를 통한 제자양육, leader 훈련 및 동역, campus 복음 사역의 계획, 실행, 평가 등을 통하여 사역하고 있다. 매주 1회 갖는 전체 간사 회의는 간사들의 교육, 전체 사역의 점검, 기도회를 내용으로 전체 복음 사역을 주도하고 있다. ESF 복음 운동은 간사 중심 체제로 움직이고 있다. 이사회는 중요 권한을 간사들에게 위임하고 있으며 간사들은 생명을 바쳐 헌신하고 있다. 이것이 ESF 역사의 성장 원인이다.

	20년차 이상	10년차 이상	5년차 이상	3년차 이상	1년차 이상	계
전체	1					1
학사회			1	2		3
학생회		1	3		5	9
계	1	1	4	2	5	13

표6. 간사들 분포

광주ESF 회관 건축

광주ESF 회관 건축은 1994년 7월 4일 시작되어 1994년 12월 31일 완공하였다. 광주ESF 회관 건축은 ① 개척 역사의 완성 ② 비전 있는 학원 선교의 기반 마련 ③ 살아계신 하나님의 능력의 체험 ④ 학원 선교에 대한 열망과 신앙의 표현 ⑤ 14년 복음 사역의 가시적 열매 등의 여러 가지 의미를 담고 있다.

건축 개요

1) 부동산 표시: 광주광역시 북구 두암동 983의 3, 4

　　　　　　　대지 390.0m2 (117.975평)

　　　　　　　건물 561.80m2 (지하 30평, 1층 59평, 2층 59평

　　　　　　　총 148평)

2) 건축 비용: 4억 2천만원

3) 건축 헌금: 학사회　　　　3억 2천만원 (205명 동참)

　　　　　　　학생회　　　　2천 2백만원 (120명 동참)

　　　　　　　특별 헌금　　　8백만원 (10명 동참)

　　　　　　　기존 준비금　　5천 3백만원

　　　　　　　적금　　　　　　　　　3백만원

　　　　　　　기타 (은행 이자, 위약금)　5백만원

　　　　　　　추가 헌금　　　　　　　9백만원

건축 연혁

1992. 12. 3	광주ESF 이사회 건축 결정. 건축추진위원회 결성. 12명의 이사 1천만원 이상씩 건축 헌금 작정함 (이사: 한의수, 윤치근, 정일선, 김성열, 이노호, 임영국, 최정희, 이용호, 김정숙, 정우성, 최승범)
1993. 8.	운암동 부지 계약
1993. 8. 29	건축설계 공청회. 2차 공청회 (9.12) 실시.
1994. 2. 3	운암동 건축부지 해약. 위약금 500만원 받음.
1994. 2. 28	두암동 건축부지 (118평 1억 8천만원) 계약
1994. 5. 10	건축허가 불가 통지 받음. (3. 14일 설계, 4. 15일 시공회사 구두 계약, 4. 25일 건축허가 신청)
1994. 6. 25	기적적으로 건축허가 받음.
1994. 7. 3	건축 기공 예배.
1994. 7. 4	건축 착공.
1994. 7.	주민과의 갈등과 대화, 해결.
1994. 12. 31	건축 완공
1995. 1. 3	준공 검사
1995. 1. 14	입당 예배
1995. 6. 20	건물 토지 등기. 종교 시설로 세금 완전 면제 받음.

건축 헌금의 은혜

학원 선교의 취약점은 재정 빈곤이다. 가난한 대학생들을 상대로 하기 때문에 항상 재정의 어려움이 있다. ESF는 외부의 지원을 전혀 받지 않고 자립한 단체이다. 광주ESF는 전국에서 100만원 지원 받아 1년 반만에 완전 재정 자립 하였다. 그러나 재정 문제는 항상 큰 기도제목이었다. 역사가 성장할 때마다 전세금 마련을 위한 헌금을 하였다. 첫 13평 신안동 회관 이전시 700여만원을 헌금하였다. 궁동 회관 이전시 3천만원을 헌금하였다. 두암동 회관 건축시 학사들이 3억 2천만원, 학생들은 2천 2백만원을 하여 총 3억 4천 2백만원을 헌금하였다. 이는 실로 눈물겨운 헌신이었다.

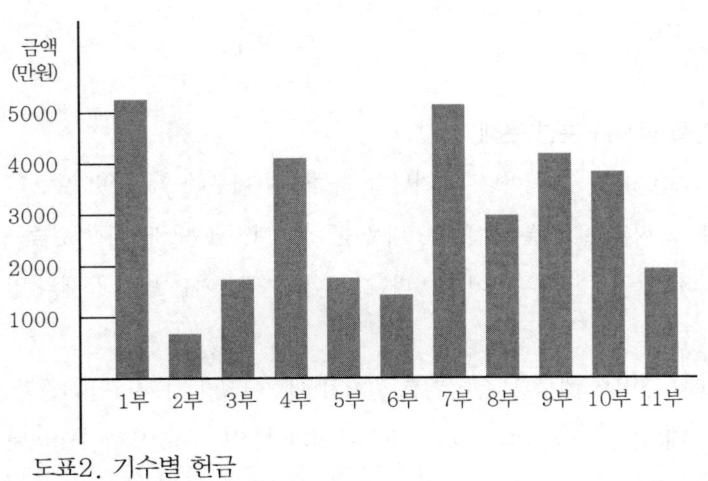

도표2. 기수별 헌금

"나와 나의 백성이 무엇이관대 이처럼 즐거운 마음으로 드릴 힘이 있었나이까 모든 것이 주께로 말미암았사오니 우리가 주의 손에서 받은 것으로 주께 드렸을 뿐이니이다" (대상 29:14)

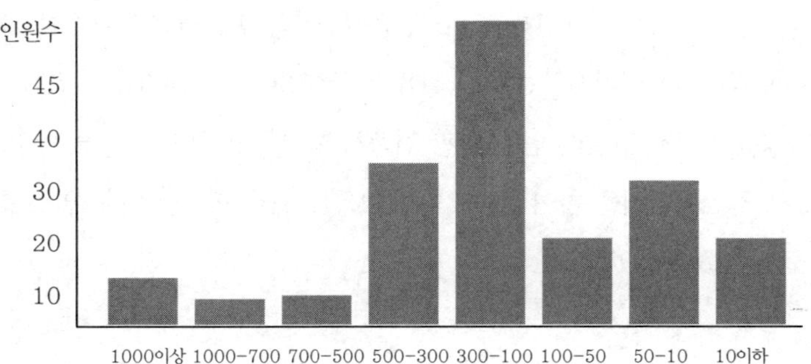

도표3.

건축 공사를 통한 은혜

건축은 쉬운 일이 아니다. 가난한 자들에겐 너무나 힘든 일이다. 그러나 그 힘든 일 가운데 은혜는 더욱 큰 것이다. 광주ESF 회관 건축은 너무나 힘들고 어려운 일이 많았다. 그러나 그만큼 가슴 벅찬 은혜의 일들도 많았다.

대지 구입은 매우 신중한 검토를 거쳐 이루어졌다. 1993년 8월 운암동 대지를 계약하였다. 그런데 땅 주인의 복잡한 사정으로 1994년 2월 3일 해약하고 말았다. 고통이 컸다. 위약금 500만원을 받았고 새로 두암동 대지를 주택 공사로부터 1994년 2월 28일 구입하였다. 위치도 좋았고 안전한 주택 공사로부터 구입하였기에 기쁨이 컸다. 그런데 설계도까지 그려서 북구청 건축과에 건축 허가를 신청하였을 때 뜻밖의 건축 허가 불가의 통보를 받았다. 하늘이 무너지는 것 같은 절망을 맛보았다. 복잡한 건축 법규에 의하여 주택을 60% 이상 지어야 한다는 것이다. 48일간을 눈물로 기도하였다. 모든 생각나는 죄를 다 회개하고 기도하며 백방으로 알아보았다. 어떤 장로께서 건축 관련 대법원 판례집을 복사해 주었다. 그것을 연구하여 서류를 만들어 제출하여 48일 후인 1994년 6월 25일 기적적으로 건축 허가를 받았다. "할렐루야, 하나님은 살아계십니다. 우리 기도를 들어주셨습니다." 감격의 고백을 드렸다.

가슴 벅찬 기쁨으로 착공에 들어갔다. 그런데 주민들이 몰려 와 방해를 하였다. 40여일 동안 조석으로 30분 이상씩 전화하여 괴롭혔다. 북구청에 민원을 제기하여 공사가 중단되었다. 아무리 설득해도 소용없었다. 눈물로 기도하였다. 결국 우리들 대표, 주민들 대표, 북구청 건축과 직원 3자 회의가 열려 뜻밖에 해결되었다. 하나님께서는 역사하셔서 선하신 손길로 도와주셨다. 나중에는 주민들이 배 한 박스를 사가지고 와서 건축하는 우리를 격려해 주기까지 하였다.

저렴하고 견고한 건축을 하고자 한 것이 건축자들의 희망 사항이나 그것은 무리한 주문이다. 그런데 하나님의 도우심으로 믿음 좋은 장로이신 건축 회사 사장을 알게 되어 시중가격보다 25% 저렴한 가격으로 건축하게 되었다. 그러나 원래는 건평 200평 규모로 설계 되었는데 건축비 관계로 150평으로 변경하였다. 지나고 보니 이것은 아쉬움으로 남는 일이었다. 그러나 당시는 이것도 너무 힘들고 벅찼다.

1994년은 거의 비가 오지 않고 폭염이 3월부터 10월까지 계속된 해였다. 건축하는데 고생을 많이 하였지만 건축 공기를 단축할 수 있었다. 날씨는 무덥고 물사정이 좋지 않아 어려움이 많았다. 시멘트 양생을 위해 20여일동안 100여 미터 떨어진 곳에서 물을 길어다 밤 1시까지 물을 뿌리기도 하였다. 학생들은 조를 짜서 밤마다 현장 기도회를 가졌다. 이 건물은 60%가 주택으로 지어졌기 때문에 많은 세금을 물어야 했는데 어려운 건축 허가 과정을 통하여 등록세, 재산세 등 세금을 영구히 완전 면제받게 되었다. 어려운 건축 공사가 마쳤을 때 모두의 입에서 "과연 하나님은 살아 계십니다. 살아계신 우리 하나님께서 우리를 도우사 기적을 이루셨습니다." 고백하게 되었다.

가슴 벅찬 입당 예배

1995년 1월 14일 하나님의 능력을 체험한 우리는 감격의 입당 예배를 드렸다. 가난한 살림이었지만 입당예배에 200만원 가까이 투자하였다. 기쁨과 감사의 예배를 드렸다. 전국 ESF 간사들이 몰려와 축하해 주었다. 차인숙 간사의 지휘로 예쁜 한복을 입고 올린 성가대의 우렁찬 합창 "아름답다 저동산" 은 우리의 신앙 고백이었고 우리의 노래였다. 이 건축 역사는 1980년 황무지같은 땅 위에서 시작하여 14년만에 장미꽃밭으로 변화된 복음의 승리였다. 한사람으로 시작하여 어리석을 정도로 성경만 가르친 사역이었는데 이 건축 역사로 말씀의 능력이 이룩한 기적이었다. 가난한 대학생들이 바친 오병이어를 쓰셔서 이루신 하나님의 기적이었다.

건축은 어려운 일이었지만 그것은 광주ESF 사역의 한 기간을 매듭짓
고 새로운 역사로 나아갈 기반을 마련하여 주었다. 건축을 통하여 회원
들이 하나로 결속될 수 있었고 큰 일도 할 수 있다는 믿음을 갖게 되었
다. 무엇보다 살아계신 하나님의 능력을 체험하여 개인 신앙 생활에도
큰 보탬이 되었다.

기독대학인회(ESF:Evangelical Students Fellowship)
는 사도행전 1장 8절에서 선포되고 있는 예수님의 지
상명령에 근거하여 캠퍼스 복음화를 통한 통일성서한
국, 세계선교를 주요목표로 삼고 있는 초교파적 선교
단체입니다.

ESP는 Evangelical Students Press의 약어로 기독대학
인회(ESF)의 출판부입니다.

ESP(기독대학인회 출판부)는 다음과 같은 마음을 품
고 기도하면서 일하고 있습니다.

첫째, 청년 대학생은 이 시대의 희망입니다.
둘째, 하나님 말씀인 성경을 사랑합니다.
셋째, 문서사역을 통하여 성경적 세계관을 정립해나갑니다.
넷째, 문서선교를 통하여 총체적 선교에 도움을 주고자 합니다.

이 생명 다 바쳐 복음운동을!

지은이 한의수
펴낸곳 (사)기독대학인회 출판부(ESP)
만든이 최승범 박종광 맹은경 서미경

등록일 2001년 9월 12일
등록번호 제12-316호

초판 1쇄 인쇄일 2005년 10월 14일
초판 1쇄 발행일 2005년 10월 19일

주소 142-815 서울시 강북구 미아8동 317-8
전화 02)989-3477 팩스 02)989-3385
E-mail esfpress@hanmail.net

공급처 기독교출판유통 031)906-9191
주문팩스 080-456-2580

값 13,000원
ISBN 89-89108-41-1